主　编　钱乘旦
本卷作者　洪　霞
　　　　　刘明周

第七卷　英帝国的衰落

英帝国史

A HISTORY
OF THE
BRITISH EMPIRE

The Decline of the
British Empire

江苏人民出版社

图书在版编目(CIP)数据

英帝国史.第七卷,英帝国的衰落/洪霞等著.--南京:江苏人民出版社,2019.10
ISBN 978-7-214-23285-4

Ⅰ.①英… Ⅱ.①洪… Ⅲ.①英国-历史 Ⅳ.①K561.0

中国版本图书馆 CIP 数据核字(2019)第 043132 号

书　　　名	英帝国史·第七卷　英帝国的衰落
主　　　编	钱乘旦
著　　　者	洪　霞　刘明周
策　　　划	王保顶
责 任 编 辑	曾　偲
装 帧 设 计	周伟伟
责 任 监 印	王列丹
出 版 发 行	江苏人民出版社
出版社地址	南京市湖南路 1 号 A 楼,邮编:210009
出版社网址	http://www.jspph.com
照　　　排	江苏凤凰制版有限公司
印　　　刷	江苏凤凰新华印务有限公司
开　　　本	880 毫米×1 230 毫米　1/32
印　　　张	91.375　插页 32
字　　　数	2 040 千字
版　　　次	2019 年 10 月第 1 版　2019 年 10 月第 1 次印刷
标 准 书 号	ISBN 978-7-214-23285-4
定　　　价	580.00 元(全 8 卷)

(江苏人民出版社图书凡印装错误可向承印厂调换)

本书获国家哲学社会科学基金经费资助,项目名称:
"英帝国的形成、发展及其在 20 世纪的崩溃"
项目号 11ASS001

谨此致谢

目 录

前　言………… *1*

第一章　新的重点——巩固帝国………… *1*
　　一、从扩张到巩固………… *2*
　　二、巩固帝国的主导思潮………… *12*

第二章　多轨制帝国体系的完善与巩固………… *36*
　　一、自治制度：移民地区的基石………… *36*
　　二、仁慈专制：印度的统治………… *50*
　　三、统一与发展：附属领地的巩固………… *64*
　　四、帝国巩固的顶峰………… *79*

第三章　英国与自治领………… *90*
　　一、自治框架中的民族主义………… *90*
　　二、集权与分权之争………… *101*
　　三、一战：自治制度的分水岭………… *113*

四、《威斯敏斯特法案》：自治制度的突破............ 123

第四章　英国与印度............ 138
　　一、专制统治的危机............ 139
　　二、专制与自治............ 154
　　三、自治与独立............ 168

第五章　英国与附属殖民地............ 180
　　一、单一种族地区：民族主义萌芽............ 181
　　二、多元社会：种族问题............ 195
　　三、宪政演进的典范：埃及与锡兰............ 206
　　四、从种族主义到多种族联邦观念的兴起............ 216

第六章　英帝国的困境与新方向............ 227
　　一、大萧条及其影响............ 227
　　二、帝国的危机............ 239
　　三、英国的应对策略............ 259
　　四、二战期间帝国的中兴............ 272

结语：巩固与离心............ 290

附录............ 298
　　一、地图............ 298

二、大事年表............ 301

三、参考书目............ 303

四、译名对照表............ 311

后记............ 319

前　言

19世纪下半叶，英帝国再次经历疾风骤雨般的大扩张，帝国至此臻于鼎盛，其庞大与强盛威震世界，无人能与之匹敌。1897年6月22日，英国及英帝国为英国的君主及日不落帝国的名义首脑维多利亚女王（Queen Victoria）举行她登基60周年的庆典，彰显英帝国的发展与成就，这标志着英帝国在声势上达到顶峰。对于这次庆典的意义及影响，当时的《每日写实报》曾给予一个极具典型意义的总结：

> 对于我们而言，考察60年的统治和充斥于我们街头的帝国缩影，已经成为发自内心的满足的源泉。庆典并没有告诉我们以前所不知道的任何事情，也没有不为人所知的目标值得自豪。然而，对于外国人而言，庆典却是一个启示。它能藉此首次认识到英国机构之稳定；它也能首次认识到大英帝国之庞大；最后，它还能首次认识到使这个对英国国王效忠的各民族大家庭统一在一起的纽带之强大……它现在发现，英国的力量源泉在于内部的社会稳定和殖民地的热切忠诚，有了这些，一个大陆上的强国甚至于一组大陆强国的联盟，都是微不足道的。[①]

[①] Denis Judd, *Empire The British Imperial Experience, from 1765 to the Present* (Fontana Press, 1997), p. 132.

24年之后,帝国又迎来了另一个顶峰,即它在版图范围上达到了最顶点。尽管自1902年英布战争(the Boer War)之后,英国就结束了大举扩张,但是一战后,国际联盟按照"委任托管制"原则将原属战败国的殖民地分配给战胜国委托管理,并于1921年确定了分配计划。英国获得了许多太平洋岛屿及非洲殖民地,控制了中东的两河流域及东地中海的许多地区,使帝国领土面积又一次扩大。而英国之所以能够经受战争的冲击,并再次以胜利者的姿态出现,依靠的正是帝国各组成部分的鼎力相助、共御强敌。因此,此时的帝国在最大程度上体现了其内部的巩固。

然而,短短10年之后,英帝国的情形却发生了极大的变化。自治领在彻底抛弃战时对母国的忠诚之后,正在向获得平等、独立的主权地位迈出决定性的一步;印度在经过声势浩大的非暴力不合作运动后,民族运动的领导人正在与英国政府就印度的自治权进行谈判;广大的附属领地也酝酿着民族主义的萌发。1931年的《威斯敏斯特法案》不仅承认了自治领的完全国家地位,也将帝国内的离心倾向推到了顶峰。

为什么从维多利亚女王登基60周年庆典到《威斯敏斯特法案》通过的30多年中,英帝国会由极盛走向衰落?为什么这一时期内,英帝国的发展会出现一方面巩固、一方面又离心这两股平行而又相悖的趋势?这就是本卷所试图探讨的问题。

本卷所研究的问题,即1897年至1931年间的英帝国发展,在国内学术界尚无人系统而详尽地论述。以往国内学术界多侧重于对这一时期帝国内的某些组成部分进行研究,比如对于印度民族解放运动的研究成果车载斗量,此处不一一列举,而且其着眼点都是印度民族主义的发展,较少对英国政策的根源、意图、实施及成效做出探讨。1949年商务印书馆出版的楼邦彦著《不列颠自治领》则讨论了英联邦自治领各种法律地位的演变过程。① 1991年中国社会科学院出版社出版的王振华著《英联邦兴衰》一书中，也曾简略地叙述过两战之间英帝国各组成部分的内部关系和法律演变。而1997年社会科学文献出版社发行的张顺洪等著《大英帝国的瓦解——英国的非殖民化与香港问题》，涉及了二战之前英国对附属殖民地的发展政策，以及印度、斯里兰卡、加纳等殖民地的宪政演变。另外，还有一些关于英属非洲统治政策的论文及著作。② 不过，对于这一时期英帝国的整体状况做出全面论述的，到目前为止只有1997年商务印书馆出版的由钱乘旦等人主编的《二十世纪英国》一书中的第四编："帝国和联邦"，对英国的帝国政策的演变、各组成部分的发展特征及帝国的内部关系给予了言简意赅的论述，只是篇幅太短，尚不能详尽地探讨这一问题。

国外关于英帝国的研究开展已久，成就卓著且著作极丰。帝国通史方面最具权威的是本尼安斯等人主编的八卷本《剑桥英帝国史》，其中的第三卷为《英帝国—英联邦，1870—1914年》，实际上，该书一直叙述到1921年为止，其涉及范围之广、叙述之完整、资料之翔实，堪称帝国史研究之最。该书认为，由于英帝国具有源于英国议

---

① 钱乘旦：《中国的英国史研究》，载《历史研究》1997年第3期，第166页。
② 关于这一问题的主要论文有如下几篇。李安山：《论西非民族知识分子的形成及其发展》，载《西亚非洲》1985年第6期；李安山：《论西非民族主义知识分子的特点及其在民族独立运动中的作用》，载《世界历史》1988年第1期；李志彪：《卢加德与北尼日利亚》，载《西亚非洲》1988年第1期，等等。主要著作有李安山的《殖民主义与农村社会反抗——对殖民时期加纳东部省的研究》（湖南教育出版社，1999年），等等。

会制自由精神的弹性体系这一特征,因而使英帝国能够向英联邦转换。① 该系列的第四至第八卷分别叙述了帝国的几个重要殖民地印度、加拿大、澳大利亚和南非的发展。1959 年出版的桑顿的《帝国的观念及其敌人》②也是一部极有影响力的帝国通史。该书在追溯了帝国的形成及达到顶点后,用较大篇幅论述了英布战争、第一次世界大战、民族主义及民主制对于帝国衰亡的影响。20 世纪 90 年代之后,先后有基奇的《英帝国与英联邦》③、劳伦斯的《英帝国的兴起与衰落》④、劳埃德的《大英帝国史:1558—1995 年》⑤、贾德的《英帝国:从 1765 年至当前的帝国历程》以及牛津大学 1999 年出版的由布劳恩和路易斯等人主编的五卷本《牛津英帝国史》⑥等一批最新著作问世。

在涉及 1897—1931 年帝国发展的帝国断代史方面,影响较大的有波特的《最大的一份——英帝国主义简史,1858—1983 年》。⑦ 该书侧重于论述英国主导性的帝国主义思潮、帝国政策的形成及影

---

① E. A. Benians, Sir James Butler & C. E. Carrington (ed.), *The Cambridge History of the British Empire vol. III The Empire-Commonwealth, 1870—1914* (Cambridge, 1959), p. 16.

② A. P. Thornton, *The Imperial Idea and Its Enemies A Study in British Power* (Macmillan, 1985), 2nd edition.

③ Martin Kitchen, *The British Empire and Commonwealth A Short History* (Simon Eraser University, 1994).

④ James Lawrence, *The Rise and Fall of the British Empire* (Little, Brown and Company, 1994).

⑤ T. O. Lloyd, *The British Empire 1558—1995* (Oxford, 1996).

⑥ Judith M. Brown & Wm. Roger Louis (ed.), *The Oxford History of the British Empire* (Oxford, 1999).

⑦ Bernard Porter, *The Lion's Share: A Short History of British Imperialism 1850—1983* (Macmillan, 1984).

响,是从英国的角度论述英帝国发展的较好著作。贾德和斯林恩的《现代联邦的演进,1902—1980年》①,虽篇幅较短,却充分阐明了英国政策的得失成败。而最详尽论述这段历史的则是贝洛夫的两卷本《帝国日落》(《不列颠自由帝国,1897—1921年》和《联邦梦,1921—1942年》)。② 该书先后于1987、1989年问世,它综合了几十年来史学界对于帝国由盛而衰的原因的研究,运用许多第一手资料,深入阐释了英国经济实力的下降、在国际关系上面临的重重挑战、英国决策层的矛盾及困境、殖民地对英国统治的反应及帝国体系中的错综复杂,这种种因素的合力导致了英帝国的衰落。该书堪称此段帝国史研究的集大成之作。

除此以外,还有大量著作从不同角度研究了英帝国的发展。如研究殖民主义的著名学者菲尔德豪斯,其代表作《殖民主义介绍,1870—1945年》③虽不是单独论述英帝国,却揭示了这一时期各殖民帝国在政治和经济上的固有矛盾。里奇的《英国政治中的种族与帝国》④,探讨的是从19世纪末到20世纪60年代英国人对帝国内非欧洲种族的态度与观念的变迁。甘恩和杜伊格南的《殖民主义在非洲,1870—1960年》⑤研究了殖民主义对非洲的影响。卡尔兰的《殖

---

① Denis Judd & Peter Slinn, *The Evolution of Modern Commonwealth 1902—1980* (Macmillan, 1982).
② Max Beloff, *The Britain Liberal Empire 1897—1921 vol. 1 of Imperial Sunset* (Macmillan, 1987). Max Beloff, *Dreams of Commonwealth 1921—1942 vol. 2 of Imperial Sunset* (Macmillan, 1989).
③ D. K. Fieldhouse, *Colonialism An Introduction 1870—1945* (Macmillan, 1983).
④ L. H. Gann & Peter Duignan (ed.), *Colonialism in Africa 1870—1960* (Cambridge, 1982).
⑤ Paul B, Rich, *Race and Empire in British Politics* (Cambridge, 1986).

民主义与尼日利亚，1898—1914年》①研究了英属非洲殖民地中最具代表性的尼日利亚(Nigeria)，殖民部在此地推行的"间接统治"及经济发展成为英国对附属殖民地统治政策的两大准则。莫里斯和奥兰的《帝国梦与殖民地现实——英国视野中的加拿大》②则探讨了作为英帝国内部关系发展的先锋——加拿大在一战前的离心倾向。而梅尔卡夫的《新编剑桥印度史：英属印度的意识形态》③是一部论述英国对印度政策的力著。凡此种种，不一而足。

由以上研究成果可以发现，对于英帝国为什么会由盛而衰、从巩固走向离心、从帝国向联邦转换，有以下几种解释。

一是认为这种转换是帝国内部法律关系演变的结果。也就是说，自从殖民地自治政府建立以来，英帝国的机制就秉承了英国民主制的精神，它们具有自动走向成熟的功能，从而最终能够获得与英国本土一样的独立权力。早期研究多持这种观点。专门研究英帝国内部法律关系的学者基斯，1922年编辑出版了《对印政策的演讲与文件集，1750—1921年》④，1938年又编辑出版了《关于英属自治领的演讲与文件集，1918—1931年：从自治政府到主权国家》⑤，他按时间顺序事无巨细地收集了与这些地区宪政演进有关的所有文

---

① John M. Carland, *The Colonial Office and Nigeria 1898—1914* (Macmillan, 1985).
② R. G. Moyles & Dong Owran, *Imperial Dreams and Colonial Realities—British View of Canada, 1880—1914* (Toronto, 1988).
③ Thomas R. Melcalf, *The New Cambridge History of India Ideology of the Raj* (Cambridge, 1994).
④ A. B. Keith (ed.), *Speeches and Documents on Indian Policy 1750—1921* (Oxford, 1922).
⑤ A. B. Keith (ed.), *Speeches and Documents on the British Dominions 1918—1931 From Self-government to National Sovereignty* (Oxford, 1938).

件。而特罗特于1945年出版的《英帝国—英联邦：政治演进研究》①则是论述帝国内部关系演进的较早专著。《剑桥英帝国史》的作者们也持这种观点。这种把帝国的发展归结为19世纪中期以来自治政府演进的必然结果的观点，从表面上看并无不妥，但它未能深入解释导致这种演进的原因；同时，它也忽略了没有自治政府的广大附属殖民地的离心倾向产生的原因。

二是认为英国实力的下降是导致离心倾向产生的根源。这一方面使英国控制帝国的能力大为下降，另一方面也使英国有可能对殖民地的民族主义要求做出让步。贝洛夫的两卷本《帝国日落》就是持此观点的代表之作，他虽兼顾了导致帝国衰落的各种因素，但仍最注重英国实力的衰落及它在国际体系中遭到的挑战，认为这是帝国衰落的根本原因。最新的《牛津英帝国史》第四卷《二十世纪的帝国》也持同样观点。英国实力的下降确实对英国在帝国防御、贸易及责任上的收缩有很大影响，但由实力的下降推导出离心倾向的产生，则还在逻辑上缺少一个环节。正因为英国实力的衰退，才使它更注重巩固帝国，使之成为英国的后盾，那么为什么巩固反而会导致离心，而持这派观点者未能进行深入探讨。

三是认为第一次世界大战使帝国结束鼎盛而走向衰落。大战使殖民地走向成熟，并使它们对白人统治者的黩武主义价值观深表怀疑；战争也使统治者控制殖民地的信心降到有史以来最低点。比如，持这一观点的海厄姆（Ronald Hyam）在《不列颠帝国世纪，1815—1914年》一书中指出，一战使帝国盛世告以终结，因为大战动

---

① R. G. Trotter (ed.), *The British Empire-Commonwealth: a Study in Political Evolution* (N. Y. Holt, 1945).

摇了被统治者对统治者的能力与价值的崇拜,也动摇了统治者的自信,而一个帝国只有在"统治种族发现它能真正给予一些东西,并且自信地给予时,才存在合法性"①。赞同这种观点的人不在少数,有所谓"英国打赢了一场战争,但输掉了一个帝国"之说。不过,这种观点忽略了一战后殖民地的离心倾向在战前就有萌芽和发展,而战争只不过加速了危机的爆发;它也忽视了战争对广大附属领地影响并不显著这一事实。

四是认为殖民地的民族主义导致了英帝国的衰落。随着殖民地民族主义的发展,它们也必然要求获得相应的权利,它们与英国的冲突最终导致帝国的衰亡。比如,伍德科克1974年出版的《谁扼杀了英帝国》②,就是一部研究殖民地民族主义的力作。他指出,在扼杀英帝国方面,就人而言,印度民族主义运动领袖甘地堪称第一人。而王振华的《英联邦兴衰》则概括性地指出:"英国的殖民统治必然引起殖民地人民(包括英国和欧洲移民以及当地居民)的抗争和民族主义的兴起。"③这一观点往往注重殖民地与母国的利益冲突,而忽视了帝国历史上经常会出现殖民地在与母国合作、友好关系中发展民族主义这种特殊现象;同时,它往往没有注意到很多殖民地截至两次世界大战之间都并不存在"民族",有些地区甚至仅仅处于部落阶段,也就无所谓民族主义了。

笔者则试图从1897年至1931年间英帝国发展中的巩固与离心

---

① Ronald Hyam, *Britain's Imperial Century, 1815—1914 A Study of Empire and Expansion* (Macmillan, 1993), p. 310.
② George Woodcock, *Who Killed the British Empire: An Inquest* (Johnthan Cape, LTD, 1974).
③ 王振华:《英联邦兴衰》,中国社会科学出版社1991年版,第6页。

这两股趋势着手,来探讨帝国由盛至衰的原因——这也是本研究成果的创新之处。此处所说的"巩固",首先指的是维持帝国并增强其力量,在这 34 年间主要表现为完善和巩固帝国的统治体系;其次是指帝国体系所达到的稳固程度和向心力。而离心则不同于独立,指的是殖民地对英国统治的不满、质疑甚至背离,而且这种现象是在帝国内部出现的,不同于某些帝国在遭受外界压力的情况下导致的瓦解。本书认为,英国的巩固政策立足于帝国的传统政策与各种各样的现实考虑,迅速拼凑了一个帝国体系,所以虽然使帝国在短期内达到 1921 年的顶峰,却不可避免地因其内在的矛盾性,以各种各样的方式创造了殖民地的民族和民族主义,从而使帝国体系成为殖民地离心倾向的根源,因此正是巩固促进了离心。

本卷在写作中除了参考上述专著及文件资料外,还运用了以下这些资料:汉德科克编辑的《英国历史文件集》第十二卷[1]、贝内特编辑的文件集《帝国的观念:从伯克到艾德礼,1774—1947 年》[2]、博伊斯编辑的《英国霸权的危机第二代谢尔本伯爵的帝国及海军文件,1895—1910 年》[3]、格怀尔和阿帕多赖依编辑的《关于印度宪政演进的演讲和文件集:1921 年—1947 年》[4]、潘德主编的《1885 年至 1947

---

[1] W. D. Handcock (ed.), *English Historical Documents XII (2) 1874—1914* (London, 1977).

[2] George Bennett (ed.), *The Concept of Empire: Burke to Attlee 1774—1947* (London, 1963).

[3] D. George Boyce (ed.), *The Crisis of British Power The Imperial and Naval Papers of the Second Earl of Selborne*, *1895—1910* (Historians Press, 1990).

[4] Sir Maurice Gwyer & A. Appadorai (ed.), *Speeches and Documents on the Indian Constitution 1921—1947* (Oxford, 1957).

年的印度民族主义运动文件选编》①、汉考克和德·波尔编辑的《史末资文件选集》②、纽伯里主编的《英国对西非政策文件选集,1875—1914 年》③、G. B. 凯主编的《加纳殖民时代的政治经济——1900 年至 1960 年的文件与统计》④,等等。(见附录参考书目)

---

① B. N. Pandey (ed.), *The Indian Nationalists Movements 1885—1947 Select Documents* (Macmillan, 1984).
② W. K. Hancock & Jean Van De Pod (ed.), *Selections from the Smuts Papers* (Cambridge, 1966).
③ C. W. Newbury (ed.), *British Policy Towards West Africa Select Documents 1875—1914* (Oxford, 1971).
④ G. B. Kay (ed.), *The Political Economy of Colonialism in Ghana Documents and Statistics 1900—1960* (Gregg Revivals, 1992).

第一章 新的重点——巩固帝国

19世纪最后30年间,随着英国世界工业霸权的衰落以及美、德等后起工业强国的挑战,英国国内对殖民帝国的重视也日益增强。本来,在19世纪中期,占主导地位的帝国主义思潮将殖民地视为英国的负担,主张不对它们承担正式的责任,只是通过贸易、影响等将之无形地联合在一起。而到了70年代之后,面对日益严峻的国际形势,英国两党皆逐渐转向主张积极维护和增强帝国,注重对殖民地的正式控制,即将殖民地纳入有形的帝国版图之内,使之成为英国霸权的基础。为此,英国政府采取了两方面的举措:一是在英国与殖民地之间建立更密切的关系,二是与列强竞争,向尚未被征服的地区扩张,占领新的领土。在这股空前未有的大肆扩张中,英国获得了北非的埃及(Egypt)、苏丹(Sudan),西非的最富裕地区,东非的桑给巴尔(Zanzibar)、乌干达(Uganda)和肯尼亚(Kenya),中非的南、北罗得西亚(Rhodesia),亚洲的缅甸(Myanmar)、俾路支(Balochistan)以及其他地区的塞浦路斯(Cyprus)、斐济(Fiji)等地,成为西方列强瓜分世界的活动中最大的受益者。与扩张狂潮相伴的,是英国国内掀起了帝国主义热潮。纪念维多利亚女王登基60周年的盛大庆典,标志着这股帝国热潮的顶点,也标志着大英帝国在声势上达到鼎盛。然而,物极必反,不久之后,以英布战争为起点的一系列事件,戏剧般地终结了这股帝国扩张狂潮,使英国的帝国政策和英帝国的发展方向都发生了巨大的变化。

一、从扩张到巩固

南非一直是英国殖民者和荷裔布尔人(Boers)争夺控制权的地方。截至英布战争爆发前,这里形势是这样的:南部的纳塔尔(Natal)和开普(Cape)殖民地为英国人所有,而北部的奥兰治自由邦(Orange Free State)及德兰士瓦(Transvaal)则是布尔人控制的两个共和国。英国一直想吞并这两个布尔人共和国,以促进南部非洲的统一,并建立英国人的霸权;同时,将南非与中非的罗得西亚连成一片,从而进一步实现纵贯整个非洲大陆的开普——开罗计划。而几乎处在英国殖民地包围中的布尔人则坚持他们的独立,反对并入英帝国。[1]

导致战争爆发的直接原因则是1886年在德兰士瓦的山地发现了金矿,大批外地淘金者(主要是英国移民)蜂拥而至,很快在数量上达到当地布尔人的两倍。[2] 虽然他们按规定缴纳所有的赋税,但是德兰士瓦政权却限制他们的选举权,唯恐在当地形成讲英语的团体占优势的局面。[3] 此外,德兰士瓦政权还垄断着开矿重要物资炸药的生产与分配,并多方限制英国移民从纳塔尔和开普运入生活物

---

[1] Iain R. Smith, *The Origins of South Africa War 1899—1902* (Longman, 1996), p.1.
[2] James S. Olson (ed.), *Historical Dictionary of European Imperialism* (Greenwood Press, 1991), p.204.
[3] C.C. Eldridge, *Victorian Imperialism* (Humanities Press, 1978), p.204.

品，这使得英国移民和布尔人之间的矛盾日益激化。1895年12月，著名的英国殖民者、南非矿业巨头罗得斯（Cecil Rhodes）策动英国移民詹姆森（Leander Starr Jameson）率众突袭布尔政权，虽遭失败，却使英国移民与布尔人之间的矛盾上升为英国政权与布尔政权之间的冲突。奥兰治自由邦立即与德兰士瓦结盟，以示对抗英国。

1899年3月，众多南非的英国移民向维多利亚女王递交请愿书，寻求保护。英国驻南非专员米尔纳（Alfred Milner）致电英国殖民大臣约瑟夫·张伯伦（Joseph Chamberlain）说：

> 数以千计的英国臣民永远处于奴隶的位置，经常在确定无疑的灾难中感到痛苦，并且徒劳地向英王政府寻求纠正，这一状况确实损害了大不列颠的影响和声名，以及女王领地内对于英国的敬意。①

显然，米尔纳认为南非问题事关英国霸权，这一观点也得到了英国政府的认同，首相索尔兹伯里勋爵（Robert Gascoyne-Cecil, 3rd Marquess of Salisbury）一锤定音："对于南非，真正重要的是——我们而非布尔人是统治者。"②至此，英国决定诉诸武力以解决与德兰士瓦的争端，并达到兼并两个共和国的目的。由此可见，英布战争是大英帝国扩张领土的重要组成部分。

1899年9月，英军开始在南非登陆。10月9日，德兰士瓦和奥兰治自由邦向英国递交最后通牒，要求对方撤军，遭到拒绝。三天后，德兰士瓦军队向英军进攻，战争正式爆发。

---

① Milner's 'helot' Dispatch on the Situation in South Africa, 4 May 1899, W. D Handcock (ed.), *English Historical Documents XII(2) 1874—1914* (London, 1977), p.405.
② Iain R, Smith, op. cit, p.2.

这场当时世界上最大的殖民帝国与最小的共和国之间的战争持续了三年,以布尔人的失败而告终。英国得到了它想要的东西:两个布尔共和国被并入英帝国的版图范围。但是,这场战争历时之长、耗资之巨、伤亡之多以及战争进程之曲折,都使英帝国的霸权、声望和自尊受到很大震动,以至于耗尽人民甚至政府对于帝国的热情,导致帝国扩张阶段的终结。这主要表现在以下两个方面。

首先,战争使得英国人对于帝国扩张能力的自信与狂热消失。战争初期,英国政府并不把布尔人放在眼里,预计这场战争大约会耗资1 000万英镑,最多需要7.5万名士兵,最坏不过几百人伤亡,而且会在三四个月内结束。① 但事实并非如此。1899年12月11—16日,布尔人趁英军站立未稳,发动猛攻,连续三次大败英军,使这一周成了英军的"黑色星期",也使英国朝野上下大为震动。80岁高龄的英女王立即指示:"我们对失败的可能性不感兴趣,它们不应该存在。"② 英国政府开始增派军队,不久之后,英军攻陷两个布尔共和国首都,但是战争并未结束。布尔人利用对地形的熟悉,采取游击战争方式,神出鬼没地与英军周旋,拖得英军疲于奔命,屡屡陷入困境。1900年5月,一支被围困的英军得以脱围,伦敦市民竟大事欢庆并非胜利的得救。③ 这种场面在帝国无往不胜的时期是不能想象的,由此可以看出,战争初期的挫折已给英国人的帝国热情泼了冷水。

---

① Iain R, Smith, op. cit, p.2.
② E. J. Feuchtwanger, *Democracy and Empire Britain 1885—1914* (Edward Arnold, 1983), p.235.
③ Bernard Porter, *Britain, Europe and the World 1850—1982: Delusions of Grandeur* (London: George Allen & Unwin 1983), p.57.

战事的拖延不决迫使英国政府不断增加军队数量,至1902年战争结束,从英国本土派来的军队加上在当地征召作战的英国移民总共达365 693人,此外,英国还调集了来自加拿大、澳大利亚、新西兰及印度等殖民地的志愿军参战,总数为82 742人;①而他们所要对付的只不过是总人口25万、军队人数不到4.5万的布尔人。② 战争耗资也十分巨大,总共约20多亿英镑,相当于英国和平时期一年的军费开支、1902年英国净国民生产总值的14%。③ 这是英国自拿破仑战争以来最巨大、最昂贵的一场战争。

双方的伤亡按当时的标准也同样十分惨重,英军中有2.2万人阵亡或死于伤痛及疾病,布尔人战死者大约为7 000人,④此外还要加上大量非战斗人员及站在布尔一边的非洲人的伤亡。如此损失与战前的估计形成鲜明的对比。

这样的结果,一方面使英国政府不得不调整和改革在战争中暴露出漏洞的军事系统和行政管理,另一方面也无法再让英国人对以如此代价来进行扩张激情昂然了。正如英国外交大臣爱德华·格雷(Edward Grey)所说:"现在这一代人已经有足够的热情,已经流了一点血,也变得正常而理智了。"⑤

更为重要的是,战争让人们感到扩张帝国是一个负担。自由党政治家坎贝尔-班纳曼(Campbell-Bannerman)认为,英国无论如何

---

① Thomas Pakenham, *The Boer War* (London, Weidenfeid and Nicolson, 1979), p.573.
② Iain Smith, op. cit, p.1.
③ H. L. Wesseling, *Divide and Rule: the Partition of Africa*, 1880—1914 (Praeger, 1996), p.327.
④ Thomas Pakenham, op. cit, p.573.
⑤ Bernard Porter, *The Lion's Share A Short History of British Imperialism 1850—1983* (Longman, 1984), p.196.

"已经不能负担一个战斗的帝国"。① 连一向热衷于帝国扩张事业的张伯伦也持同样的观念。1902年6月,即战争结束后的一个月,他在殖民地会议上首先对各殖民地在战争中大力援助深表感谢,既而又说:"筋疲力尽的巨人在命运的巨大轨道上蹒跚。我们已经承担责任多年了。我们认为,该是我们的孩子帮助我们支撑它的时候了。"② 凡此种种,表明英国在战后已无力进行大规模扩张。

其次,战争使得英国人对于帝国扩张的道德自信消失了,人们对帝国扩张背后的动机及采取的手段深表厌恶。维多利亚晚期的帝国扩张一直都标榜着把正义、道德、法律等带到落后地区,但英布战争却是对两个自由国家的攻击。而且,以时事评论家、经济学家J. A. 霍布森(J. A. Hobson)为首的一大批评论家对战争的目的做了进一步的探讨和批评。

1900年,霍布森把他为激进的《曼彻斯特卫报》撰写的关于英布战争的文章汇编成《在南非的战争》一书,在书中他提出"我们为谁而战"的问题。他认为,一批英国金融资产阶级在南非掌握金矿、炸药的垄断和酒的贸易,致力于建立"完全由业主统治的政权",德兰士瓦的普通英国农民阶层却一无所有。因此,战争的目的不过是"为了使一小部分国际矿业和投机寡头在比勒陀利亚处于掌权地位"③,但这些人的利益又与英国公众无关。

1902年,霍布森又发表《帝国主义研究》一书,对现代帝国主义

---

① James Morris, *Farewell the Trumpets* (Harvest, 1978), p.95.
② Joseph Chamberlain, Speech Opening the Colonial Conference, 30 June 1902. George Bennett (ed.), *The Concept of Empire: Burke to Attlee 1774—1947* (Adam & Charles Black, London, 1963), p.330.
③ Bernard Semmel, *The Liberal Ideal and the Demons of Empire Theories of Imperialism from Adam Smith to Lenin* (John Hopkins, 1993), pp.111-112.

进行了深入地探讨,从而成为这一主题的经典论述之一。在书中他提出,国内的分配不公导致穷人入不敷出,而富人手中"大量剩余价值在国内找不到有利可图的投资",因此要将资金投向海外,[①]这构成了帝国扩张的动力,也养活了一个"经济上的寄生虫阶级",他们不仅从帝国扩张中获利,而且依靠帝国供给他们的子女以种植园主、牧场主及牧师等职业。[②]

霍布森的这个观点,在英布战争后英国对帝国扩张进行反思之际,确有振聋发聩的作用。后来南非局势的发展似乎是在证明霍布森的看法,战争结束后,德兰士瓦政府对炸药的垄断并没有被打破;当地的矿主们为了获得更高的利益,宁愿引进廉价的中国劳工,也不愿意雇用工资较高的英国移民;并且这些金融巨头们不肯拿出一个便士来帮助战后的南非稳定局势。[③] 由此,英国人不得不相信战争的目的是为一小部分金融寡头去掠夺布尔人的土地。

另一方面,战争中采取的手段也使英国人深感羞耻。英军总司令基钦纳(Herbert Kitchener)为了打击游击队,采取焦土政策,把战争中俘虏的士兵拘禁或流放;又借口保护,将妇女、儿童及土著仆役投入集中营;庄稼、牲畜则一律毁掉。基钦纳的集中营在卫生管理方面很糟,瘟疫得以流行,而且还存在着虐待现象,这很快使集中营臭名远扬。英国社会工作者艾米莉·霍布豪斯(Emily Hobhouse)曾亲自到集中营中调查,证明关于集中营状况的传闻属实。她组织了

---

① Winfried Baumgart, *Imperialism: The Idea and Reality of British and French Colonial Expansion 1880—1914* (London · Oxford, 1982), p.96.

② Bernard Semmel, op. cit, p.113.

③ A.P. *The Imperial Idea and Its Enemies A Study in British Power* (Macmillan, 1985), 2nd edition, pp.108-109.

一个反对这种集中营的委员会,得到许多英国人的支持。① 更令英国人激愤的,是这种恶劣状况所导致的高死亡率。1900年10月,集中营里的儿童死亡率为344‰,相当于英国格拉斯哥市最糟糕的贫民窟中的死亡率的4倍多。② 至战争结束,据估计,集中营中妇女和儿童的死亡人数在2.5万—2.8万之间,③比死于战争的人数还要多。

和平居民的大量死亡在英国人的良心上划下了一道极深的伤痕。英国政界形成了一个同情布尔人的"亲布尔派",1901年,该派领袖坎贝尔-班纳曼宣称:"我们经常被告知,战争就是战争。但是……人们被告知战争不是战争。那么,什么时候战争不是战争呢?当它按照在南非的野蛮方式运行时,它就不是战争了。"④英布战争剥去了帝国扩张时代的道德自信,而代之以对帝国主义的重新思考。1904年,有人号召下次大选不要投策划英布战争的保守党的票,因为投他们的票就等于投票赞成"帝国主义,凯撒主义,帝国扩张到没有白人居住的地区,国内征兵,虚假的民族强大和民族荣誉"⑤。

英布战争使英国既无力又不愿意继续扩张,而1906年新当选的自由党政府则顺应这股反扩张情绪,正式终止了扩张政策。⑥ 大规

---

① [法]路易·约斯:《南非史》,商务印书馆1973年版,第251页。
② A.P.Thornton, op.cit, p.109.
③ Iain R.Smith, op.cit, p.5.
④ L.C.B.Seamans, *Victorian England Aspects of English and Imperial History* (Methuen, 1982), p.405.
⑤ C.C.Eldridge, op.cit, p.226.
⑥ 自由党政府上台伊始,便中止了对索马里兰的小规模扩张——这是一战前最后一次领土扩张。

模扩张终结后,巩固帝国顺理成章地成为英国政策的新重点。这主要是因为以下两个方面。

首先,巩固帝国在当时具有必要性。当时,帝国对英国的重要性有增无减,它在英国的政治、经济和社会文化中占据着重要地位。帝国是英国霸权的基础之一,正如张伯伦指出的:"如果大不列颠能保持统一,则世界上没有一个帝国能在地域、人口、财富或资源的多样性上超越它。"[1]19世纪末,英国面临着欧洲大陆上的俄国、德国、法国这些强国的竞争与威胁,它们在英布战争期间一致指责英国的事实更使后者感到这种威胁是实实在在地存在的,这迫使英国必须加紧维护它的霸权基础——帝国。[2] 帝国对英国经济也越来越重要,殖民地供应给英国大量的原料,主要有印度的茶叶、棉花、靛蓝、小麦、黄麻、蔗糖、稻米;锡兰的茶叶、咖啡、可可;马来亚的橡胶、油棕、锡;西非的油棕、可可、棉花、香蕉、咖啡及落花生;东非的棉花、咖啡;以及澳大利亚、加拿大、新西兰的谷物、肉类、木材、乳制品等,[3]这些对英国经济发展是必不可少的。英国在海外帝国还有相当大的投资利益,1900年时对帝国的投资约占英国总投资的1/5。[4] 而且,当时的帝国(特别是白人移民殖民地)接纳了很大数量的英国移民,成为英国解决人口过剩的主要方式。此外,帝国还是英国社会生活的一个背景,是英国文化的一个重要组成部分。帝国为许多

---

[1] Chamberlain's Speech at the Royal Colonial Institution, 31 March 1897. *English Historical Documents XII (2) 1874—1914*, p.390.

[2] Bernard Porter, *Britain, Europe and the World*, p.56.

[3] D.K.Fieldhouse, *Colonialism 1870—1945 An Introduction* (Macmillan, 1983), pp.78-79.

[4] Lange E. Davis, *Mammon and the Pursuit of Empire: The Economists of British Imperialism* (Cambridge, 1988), p.37.

乐于到海外服役的英国人提供了大量就业机会，诸如低级文官、工程师、警察、教师、医生，等等，他们与英国国内保持着个人的联系，使得殖民地与英国社会息息相关。英国社会许多机构的存在价值、个人的抱负、学校的教育目标以及一些社会准则，都依赖于帝国的存在；一些大众报刊、冒险故事、浪漫小说、体育比赛及歌曲，都以帝国为主题。① 帝国在英国人心理上的重要性不容低估。在这样的背景下，巩固帝国并使之发挥更大的作用才格外必要。

其次，巩固帝国在当时具有紧迫性。英帝国在地域、人种、文化及结构上的复杂多样给如何实行有效统治带来巨大难题。从1874年到1902年，英国新获殖民地475万平方英里，增加了9 000万人口，②加上以前所获领土，其庞大的规模无与伦比。它不仅在地域上遍及世界各地，在人种和文化上也是多种多样的。帝国内仅有12%的人口为欧洲人，英国人就更少了。③ 除此之外，帝国当时的最大特征便是英国人忙于扩张而尚未来得及实行有效统治，因而缺乏管理上的有序性、统一性。帝国包含着下列形式：拥有自治政府的白人移民殖民地；④归英国直接管理的印度（India）；直辖殖民地（Crown Colonies），它们由殖民部通过委派总督来加以管理；⑤归外交部管的保护领和保护国（Protectorates and Protected States），前者往往尚未

---

① 参见 John M. Mackenzie, *Imperialism and Popular Culture* (Manchester University Press, 1986).
② Ronald Hyam, *Britain's Imperial Century 1815—1914, A Study of Empire and Expansion* (Macmillan 1993), p.204.
③ Denis Judd Sc Peter Slinn, *The Evolution of the Modern Commonwealth 1902—1980* (Macmiilan, 1982), p.4.
④ 西印度和非洲的一些地区也有少数白人团体，但不享有自治权。
⑤ Denis Judd, *The British Imperial Experience, from 1765 to the Present* (Fontana Press, 1997), p.141.

形成单一的国家,后者则通常存在着当地国家,当地统治者仍然保留职位,但必须服从英国官员的指导;①此外还有特许公司全权管理的公司领地,共管地,等等。②

把这些千差万别的不同殖民地联系在一起的纽带主要有以下几个:一是英国君主,他(她)享有整个帝国的忠诚与尊敬。二是英国的议会与法律,从理论上说,英国议会控制着整个帝国的总督任免、财政收支、军事行动;同时,帝国的每一个成员在法律上都是英王的臣民。③ 此外,来自英国的管理人员也构成了一个重要联系纽带。他们往往来自同一社会阶层,受过同样的公学、大学教育,拥有同样的价值观,因而形成了一种无形的联系。④ 然而,除了都是英帝国成员外,这些遍及全球的殖民地几乎没有什么共同之处。如何使殖民地在管理上达到更大程度的统一,以解决它们各自面临的不同问题,从而使帝国得以维持及巩固,就成为当时英国所面临的一个紧迫问题。

因此,随着英国的扩张政策走向终结,巩固帝国因其必要性和紧迫性而成为帝国政策的一个主导方向。

---

① Denis Judd, *The British Imperial Experience, from 1765 to the Present* (Fontana Press, 1997), p.142.
② 苏丹和赫布里底斯分别由英国与埃及、法国共管。鉴于埃及是英国的保护国,苏丹显然也只是英国的一个附属国。
③ Denis Judd, *The British Imperial Experience, from 1765 to the Present* (Fontana Press, 1997), pp.142-143.
④ R.J. Cain & A.G. Hopkins, *British Imperialism: Crisis and Deconstruction 1914—1990* (Longman, 1993), pp.25-26.

二、巩固帝国的主导思潮

巩固帝国在世纪之交成为英国占主导地位的帝国政策,但对于如何巩固这个空前庞大且结构复杂的帝国,则必须考虑三个制约性因素。其一,英国经济自 19 世纪末以来不断衰退,并且面临着德、美等国的挑战,英国人把帝国作为解决英国衰落问题的良方,在这一方面是没有争议的,但关键是采取何种方式使帝国成为英国力量的后盾。其二,帝国统治中的传统因素不容忽视。英国一向是一个尊重传统,不主张激烈变革的国度。兼之当时英国所面临的国际竞争形势,更使英国不可能提出更多创新性的建设帝国思想,人们自然而然会利用各种各样的传统思想,在适应当时情况的基础上,提出经过修改的帝国建设思想。这类传统思想多种多样,包括自由主义(Liberalism)、人道主义(Humanitarianism)、种族主义(Racism)、社会主义(Socialism),等等。其三,各种各样的具体情况也影响帝国决策,这些情况包括国际形势的变更、殖民地的民族主义、对殖民地情况有着最直接了解的殖民地行政官员个人的因素,等等。

在上述因素的共同作用下,英国各界提出了多种多样的关于解决帝国所面临问题的方案,对于帝国的组织形式、经济开发、道德基础及种族关系都进行了探讨,从而对帝国政策的发展产生了重大影响。大体看来,这些关于如何巩固帝国的思潮可以分为如下四类:自由主义者(Liberal),帝国改革派,文化相对主义者(Cultural

Relativist),社会主义者(Socialist)。① 以下分别进行叙述。

(一) 自由主义者的守成思想

19世纪西欧各国中,自由主义在英国发展得最充分、最典型、最具代表性,几乎成为整个19世纪占统治地位的政治经济思想。自由主义学派的出发点是经济方面的,因为这种理论主要是适应从18世纪后期到19世纪中期英国工业革命的发展与完成而提出的,代表人物有18世纪著名经济学家亚当·斯密(Adam Smith)、19世纪中期的哲学家及经济学家密尔(John Stuart Mill)以及19世纪的著名政治家格拉斯顿(William Gladstone),等等。该派认为人应当绝对自由地互相竞争,以便他们最好的能力得以发挥。② 而政府的功能是有限的,应尽量减少对经济生活的干涉,经济活动中会有一只看不见的手在自动调节。相应的,个人在法律上和社会上也应享有实际行动并承担后果的完全自由,所以政府形式也必须是对个人干涉最少、最能体现个人利益和意见的统治形式。③ 毫无疑问,只有民选的代议制政府才最能体现这一要求。而在国际事务中,自由主义者则倡导国际自由贸易,主张依靠民族自由和国际公平交易的原则来处

---

① E. A. 本尼安斯、詹姆士·巴特勒和C.E.卡林顿主编的《剑桥英帝国史》第三卷(E. A. Benians, Sir James Butler &. C. E. Carrington ed., *The Cambridge History of the British Empire vol. Ⅲ The Empire-Commonwealth*, Cambridge, 1959),将当时的帝国主义思潮分为四类:格拉斯顿自由贸易派、激进帝国主义者、社会主义者和人道主义者。W. A. S. 赫温斯的《一个帝国主义者的辩词》(W. A. S. Hmins, *Apologia of an Imperialist*, London, 1929),则将当时的帝国主义思潮分为自由贸易帝国主义者、政治帝国主义和建设性帝国主义者。
② [英]伦纳德·霍布豪斯:《自由主义》,商务印书馆1996年版,第43页。
③ [英]约翰·密尔:《论自由》,商务印书馆1993年版,第82页。

理对外关系。

对于殖民地的统治,自由主义的创始人们反对流行于17、18世纪,以宗主国对殖民地经济、立法、行政和司法等各方面全面垄断为特征的旧殖民体系。亚当·斯密在其名著《国富论》中鲜明地指出:"除了对外贸易,英属殖民地的人民就其他各个方面来说,都有完全的自由,按他们自己的方式来处理他们自己的事务。"[①]这一方面是因为以反对旧殖民体制为目的的美国独立战争的爆发让英国大受震动,另一方面也因为放松对殖民地的控制既有利于减少英国的财政负担,也有利于英国工业的发展。19世纪中期,英国工业革命业已完成,其在欧洲居于霸主地位,而且号称"世界工场"。这种强大的国力更使得英国的自由主义者在帝国问题上,主张不建立正式的版图帝国,而是通过贸易、法律、文化等无形的力量把英帝国连成一片,既可以实践其自由贸易主张、减少英国对殖民地承担正式责任所应付的费用,又可以推进自由主义所倡导的正义与人道原则。在具体做法上,英国创立了白人殖民地的自治政府制度,给予白人移民殖民地以内政自主权,并将英国的议会制度推广到白人殖民地,在白人殖民地建立"得到多数人信任的""行政机构对议会负责的"责任政府制度,[②]其大多数立法活动不再从属于英国议会;同时,英国在非白人殖民地注重发展当地福利,向土著地区传播英国式的文化、宗教、法律等。以上做法,使英国在19世纪中期形成了独具特色的自由贸易帝国。

---

① [英]亚当·斯密:《国富论》,商务印书馆1979年版,第156页。
② Lord Elton, *Imperial Commonwealth* (London, 1945), p.292.

19世纪末至20世纪初,英国的国际地位受到严重挑战,工业霸权不复存在,世界工场的地位也已丧失,自由主义赖以存在的基础逐渐消失,因此自由主义进入急剧衰落的时代。但是,由于自由主义在英国社会根深蒂固,致使它的许多原则在当时的英国仍能激起大多数人的共鸣,并成为具有主导地位的帝国主义思潮。

持这一派主张的主要有如下代表人物:罗斯伯里(5th Earl of Rosebery),曾于1884—1885年任首相;索尔兹伯里,1895—1902年任英国首相;坎贝尔-班纳曼,自由党领袖,1905—1908年任英国首相;约翰·莫利(John Morley),1905—1912年在自由党政府中任印度事务大臣;劳合·乔治(David Lloyd George),在1905年度的自由党政府中任贸易委员会主席,1916—1921年任英国首相;赫伯特·亨利·阿斯奎思(Herbert Henry Asquith),坎贝尔-班纳曼之后的自由党领袖,1908—1916年长期担任英国首相;希克斯·比齐(Hicks Beach),1895—1902年在保守党政府中任财政大臣,他宣称自己是一个"彻底的自由贸易者"[①];伦纳德·霍布豪斯(Leonard Hobhouse),英国社会学家和哲学家,1911年发表《自由主义》一书,概述了英国自由主义的发展和主要内容;休·塞西尔(Hugh Cecil),保守党思想家,1912年发表了《保守主义》一书,对英国的保守主义做出了全面论述。这里必须强调指出,对自由主义的信奉早已成为英国国内两大政党——自由党和保守党的共识,因而这些来自不同政党、不同派别的人在巩固帝国的原则上能持同一种态度。

这一派的主张如下:第一,强调帝国的道德基础,在巩固帝国时必须注重自由主义的原则。该派要求一种理性的、明智的、严肃的

---

① George Bennett (ed.), op. cit, p. 322.

帝国主义,反对帝国狂热,要求英国人重新承担起对帝国的道义责任,在巩固帝国时尊重人道、正义、和平的传统并保持良知。该派之所以强调帝国的道德基础,主要是因为他们遵循着19世纪自由主义一直存在着的讲求道义的传统。霍布豪斯曾这样评价格拉斯顿在帝国问题上留给英国人的优良传统:

> 外交部的办事原则是:国家的理由证明一切事情都是正当的。格拉斯顿的办事原则是:除了人类良知证明是正当的事情以外,任何事情都不能被国家的理由证明是正当的。在他看来,政治家不仅要维护他的国家的物质利益,而且要维护国家的荣誉。……一个国家要变得伟大,不仅可以通过把地图绘成红色,或者把其贸易扩大到前所未有的地步,而且也可以通过作为正义的先锋、被压迫者的救星、自由的老根据地,使国家变得伟大。①

虽然19世纪末的帝国扩张使人们暂时陷入帝国狂热之中,但一遇机会,这种英国人心中根深蒂固的自由主义传统就要起作用。希克斯·比奇指出,"不应用不正确的手段去完成伟大的目标"。②

而英布战争极大地伤害了英国人的良知,促使他们认识到帝国扩张中包含的非正义性,从而呼唤帝国道德基础的回归。战争期间,"亲布尔派"政治家主持的报纸《每日新闻》称赞"布尔人是一个勇敢而有骑士风度的民族",并指斥英国的战争行为。③ 坎贝尔-班纳曼则一再指出,英国处理帝国问题的当务之急是宽宏大度地对待

---

① [英]伦纳德·霍布豪斯:《自由主义》,商务印书馆1996年版,第51—52页。
② E. A. Benians, Sir James Butler & C. E. Carrington (ed.), op. cit, p.346.
③ A. F. Havighurst, *Britain in Transition* (Chicago university, 1979), p.57.

布尔人,重建被战争破坏的南非,建立"两个欧洲种族之间的协调与融洽"①,以消除残暴的征服所带来的布尔人的憎恨及国际社会的指责。他于1906年当选英国首相后,特别提出把"正义与自由,而非特权与垄断"作为该党的执政准则。②

第二,该派主张坚持殖民地自治原则,尊重19世纪中期自由主义的成果——白人殖民地的自治政府。自由党的代言人霍布豪斯指出,自由主义提倡民族自治和国际平等,但这并不是说自由主义对帝国作为一个整体的利益、对白人中普遍存在着统一感情这一事实所包含的潜在价值漠不关心。他进一步指出:"今天的殖民帝国实质上由老的自由主义所创建。它建立在自治基础上,而自治是现存统一感情产生的根源。我们当代的难题是想出一套办法来更具体生动地表现这种统一感情而不损害它所依赖的自治权力。"他还认为,英国自由党人应重视这一问题,努力使他的国家成为一批自治的民主社会的中心。③

无独有偶,保守党的代言人、著有《保守主义》一书的休·塞西尔也持同样观点。在书中,他认为,英国的保守主义是一种守成力量,可以使社会的进程"不至于过分大胆或轻率,也不至于过分慎重或延迟"。④ 在帝国问题上,保守主义体现为要求维持帝国的完整与统一,但是,这并不意味着破坏帝国赖以存在的自治制度。他指出,

---

① H. C. G. Matthew, *The Liberal Imperialists: The Ideals and Politics of a Post-Gladstonian elite* (Oxford, 1973), p.180.
② Ronald Hyam, op.cit, p.266.
③ [英]伦纳德·霍布豪斯:《自由主义》,商务印书馆1996年版,第121—122页。
④ [英]休·塞西尔:《保守主义》,商务印书馆1986年版,第9页。

当代帝国事务所面临的最大问题是:如何使帝国成为一个单一的有机体,而又不破坏或危害其中每一个部分理所当然地、坚定地要求的充分自由权。英国希望自治领也能完完全全成为国家力量的一部分,但也希望"我们种族的一切公民,不论住在皇家自治领的哪个部分,同等地享有自由自治的伟大遗产"。他还认为,对于这一最终目标,英国国内"并不存在任何派系的争论"。①

第三,该派认为帝国应是建立在互相信任和积极合作基础之上的自愿、自由的共同体,反对任何僵化的帝国政治、经济或军事组织。从自由主义的信条出发,自由主义者往往维护殖民地的政治自由,反对母国对殖民地的过多干涉;认为使殖民地持久忠于母国的最佳方式是使它们信任英国并想与英国统一,正如罗斯伯里指出,一个自由帝国在本质上"不是由武力,而是由感情和挚爱联系在一起的"②。自由主义者还认为,假如使用武力来让它们为英国的利益效力,则这些分布在世界各地、利益各不相同的殖民地与英国之间就会发生激烈的冲突。对于当时一些人提出的用机构化的方式统一帝国的建议,他们非常反对,正如索尔兹伯里在1902年的一次演讲中指出的:"有许多重要人物——有巨大财富和权威的人,他们认为采取立法行动来使殖民地组成联邦的时刻已经到来。我奉劝他们,在他们这么做之前仔细考虑一下他们希望从中得到的结果。我们没有立法权力来影响已从母国和它的女儿们那里升起的思潮和感情。"③总而言之,帝国组织应尽量根据具体情况采取非正式的、多

---

① [英]休·塞西尔:《保守主义》,商务印书馆1986年版,第136页
② H.C.G. Matthew, op. cit, p.161,
③ Max Beloff, *Britain's Liberal Empire 1897—1921* (Macmillan, 1987), pp.50 - 51.

种多样的形式。

自由主义思潮这时之所以能在帝国问题上重新占据上风,很大程度上是因为英布战争后,英国出现了一派对帝国扩张的指责,从而为自由主义思想的再度兴盛培养了土壤。另一方面,19 世纪的大规模帝国扩张中,英国人并未来得及提出全新的巩固帝国的思想。此时,英国实力的衰落及其在国际上面临的危急局面,也使英国无力再采取积极的帝国政策,从而转入守成阶段,体系庞大的自由主义则无疑为他们提供了现成的巩固帝国的理论。

需要指出的是,这一派思想对于帝国巩固的贡献主要在政治原则上,而较少涉及具体措施。这主要因为自由主义在这时已经是一种具有固定内容的思潮,自由主义者大多处于维护前人立场的地位,已经较少创新了。他们更多地是提倡维持英国已有的帝国统治政策,实行无为而治。所以,他们对帝国并无远大构想,只有当帝国结构中出现什么问题时,他们才去考虑解决方法。他们的态度,可以用印度事务大臣莫利的话来概括,他说:"今天我能负责,明天我也能干得很好,后天我听天由命。"[1]

自由主义虽然在 19 世纪末已是强弩之末,但英国毕竟是一个靠自由主义起家、又靠自由主义达到鼎盛的国家,因而自由主义在这一时期仍能占据帝国思想的主导地位。同时,持这一派观点的人又几乎都是 1905 年起长期执政的自由党政府的成员,所以其主张对于制定帝国政策产生了决定性影响。

---

[1] Martin Kitchen, *The British Empire and Commonwealth —— A Short History* (Simon Fraser Univ., 1994), p.52.

(二) 帝国改革派的变革意图

如果说,坚持自由主义传统者的主张是立足于帝国政策的传统和帝国发展的现状的话,那么帝国改革派则往往在面对帝国现存问题的同时,又着眼于帝国发展的将来,试图改进19世纪中期以来的殖民体制,使之进一步增强英国的力量,并设计出许多具体的举措。这一派的代表人物主要有约瑟夫·张伯伦,著名的帝国主义者,1895—1903年任殖民大臣,对英国的内政外交都产生过重大影响;阿尔弗雷德·米尔纳,著名帝国主义者,1897年起先后任英国驻南非高级专员及总督。他们对于帝国怀着极大的狂热,矢志献身于帝国事业。

这一派巩固帝国主张的着眼点是英国经济从19世纪末以来的持续衰退,至一战前,无论是实际GDP(国内生产总值)的增长率(见表1)还是出口量(见表2),英国都已大大落后于两个主要的竞争对手德国和美国。因此,激进的帝国主义者主要想解决英国面临的经济危机,推行殖民地经济改革,使殖民地成为英国经济的重要支柱,以维持英国的霸主地位。

表1 实际GDP的年增长率(%),1880—1913年[①]

	联合王国	德国	美国
1880—1890	2.2	2.9	4.1
1890—1900	3.4	3.4	3.8
1900—1913	1.5	3.0	3.9

---

① Paul Johnson, *Twentieth-Century Britain: Social and Cultural Change* (Longman, 1994), p.32.

表2 在世界制成品出口中所占的份额(%),1880—1913年①

	联合王国	德国	美国
1880	41.4	19.3	2.8
1890	40.7	20.1	4.6
1899	32.5	22.2	11.2
1913	29.9	26.4	12.6

这一派的主张如下:第一,大力发展殖民地经济,对于出生伯明翰商业世家的张伯伦而言,殖民地始终是一个经济命题,是英国巨大财富和经济稳定的潜在资源。他早在尚未担任殖民大臣时,就曾指出:

> 占有地球上某些大块空间是不够的,除非你能够充分利用它们,除非你愿意开它们。我们是一笔大财产的地主,地主的责任在于发展他的地产。②

这就是张伯伦著名的"地产说"。1895年8月,即他就任殖民大臣的第二个月,他就大力呼吁开发这些殖民地。他指出:"没有帝国的援助,未开发的地产就不能得到发展……就我所知,这些殖民地归英国所有已经有一百多年了,但迄今为止,英国的统治者几乎什么也没做。"他还认为殖民地发展"既对当地居民有利,又对其外部更多的人口有利"③。

张伯伦认为,维持和防卫这个帝国的费用越来越大,因此需要

---

① Paul Johnson, *Twentieth-Century Britain: Social and Cultural Change* (Longman, 1994), p.33.
② Lange E. Davis, op. cit, p.33.
③ Michael Harinden & David Meredith, *Colonialism and Development Britain and its Tropical Colonies*, 1850—1960, (London and New York, 1993), p.88.

帝国各个组成部分——无论是自治殖民地还是附属殖民地,都能经济繁荣,以便能提供足够的金额来防御它们的领土,同时也能产生足够的资金促使当地经济走上持续增长的道路。在各殖民地发展的基础上,又可以通过"正确的组织和巩固措施,来形成一个前所未有的自给自足的帝国"。在这个帝国中,"没有哪一种食物,哪一种贸易原材料,哪一种生存必需品,哪一种生活奢侈品,不能在英帝国的这一部分或那一部分制造"。[1] 这样一个帝国将是一个强有力的组织。

张伯伦的信条具有革命性,意味着推翻那种通过英国给予殖民地有限的资金来促使殖民地形成财政自给自足的经济发展体制。这种体制可追溯到19世纪中期,对此做出最清晰描述的是1846—1852年任殖民大臣的格雷勋爵(Lord Grey, Henry Grey, 3rd Earl Grey),格雷说:"要验证促进未开化地区居民发展的措施正确与否,最合适标准莫过于看该殖民地是否能自给自足。"[2] 而张伯伦的主张则打破了殖民地简单维持现状的经济政策,试图使殖民地的经济获得长足发展。

第二,该派主张通过政府行为来发展殖民地。这一主张在仍然视自由贸易为金科玉律的英国,同样具有真正的革命性。根据自由贸易原理,英国传统的殖民地发展,不是通过有限的政府贷款来援助殖民地,就是通过私人投资在殖民地部分地发展生产,在这当中,英国政府发挥的作用极其有限。而张伯伦则开始彻底打破自由主义信条,试图使英国政府大幅度介入殖民地的经济发展。

---

[1] Bernard Porter, *The Lion's Share*, p.189.
[2] John M. Garland, *The Colonial Office and Nigeria 1898—1914* (Macmillan, 1985), p.101.

张伯伦深知殖民地是一只只金鹅,只有在英国政府资金的刺激下,才会下金蛋。因为发展殖民地所涉及的许多举措,如建设铁路、桥梁、港口和灌溉系统这些公共工程,是私人企业所不愿承担或难以承担的。正如他在1896年1月的一份备忘录中指出的:

> 毫无疑问,在许多事例上发展被延缓,而在一些事例上则完全停滞了,仅仅因为能够运用来促进发展的方式超过了私人财力的范围……比如在多米尼加、在英属洪都拉斯及英属圭亚那,有许多尚不为人所知的自然资源——金矿和其他矿藏、染料、木材以及所有热带作物,无论是殖民地自身还是私人冒险家,都不打算去开发这些资源。王室地产的广大及其毫无疑问的固有价值,正等待着一个买主,因为这里没有获得财富的适当方法。私人企业可以耕作农田、砍伐木材并开采矿藏;但是政府(也只能是政府)可以修筑公路和铁路,这是政府在这些新型国家的真正职能范围,而且只有在大不列颠认识到这一点时,它才能履行对于它统治之下的附属殖民地的职责。[1]

张伯伦的这种思想在政府仍坚持自由放任、不干预经济发展的时代显然是超前了,不过他仍力排众议,多次为西印度和非洲的发展争取到政府援助款,尽管数目微小,但毕竟在正统经济政策中打开了一个缺口。因此,后来支持张伯伦的米尔纳曾称张伯伦的任期是"进步的时代,即从旧的、不干涉和停滞的体系向新的、积极的和发展的政策过渡的年代"。[2]

---

[1] Michael Harinden & David Meredith, op. cit, pp. 88 - 89.
[2] Stephen Constantine, *The Making of British Development Policy 1914—1940* (Frank Cass, 1984), p.11.

第三,该派主张在英国及其自治殖民地之间建立正式的、紧密的、集权化的联系。从 19 世纪 80 年代起,张伯伦就是帝国联邦计划的大力推行者,在他成为殖民大臣后,更是不遗余力地推行英国与自治殖民地之间的联合。在张伯伦看来,组织化的帝国要比自治更重要,他一再强调:"这一时代的趋势在于,把权力交到大帝国手中,那些较小的王国——没有进步的国家——注定要成为二流的、附属的地区。"①

出于对经济问题的敏感,他把商业联盟看得最为重要。1903 年,他发起了关税改革运动,其目标是在帝国内部引进保护性关税系统,建立帝国成员之间的关税同盟,从而使帝国联合成一个经济整体,此举在仍然奉行自由贸易政策的英国引起轩然大波。米尔纳在这个问题上坚决支持张伯伦,当他结束在南非的总督生涯回英国后,便积极为关税改革摇旗呐喊。1908 年,他在出访加拿大时,曾大力游说帝国的经济联合。他说:"通过尽可能从加拿大而非阿根廷购买小麦,联合王国将帮助建立自治领的繁荣。通过向联合王国而非德国或比利时购买瓷器、陶器、玻璃制品或刀具,加拿大将向英国而非别的国家提供就业机会。"②

张伯伦的关税改革思想的产生,和他的背景分不开。他出生在英国工业重地伯明翰市的一个巨商家庭,对经济问题十分敏感。该城市自 19 世纪 80 年代起就注意到了其他工业强国对英国工业霸权的挑战。1895 年,伯明翰的商界代表就向负责调查英国贸易衰落原因的委员会深刻地指出:"保护性关税已经使文明的市场向我们关

---

① Chamberlain's Speech at the Royal Colonial Institute, 31 March 1897. *English Historical Documents XII (2) 1874—1914*, p.390.
② Winfried Baumgart, op.cit, p.175.

闭。……凭借保护性关税,德国和美国已发展了他们的工厂,并且从他们的国内销售中获利。"①在伯明翰市的这种氛围中,张伯伦产生关税改革思想不足为奇。

帝国改革派大多长期从事帝国事务,对于帝国的发展前景有较明确的看法。他们的观点一般都具有前瞻性,往往都是明确提出帝国政策未来发展的走向,因而也确实吸引了不少人。直到1953年,张伯伦的追随者、一战后担任过殖民大臣的艾默里在其回忆录中,仍然强调:如果当时英国确实实现了张伯伦的政策,则英帝国根本不会衰落。②

必须强调指出的是,帝国改革派的观点虽然指向帝国未来,但是其理论立足点却是19世纪中期以来就已经存在的、此时已遭到许多人批判的种族主义观点和文化使命观。种族主义理论包含两个要点。一、英国至上论,认为上帝对英国人情有独钟,他们天生就是统治世界的种族。张伯伦指出:"命运之伟大与重要性完全给了盎格鲁-撒克逊人,因为气候和环境都不能改变这个骄傲、顽强、自信和果断的种族。"③二、种族等级观念,认为世界上存在着一个不同种族的等级体系,英国人居于种族体系的最顶端,有色人种则在底层。米尔纳认为:"白种人必须统治,因为他是通过许多步骤才被提升到高于黑人的地位的。"④在实践中,他们一直注重与白人自治领的联合,而把土著种族视为较低等的、未发展的种族。至于文化使命观,

---

① C.C. Eldridge, op. cit, p.233.
② Max Beloff, op. cit, p.39.
③ Paul Kennedy & Anthony Nicholl, *Nationalist and Racialist Movements in Britain and Germany Before 1914* (Oxford, 1981), p.193.
④ Lord Milner, Address to the Municipal Congress, Johannesburg, 18 May 1903. George Bennett (ed.), op. cit, p.343.

则是他们从种族主义推导出来的理论,即处于较高文明程度的英国人负有向全世界传播英国文明的天定使命,正如张伯伦指出的:"命中注定要把我们的美德及缺点一并传播到有人居住的地区。"[①]张伯伦的殖民地发展政策,实际上也包含着英国人比当地居民更懂得如何发展经济的含义。

正因为他们持有种族优越感和传播英国文化的使命感,所以他们强调为了完成伟大的目标,可以不计较采取的手段是否正当,张伯伦指出,"你不可能不打破鸡蛋就做蛋卷;你也不可能不使用武力就能摧毁野蛮、奴隶制和迷信",虽然这样做有些违背正义的原则,但"如果你把人道上的收获及你必须付出的代价做一个公正的对比",你会感到还是得大于失。[②] 因此,该派强调英国人必须理直气壮地领导帝国,他们强调巩固帝国必须注重效率、秩序,而不是自由主义所提倡的民主与自由。他们甚至攻击英国民主制的拖沓和低效率,认为议会议员根本不懂得帝国问题的实质,米尔纳更公开声称不要受"威斯敏斯特的乌合之众"的干扰,[③]而其对南非的治理则完全体现了他的铁腕政策。正因为如此,帝国改革派的做法经常遭受自由主义者的指责,也往往激怒他们的同僚。

帝国改革派于 19 世纪末、20 世纪初活跃于英国政坛,无论在帝国的中心英国,还是他们统治的殖民地,都留下了深深痕迹。他们关于把帝国联合成为一个自给自足的经济实体的构想,一度得到一

---

① E. A. Benians, Sir James Butler & C. E. Carrington (ed.), op. cit, p. 347.
② Chamberlain's Speeches at the Royal Colonial Institute, 31 March 1897. *English Historical Documents XII (2) 1874—1914*, p. 389.
③ E. A. Benians, Sir James Butler & C. E. Carrington (ed.), op. cit, p. 347.

部分自由党人和费边主义者①的支持。② 他们在任期内也曾大力推行他们关于如何巩固帝国的主张,因此其思想虽然在英国政坛中处于少数派的地位,但也确实产生过重大的影响。此外,赞成他们思想的人在未来的英国决策层中也曾起过很大作用,比如利奥波德·艾默里(Leopard Amery),此时是张伯伦的追随者,一战后成为殖民大臣,一直认为英国将来的繁荣"依赖于我们在帝国中的遗产的发展"③。因此,他大力推行了许多发展附属殖民地、加强帝国联系的创新性举措。

(三) 文化相对主义对种族主义的修正

如果说自由主义者和帝国改革派都是英国政界的重要人物,他们或坚持自由主义传统,或针对帝国面临的问题,对如何巩固帝国提出见解,并利用他们的执政地位,将之付诸实践的话,那么文化相对主义(the Cultural Relativism)则立足于18世纪下半叶以来英国宗教团体与人道主义者积极主张发展殖民地福利、尊重殖民地利益的传统,对巩固帝国的原则、方法提出补充性看法,其中很多思想对帝国的决策及管理也产生了影响。

英帝国领地内的人种和文化多种多样,对于占帝国人口绝大多数的非白种人,英国人一直持种族主义态度。这种观念在19世纪的英国社会根深蒂固。然而,19世纪末,种族主义受到了一批人道主义学者的质疑。他们反对种族主义所宣扬的盎格鲁-撒克逊种族承

---

① 19世纪末在英国兴起的政治团体,主张国内进行渐进改革以革除社会弊端。
② Judith M. Brown & Wm. Roger Louis, *The Oxford History of the British Empire vol. 4 The Twentieth Century* (Oxford, 1999), p.191.
③ Denis Judd & Peter Slinn, op.cit, p.48.

担着向人类传播最先进文明的使命的观念,而强调非洲社会具有不同于欧洲的独特文化价值和特性,即文化的相对性。因此,他们的主张被称为文化相对主义。文化相对主义的主要代表人物有玛丽·金斯利(Marry Kingsley),19世纪末的女旅行家,曾游历西非,著有《漫游西非》和《西非研究》等具有广泛影响的书籍,她对于非洲的同情、理解及热情,在很大程度上改变了欧洲人对非洲的看法,且奠定了西非人类学基础;E. D. 莫雷尔(E. D. Morel),人道主义团体刚果改革协会的创始人;哈里·约翰斯顿爵士(Sir Harry Johnston),非洲旅行者,前非洲殖民地行政官员;约翰·哈里斯(John Harris),先是刚果改革协会成员,后成为另一个人道主义团体土著保护协会成员。

　　这一派思潮的主要观点如下。第一,指出非洲社会文化与欧洲的不同之处,认为非洲应有其独特的发展道路。金斯利根据她在西非的游历提出,西非社会处于类似于欧洲13世纪时的状况,但这并不意味着英国人要像19世纪英国的文化使命观所提倡的那样,把这些地区提升到与欧洲19世纪状态平行的水平;相反,真正的"人道主义"是用科学方法使这些地区沿着它们自己的文化发展途径演进到它们自己的19世纪状况。她认为非洲人"是逻辑上非常实际的人……他有考虑他所拥有的权利的方式,无论他是否愿意行使这种权力"①。因此,英国人无权要求非洲人接受欧洲的思维方式,而英国人应该做的,是帮助这些非洲人避免非、欧两种文化的冲突,使其顺利进入他们自己的现代状况,并宣称"这是一项伟大的人道主义工作,通过从事这种工作可以为英格兰在上帝面前树立一座丰碑"。

---

① Paul B. Rich, Race and Empire in British Politics (Cambridge, 1986), p.32.

为了完成上述工作,金斯利特别强调研究非洲的风俗。她指责基督教团体的传教活动和英国殖民部对当地的直接控制导致了非洲社会和政治机构的毁灭,因此她憎恨"英国对较弱小种族政策的欺骗",认为这给黑种人带来了灾难。①

第二,强调帝国对土著地区承担的道义责任,反对压制性的殖民统治。金斯利在1899年出版的《西非研究》一书中指出,直辖殖民体制不适合于非洲,因为它作为一种政治体制,主要代表的是英国国内的殖民官员的观点,而不像英国式的代议制机构那样,代表的是选民的利益。因此,西非殖民体制的运作只能导致和所有利益相关者的愿望相反的结果,浪费人们的金钱、前途和生命。② 受到其思想的影响,人道主义者莫雷尔创立了刚果改革协会,抗议比属刚果殖民统治的暴行,认为压制性的殖民统治损坏了当地的传统与文化,主张保护非洲免受帝国主义的侵害。③ 该举动得到了前殖民官员约翰斯顿爵士的大力支持。1906年,两人合著的《红橡胶》一书出版。在书中,他们指出,如果不改变殖民统治的暴行,则有可能导致非洲人的反抗,推翻欧洲人"试图移植的新文明"。④ 继这两人之后的文化相对主义者哈里斯,一直强烈反对非洲殖民地上存在的强制性劳动和白人侵占非洲人土地的问题,他曾多次向英国议会提交请愿书,请求改变这种局面。⑤ 在1914年出版的《最黑的非洲的觉醒》一书中,他指出,白人行政官员的种族歧视会破坏英国与西非殖民

---

① Paul B. Rich, *Race and Empire in British Politics* (Cambridge, 1986), p.31.
② Marry Kingsley, West African Studies, Robert Collins (ed.), *Western African History vol. I of African History, Test and Readings* (New York, 1990), p.220.
③ Judith M. Brown & Wm, Roger Louis, op. cit, p.190.
④ Paul B. Rich, op. cit, p.36.
⑤ Judith M. Brown & Wm, Roger Louise, op. cit, p.196.

地之间的贸易关系。而他所想做的工作是调和两者之间的矛盾,关注在英国学习的非洲学生的福利。①

第三,文化相对主义者坚持非洲文化的相对性,故而他们认为一部分受过西方教育的非洲人失去了他们文化的根源,也失去了他们同胞的尊敬与爱戴。比如,金斯利认为,受过西方教育的非洲人并不"理解西方文化的内在精神",他们"既不是非洲人也不是欧洲人","既误导了欧洲人又背叛了非洲人"。② 莫雷尔和约翰斯顿也持同样观点,他们提出的解决问题的方法,具有家长制统治特点,即隔离非洲社会,使之不受西方的影响。③

文化相对主义是对传统的种族主义的修正。种族主义之形成,一是由于英国人对广大非欧洲地区缺乏足够的了解,从而产生出许多偏见;二是由于英国人在几个世纪中建立起一个庞大的帝国,其民族自豪感很容易转化成种族优越感。19世纪末,随着技术的进步和英国统治区域的扩展,英国人可以更多地深入附属领地,增加对其了解,从而有可能修正种族主义观点。此外,英帝国自19世纪初以来就有尊重土著权益、主张英国人承担对非欧洲地区的道义责任的传统,此时,恰逢比属刚果的殖民暴行被揭露,国际社会尊重土著利益的呼声高涨。在这种背景下,文化相对主义得以兴起。

文化相对主义一经诞生,就受到英国社会的关注。比如金斯利虽于1900年就去世了,年仅37岁,但她的思想不仅得到了著名学者霍布森等人的支持,也推动了英国殖民部对土著地区态度的部分转变。1901年,为了纪念她,殖民部创立非洲协会,用以鼓励对非洲社

---

① Paul B. Rich, op. cit, p.36.
② Ibid., p.32.
③ Ibid., p.36.

会和非洲文化的研究,并将文化相对主义作为殖民统治的原则之一。

(四) 社会主义对帝国主义的批判

社会主义是19世纪中期以来英国社会的新事物,持这一派观点的人对内主张革除各种社会痼疾,实行社会改革,对外则大多对帝国主义持一种批判态度。这一派的代表人物有J. A. 霍布森(J. A. Hobson),经济学家和时事评论家,因对南非战争起因的探讨及1902年出版的《帝国主义研究》一书而声名鹊起,他虽不是社会主义者,但其思想和对帝国的分析方式却深刻影响了社会主义者,成为社会主义者对帝国进行批判的先导,其观点后来被列宁引证;拉姆齐·麦克唐纳(Ramsay MacDonald),1906年新成立的工党的领导人,一战后两次担任工党政府首脑。他在一战前曾到帝国的许多地方游历,著有《劳工与帝国》一书;基尔·哈第(Keir Hardie),工党领袖,曾出访印度、加拿大等地。这一派出于对英国社会弊端的批判,提出了对帝国建设的新意见。

首先,他们怀疑所谓帝国的光荣,指斥英国在殖民地统治中的不道德性。基尔·哈第认为,帝国并不等于英国人民的荣耀,它只对一小部分政客有利,因为"帝国意味着贸易,贸易意味着利润,利润意味着支配普通人的权利"[1],换言之,帝国是一种阶级压迫的工具。哈第认为,帝国的统一本身是一件有益的事,因为"这会使民主的国度更为接近,并能打破民族分离的障碍"。但是这种统一与英国王室无关,因为国王、外交家、商人只是为了自身的利益而扩张帝

---

[1] Denis Judd, op. cit, p.135.

国。所以,英国工人阶级蔑视王室以及所有支撑它存在的东西,但又确确实实地希望地球上的民族更紧密地联合在一个统一体中,不是基于王族联盟或商业联盟,而是基于和谐地生活在一起的愿望。哈第更进一步指出,英国人引以为豪的维多利亚女王登基60周年庆典,每一壮观的场面都只是在加速它的终结。[1] 这种观点在帝国主义情绪甚嚣尘上的当时,确实很尖锐。不但如此,这一派人还反对英国殖民地官员不负责任的统治。拉姆齐·麦克唐纳在其《劳工与帝国》一书中,指斥殖民地官员往往不了解他们所统治的地区。他描述这些殖民官员,"问他们有关当地的宗教,那不是他们的话题;问他们有关当地的风俗,那也不是他们的话题;问他们有关当地的问题,那还不是他们的话题",这些人认为他们来自统治种族,永远不同于土著种族。麦克唐纳认为,这些视野狭隘的统治者要对帝国统治中的许多失误负主要责任。[2]

第二,强调帝国对土著地区承担的责任,强调恢复18世纪著名思想家爱德蒙·伯克(Edmund Burke)所倡导的"托管制"[3]的原则。霍布森在1902年出版的《帝国主义研究》一书中,不但分析了现代帝国主义产生的根源,还指出帝国主义是一种追逐私利的堕落选择,它培养了一股不负责任和不文明的力量,引起人们"争斗、占领土地、掠夺的原始贪婪欲望,这对于英国人的进步和民主改革是有害的;它也使整个国家放弃了培养更高品质的愿望,而这些品质恰恰

---

[1] Denis Judd, op. cit, pp. 135 – 136.
[2] J. R. Macdonald, *Labour and the Empire*. George Bennett (ed.), op. cit, p. 354.
[3] 伯克所倡导的"托管制"(Trusteeship),指英国根据"人道与义"的原则而成为殖民地发展的受托管理者。一战后,国联的"托管制"(Mandate)指的是国联委托欧洲国家管理前德属、土属殖民地。

又是一个民族或个人运用理智战胜野蛮冲动的动力。因此,帝国主义是在培养投机和战争,是肮脏的秘密外交的根源"①。所以,霍布森也一再倡导重建帝国的道德性,终止帝国扩张。不过,终止扩张不代表放弃帝国。他认为,英国现在就结束帝国是不行的,因为大部分土著地区还需要英国的力量进行建设和发展。如果英国放弃对帝国的责任,就是"对这个世界的人道及文明的公共责任的野蛮放弃"。同时,霍布森认为伯克所倡导的注重"正义与人道"、注重被统治地区的福利发展的托管制原则是一个光荣的概念,但是这一制度现在已经因为英国殖民统治的腐化管理而受到了玷污。因而,霍布森提出他的解决方法,即"一种理智的、合法的帝国主义"②。也就是说,殖民地资源不应该属于占有它的国家,而应该属于能最好地利用这些资源的民族。这样的责任决不能交给不负责任和自私自利的私人企业,只能由国家来控制殖民地发展,并由国际组织加以监督,这种帝国主义才能符合全人类的利益。③

第三,反对传统的种族主义观念,倡导在帝国建设中对不同的种族都实行统一道德标准。霍布森在《自由主义的危机》一书中指出:"故意为某种特定文明或国家设定一套新使命,而且以肤色和种族而非个人性格和成就作为标准,无异于为将来种下了危险与黑暗的种子。"④曾于1907年冬天访问印度的基尔·哈第著有《印度、影响与建议》一书,于1909年出版。在书中,他对次大陆的"肤色界限"深感震惊。他说:"取一组印度人,脱去他们优雅的、形状怪异的服

---

① Judith M. Brown & Wm. Roger Louis, op. cit, pp. 189 - 190.
② E. A. Benians, Sir James Butler & C. E. Carrington (ed.), op. cit, p. 350.
③ Judith M. Brown & Wm. Roger Louis, op. cit, p. 190.
④ Paul B. Rich, op. cit, p. 53.

装,给他们穿上外套和裤子,洗去他们晒黑的皮肤。之后,一个突然来到他们中的陌生人会很难说出他是在曼彻斯特还是在马德拉斯。"①哈第指出,这样一个事实促使英国人应该去考虑授予印度人多大的自治权的问题。哈第的书曾在对印度的歧视根深蒂固的英国引起轩然大波。麦克唐纳也指出,民族自豪感虽然是一笔极有价值的财富,但是如果英国人把它转化为一种种族优越意识,那它就不再是一种美德了。② 种族主义只能导致让帝国统一在一起的精神纽带割裂,只能使非盎格鲁-萨克逊种族的人反对英国人。针对这种状况,麦克唐纳进一步呼吁,建立一种共同的统治帝国的行为标准,这种标准以英国传统的"自由与正义"原则为基础。他认为,帝国内任何地区的政府都不能"采取与帝国自身的传统或标准相悖或低于它的行政政策及公民自由的标准"③。此外,这派观念一直都在考虑将来可以给予土著居民一定的自治权。但是,对于何时给予土著地区自治权以及自治权的程度,该派未提出任何具体看法。

社会主义者对帝国的看法有两个明显的特点,一是侧重于对帝国主义背后的经济利益的分析,二是对土著种族的同情与关注。该派之所以产生这样的观点,原因在于,随着1845年马克思《资本论》的发表,社会主义者在对欧洲大陆资本主义社会的批判中,已普遍采取了经济的分析方法。19世纪90年代,社会主义批评家们已经认识到,在欧洲各强国的过度生产、资本积累与帝国主义之间,存在着必然的联系。霍布森本人从1890年起就一直从事帝国主义经济

---

① J. Keir Hardie, *India, Impressions and Suggestions*. George Bennett. (ed.), op. cit, pp. 357 – 358.
② J. R. Macdonald, *Labour and the Empire*, p. 354.
③ Ibid., p. 380.

动机的研究。此外,这一派中的大多数人都曾游历过帝国的许多地区,对土著地区有直观的了解,因而会对土著地区产生更多的同情,并能从社会主义的立场对英国的殖民统治做出批判。

社会主义批评家虽然不处于执政地位,但是他们的观点与文化相对主义观点一样,仍对英国政府巩固、建设帝国的政策产生了一定影响。比如,霍布森关于在国际监督下的托管制的观点,在后来的国际联盟的"托管制"中得到了体现。而工党领导人则在一战后两次执政,采取了不少有利于印度人及非洲人的举措。凡此种种,说明这一派思想是英国帝国政策的一个有益补充。

19世纪末至20世纪早期,英国各界对于巩固帝国这一总体目标的看法是一致的。但是对于如何巩固帝国这一问题的具体看法却并不统一,从而形成了四种大的流派。从这四大流派的影响来看,总体上形成这样的格局:以自由主义为主,以帝国改革派为辅,以人道主义和社会主义为补充。可以说,在整个时期内,英国并没有完全确定的、统一的巩固帝国的思想。

然而,必须指出的是,上述巩固帝国的思潮虽然在帝国问题的决策中起到相当大的作用,但是思想并不等于帝国政策。英国的政治家们在制定帝国政策上,虽然要参考各种思潮,但也必然要受很多其他因素制约。此外,在具体政策的执行上,为了使帝国政策在一定程度上保持连续性、稳定性,就需要使持这一派观点的人与另一派达成妥协。在多种因素的制约下,英国人进行着巩固帝国这一复杂而又艰巨的工作。

第二章 多轨制帝国体系的完善与巩固

当帝国的扩张阶段趋于终结时,英国政府既需要解决第二帝国旧有地区所面临的新问题,又要在19世纪最后30年新占领的地区实行有效的统治,因此巩固帝国的当务之急是使帝国体系达到一定程度的有序和统一。英国政府在不同地区,根据不同的传统与原则,采取不同的措施加以巩固,从而使帝国内的三大部分——自治地区、印度、附属领地分别形成并确立了不同的统治制度,使多轨制帝国体系趋于完善、稳定。卓有成效的巩固政策使得英帝国的各个组成部分在第一次世界大战爆发时全力以赴、共御强敌,达到前所未有的统一,帮助帝国经受住战火的考验。战后,英帝国又获得了许多原德属殖民地,达到了其版图面积的顶点。

一、自治制度:移民地区的基石

第二英帝国在某种意义上是以白人移民殖民地享有自治权力为特征的帝国。这一体制的实质是将英国的宪政机制和民主机制移植到白人殖民地,并使殖民地在很大程度上享有相对的独立性。这一体制创立于19世纪中期,20世纪初,它再度成为英国巩固白人移民殖民地的首选制度。原因如下。

（一）自治制度在长达半个世纪的发展中显示出很大优越性。自治制度是为解决英国与白人移民殖民地之间冲突而创造出来的统治体制，它不但在 19 世纪的帝国发展中被证明较好地解决了维护英国权威与尊重白人殖民地权利的矛盾，而且突出地体现了自由主义的原则，因而被英国人广为推崇。

早在殖民时代初期，英国就有在白人殖民地建立民选立法机构的传统，这在逻辑上是因为白人移民并未失去他在国内的公民权，不过这些机构仍受英国控制，在立法上也基本从属于英国议会。① 18 世纪中期，英国对美洲殖民地的高压政策致使美国独立战争爆发，北美十三洲脱离英国的控制而宣告独立，第一帝国瓦解。这一事件在英国国内引发极大震惊，很多人认为英帝国就此终结。它让有识之士开始思考如何采取新的态度对待残存的白人殖民地。著名思想家爱德蒙·伯克率先提出了新的帝国观念，建议给殖民地更多的自由，他说："帝国是一个共同首脑领导下的众多国家的联合体。……从属国家拥有许多特权是很正常的。"②

随着英国在拿破仑战争后重建第二英帝国，如何协调母国与殖民地的矛盾，就更成为一个尖锐的问题。1837 年，加拿大殖民地发生了以总督为一方、以民选议会为另一方的斗争，斗争的焦点集中在当地议会是否应拥有独立于英国的征税权上——这和北美十三州爆发革命的原因完全一样。此外，当地还存在着法裔移民反对英裔移民寡头统治的激烈斗争。为了避免类似美国革命的冲突再次

---

① Henri Crimal, *Decolonization the British, French, Dutch and Belgian Empire 1919—1963* (Westview Press, 1978), Translated by Stephen De Vos, p.48.
② George Bennett (ed.), op.cit, p.40.

发生,同时也为了调和两个种族的矛盾,英国政府派达勒姆勋爵(Lord Durham,即 John Lambton, 1st Earl of Durham)前去调查,研究解决方案。政治观点激进的达勒姆提交了一份具有里程碑性质的报告书,提议率先在加拿大推行"责任政府制",即在当地建立民选的代议制政体,该政体拥有与英国议会一样的处理内政的权利,而帝国政府则控制其对外关系、防御、管理贸易及公共土地。[①] 他还认为,只有实行这种制度才能缓解双方的矛盾,使殖民地不至于像北美十三洲那样使用武力脱离英帝国。

这一体制最初在英国招致很多反对意见,人们认为自治政府等同于独立。加拿大事件如何解决给英国政府很大压力。而且,随着英国工业革命的完成,英国的自由贸易思想达到顶峰。盛极一时的曼彻斯特经济学派(Manchester School)认为维护正式的帝国得不偿失,因为"我们与殖民地的贸易额为 100 万镑,而花费的保护费却高达 500 万镑"[②]。解决的最好办法是使殖民地自治,从而与英国只保持无形的联系。在这样的背景之下,新斯科舍在加拿大的殖民地中于 1848 年率先获得责任制政府。

"责任政府制"的实行成为英帝国发展史上的一场无声革命,它确立了白人殖民地的自治权力,使母国与殖民地的冲突在尊重后者权利的基础上得以解决。不久,这一制度又推广到加拿大其他殖民地、澳大利亚地区的各个殖民地、新西兰以及南非的开普和纳塔尔。1867 年,英国又将责任政府实行得较充分的加拿大的安大略、魁北克、新斯科舍、英属哥伦比亚合并为一个统一的加拿大自治领,以增

---

① D. K. Fieldhouse, *The Colonial Empire A Comparative Survey from the Eighteen Century* (Macmillan, 1982), p.257.
② Lord Elton, *Imperial Commonwealth* (London, 1945), p.293.

强它们的力量,对抗有北进之势的美国。从此,加拿大自治领成为英帝国内部第一个享有不完全国家地位的特殊领地。

事实证明,自治政府因为成功地解决了白人殖民地与母国的权力分配问题,而维系了帝国的向心力。殖民地既不受母国的过多干涉,又可获得母国的军事保护和贸易优惠,因此很愿意保留在帝国之中。所以,自治制度并未动摇帝国的最高权威。不但那些小的白人殖民地对英国忠心耿耿,发展最迅速的老牌自治领加拿大也一向以"生为英国臣民,死为英国臣民"作为自己的座右铭①,并无脱离英帝国的意图;而加拿大境内的英、法两族的冲突也相对缓和,法裔加拿大人非常拥护帝国。自治政府制度因其两全其美而成为英国19世纪中期自由帝国最具特色的创举,被英国人奉为圭臬。

(二)如何在英布战争后以最佳方式重建南非,摆脱力量上和道义上的困境,这一极为紧迫的问题使英国人不得不求助于自治政府这剂万灵药。

英布战争让英国耗资巨大、损失惨重,如何处置战败的布尔政权也让英国颇伤脑筋,早在战争期间就引起了诸多争议。南非专员米尔纳曾坚决主张要布尔人无条件投降,要"粉碎敌人的军队和政治组织",还要粉碎布尔人的社会结构②,以建立起一个英国人占主导地位的南非联邦。他的这种铁腕政策在当时得到一部分人的支持。

---

① 加拿大自治领首任总理麦克唐纳(MacDonald)1891年大选时提出的口号,后成为加拿大效忠英国的象征。George H. Locke (ed), *Builders of The Canada Commonwealth* (Freeport, 1967), p.77.

② H. C. G. Matthew, *The Liberal Imperialists: The Ideas and Politics of a Post-Gladstonian elite* (Oxford, 1973),

但是,随着战争的深入而引发的英国人对帝国道德基础的重新思考,以及因战争而导致的英国在欧洲倍受指责、日益孤立的状况,迫使英国政府必须寻求一种既能保证获得霸权、又能体现英帝国传统的"自由与正义"原则的解决方案。自由党的福勒(Henry Fowler)1900年时很典型地指出,解决方案必须包括:"女王遍及全南非的霸权的建立……所有白种人关于民事、政治和宗教上的平等权利……确保土著居民能得到公正和人道的对待的条款。"① 而米尔纳的方案则因为过于激烈而被否决。与此同时,英国国内亲布尔派力量在坎贝尔-班纳曼和劳合·乔治麾下结合。坎贝尔-班纳曼明确提出,解决方法应当是效法18世纪末英国政府在加拿大地区善待法裔移民而使后者心甘情愿地成为英帝国臣民的先例;给予被征服的布尔人自治权利,使这些新的臣民对英国感恩戴德,从而自愿保留在帝国统一体内。②

布尔人在严重缺乏粮食、马匹及装备的情况下顽强作战,截至1902年春,仍有2万名布尔人未放下武器。③ 这一事实使英国人明白,布尔人的人心是很难征服的,只有对他们宽宏大量才能使他们消除敌意。于是,要求政府做出妥协以尽快结束战争的呼声日益高涨。在这种情况下,英国政府做出了战后兼并两个共和国,但给予布尔人宽厚待遇的决定。得到英国的许诺后,两个布尔政权同意结

---

① H. C. G. Matthew, *The Liberal Imperialists: The Ideas and Politics of a Post-Gladstonian elite* (Oxford, 1973), p.187.
② E. A. Benians, Sir James Butler & C. B. Carrington (ed.), *The Cambridge History of the British Empire Vol. III The Empire-Commonwealth 1870—1914* (Cambridge, 1959), p.365.
③ Michael Balfour, *Britain and Joseph Chamberlain* (London, George Allen & Unwin, 1985), p.262.

束战争,在放弃独立的前提下缔约。

1902年5月31日,英布双方在德兰士瓦的弗里尼欣(Vereeniging)缔结和约。和约规定布尔人立即停止抵抗,承认英王爱德华七世为他们的君主,交出布尔政权;英国对布尔地区暂时实行军事管制,以后若条件允许,可以引进自治政府制度。作为安抚条件,英国同意释放战俘,不剥夺他们的人身自由及财产;如果儿童的父母提出要求,则学校可以用当地的语言——阿非利卡语①来教学,法庭上如有必要也可以使用当地语言,等等。② 以上条款,与英国18、19世纪对待法裔加拿大人的政策如出一辙。

不仅如此,战后不久,张伯伦就访问了南非。历时2个月,他走访29个市镇,多次发表演讲,并与布尔人代表进行会晤。如此辛劳的目的,正如陪伴他出访的妻子在一封信中所提到的,是"试图调和那些本该成为朋友的人,并且使他们铭记:一个新时代正在到来"③。他们往往受到所到之处的热烈欢迎,这说明和约的宽大在争取人心方面确有成效。

英国政府在以巨大代价赢得这场战争后,却摒弃了米尔纳所主张的无条件投降方案,而代之以一个相当宽大的条约,并许诺将来给予他们自治政府。其目的,正是为了争取顽强不屈的布尔人的人心,重建两个种族的和谐,以稳定帝国的统治。毫无疑问,形势的紧迫性使英国人必须重视自治制度的作用,以自治制度作为帝国的一

---

① 阿非利卡语是一种源于荷兰语的布尔语言,因此布尔人又被称为"阿非利卡人"。
② Peace of Vereeniging, 31 May 1902. *English Historical Documents XII (2) 1874—1914*, pp.406-407.
③ Denis Judd, *Radical Joe A Life of Joseph Chamberlain* (Hamish Humilton, Ltd., 1977), p.231.

块重要基石。

《弗里尼欣和约》之后,米尔纳成为南非总督,负责战后的重建和管理,他把在更坚实的基础上统一南非,并且永远保持在帝国统一体内视为使命。为此,他采取了一系列颇有成效的安抚及建设措施。他根据和约遣返布尔战俘,归还农场,以恢复粮食生产。1903年,他又主持召开了各南非殖民地之间的铁路会议,确立修建连通中南非洲的铁路;不久又设立了殖民地内部委员会,以控制铁路系统的资金与收入①,这促使了几年之后连接纳塔尔殖民地和奥兰治殖民地之间的铁路系统的完成。与此同时,他还建立了一个试验性的全南非关税同盟,规定废除所有地区之间的内部关税,从而形成一个遍及全境的、流畅的贸易体系。② 开放性的贸易、铁路运输体制为南非的政治统一创造了充足的动力。

但是,米尔纳一直主张英国人对南非绝对控制,他的信条十分明确,就是要使英国因素在政治上和文化上均占绝对优势,为此他采取了许多推行其意图的举措,结果不但使布尔人以及帝国的其他自治地区反对他,更使英国政府因其违背安抚布尔人心的准则而否决了他的行动,最终招致失败,而他的失败又进一步反证了推行自治制度的必要性。

首先,米尔纳主张采取"自上而下"的方式,由殖民当局强制将纳塔尔、开普、德兰士瓦和奥兰治自由邦联合成为一个南非联邦。他认为,德兰士瓦和奥兰治已在英国的控制之下;纳塔尔大部分为讲英语的人口,会支持这一方案;唯有开普,那里白人中的绝大多数

---

① Eric A. Walker (ed.), *The Cambridge History of British Empire vol. VIII South Africa, Rhodesia and the High Territories* (Cambridge, 1963), p.639.
② T. R. H. Davenport, *South African: A Modem History* (Macmillan, 1991), p.205.

是布尔人①,因此他在战争期间就一直要求中止开普的自治宪法,以剥夺当地布尔人的公民权,建立英国人的统治。该举动不但遭到了布尔人的反对,也遭到了主张维护白人殖民地自治传统的英国当局的强烈反对。人们普遍认为,英国政府无权取消殖民地自治宪法,如果在开普开这个先例的话,则必然会动摇帝国赖以建立的基础。因此,连一贯支持米尔纳的张伯伦也表示异议,认为此举不仅会妨碍英布合作,而且有可能招致加拿大和澳大利亚等自治殖民地的反对。张伯伦的担心不无道理,加拿大、澳大利亚对于开普危机十分关注,担心如果英国政府取消开普的自治权,则有可能危及它们自身的自治。所以,1902年帝国会议上,加拿大总理洛里埃(Wilfrid Laurier)和澳大利亚总理巴顿(Edmund Barton)皆反对英国政府有可能做出的任何对自治政府的干涉。② 自治地区的态度促使张伯伦表态,即英帝国最好不要介入,而把问题"尽可留给一个自治的殖民地政府负责"③。在各方面的压力下,开普宪法最终予以保留,开普议会重新召开。米尔纳自上而下建立南非联邦的计划宣告破产。

其次,米尔纳在政治上不能推行英国化政策后,又试图在文化上推行英国教育,对《弗里尼欣和约》所规定的文化权利——可以用阿非利卡语教学,作了严格的限制。他要求"任何政府拨款的学校,不仅要教英语,而且要使英语成为除初级班外的所有班级的教学媒介"。为了更好地教授英语,他又从英国、加拿大及澳大利亚招募志

---

① Denis Judd, *The Radical Joe*, p. 221.
② E. A. Benians, Sir James Butler & C. E. Carrington (ed.), op. cit, p. 367, Eric A. Walker (ed.), op cit, p. 636.
③ Denis Judd, *Radical Joe*, p. 222.

愿教师来南非教学。此举遭到了布尔学生及家长的反对，最终失败。① 1903年，他又颁布了《教育法案》，把学校里教授布尔语的时间限制为每周5个小时②，此举又遭到布尔人的抗议。为了保护自己的语言权利，当地的布尔新教教会全力发起"基督教全民教育"运动，举办教会学校，以对抗政府支持的学校。布尔学生家长热烈响应，把自己的孩子送进这些教会学校。③ 布尔人的抵抗使米尔纳的英国化计划难以实行，同时也使英国政府感到如果不继续贯彻《弗里尼欣和约》体现的宽宏大量，将会失掉布尔人的人心。在米尔纳于1905年卸任不久，布尔人的文化权利又得到再次确认，学校里又恢复了双语制（英语和阿非利卡语）教学。

第三，米尔纳在推行强制性联邦失败后，虽然意识到授予两个前布尔共和国自治政府是不可避免的，但他仍打算尽可能从新殖民地的白人手中扣留和约所许诺给予的自治权力：先从英国引进大量移民，从而在此后的十年中使英国移民在人数上压倒布尔人，然后再组建一个以英国人为主的南非联邦。他曾告诉财政次长丘吉尔（Winston Churchill），他关于南非的公式十分简单："2/5布尔人和3/5英国人——和平、进步和融合。3/5布尔人和2/5英国人——停滞和永远不和。"④但是，大规模移民计划却未能如愿，因为英国人不愿意在工资低廉、条件恶劣的南非金矿内和当地人一块工作。1904年，为了弥补南非金矿中劳动力的缺乏，米尔纳决定引进中国劳工。金矿的利润虽因劳力的引入而增长了一倍，但劳工们工作环境的严

---

① C. H. L. Le Maj, *The Afrikaners* (Blackwell, 1995), pp. 127-128.

② Eric A, Walker (ed.), op. cit, p. 643.

③ C. H. L. Le Maj, p. 128.

④ James Morris, *Farewell the Trumpets* (Harvest, 1978), p. 120.

酷、居住地区的恶劣以及对他们实行的包括鞭笞在内的虐待,先后被揭露出来。这导致英国舆论大哗,英国人的良心又受到损伤。人道主义者纷纷指责这种契约劳工为"中国奴隶",坎贝尔-班纳曼领导的自由党借机攻击保守党政府,使这一事件成为1906年大选中保守党一败涂地的一个主要因素。

第四,米尔纳使南非英国化的梦想破灭后,虽然默认了授予德兰士瓦有限自治政府的权利,但仍试图尽量延缓这一进程。1905年3月,米尔纳和殖民大臣利特尔顿(Alfred Lyttelton)为德兰士瓦制订了一部代议制宪法。不过,这还不是真正的自治权利,因为行政机构成员由总督任命,而且不对民选立法机构负责。这部宪法被称为"利特尔顿宪法"。[①] 这之后,米尔纳因中国劳工问题而辞职,他的职位由谢尔本勋爵(Lord Selborne, William Palmer, 2nd Earl of Selborne)接任。布尔人强烈反对利特尔顿宪法,要求更大的宪政变革。次年,自由党政府在英国执政。他们认为,必须完全纠正米尔纳的路线,恢复争取布尔人心的政策,因此决定在利特尔顿宪法上再进一步,立即授予两个前布尔共和国完全的责任制政府。当时已担任殖民部次长的丘吉尔雄辩指出,"英国在南非的权威是靠两条腿站立的",但是过去十年英国在南非的做法是试图使英国的权威站在一条腿上,即只打算依靠英裔人的支持,"如果英国在南非的统治打算持久的话,则必须得到荷裔人的允诺"。[②] 在自由党政府的授意下,1907年,德兰士瓦和奥兰治自由邦先后获得了自治权利,并建

[①] Seiborne Memorandum, 3 August 1905, George Boyce (ed.), *The Crisis of British Power The Imperial and Naval Papers of the Second Earl of Selborne, 1895—1910* (The Historians Press, 1992), p.208. Eric A. Walker (ed.), op. cit. p.643.

[②] C. H. L. Le Maj, op. cit, pp.139-140.

立了以布尔人为主的政府。

至此,米尔纳用积极手段维持英国霸权的意图完全失败了。不过,当时南非诸殖民地却出现了自愿联合的趋势。此时,开普和纳塔尔两个英属殖民地发生经济衰退,1906年纳塔尔又发生非洲祖鲁人起义,迫使它不得不依靠其他殖民地的力量来镇压起义①,这促进了联合。而布尔人中最有影响的政治家博塔(Louis Botha)及史末资(Jan Smuts)等人自1906年起就赞成在两个前布尔共和国获得自治权后,组建一个"更大的南非"②,并发动了一个促进南非联合的运动。

不过,在这个几乎成定局的问题上,英国当局和布尔人之间还是存在着小的意见分歧,结果英国继续贯彻妥协政策,再次作了让步。

其一,是实行联邦制还是集权制。英国政府曾考虑到南非应实行联邦制,以保证英裔人的权利。而布尔人则要求一个统一的南非,"一个至高的民族政权,以表达南非的民族意愿"③。1908年5月,在史末资的主持下,四个殖民地起草联盟宪法,通过的宪法草案规定,四个殖民地"以'南非'为名统一成为一个不可分割的联盟",原各殖民地均成为南非联盟(the Union of South Africa)的省份。④对此,谢尔本总督并未发表多大异议,其认为无论是联邦还是联盟,只要能保证"全体英裔人和全体布尔人均享有法定的投票权"就行

---

① E. K Benians, Sir James Butler & C. E. Carrington (ed.), op. cit, p. 373.
② J. C. Smuts to J. X. Merriman, 25 January 1907, W. K. Hancock & Jean Van Der Poel (ed.), *Selections from the vol. II June 1902—May 1910* (Cambridge, 1966), p. 321.
③ 史末资语。T. R. H. Davenport, op. cit, pp. 221 - 222.
④ Draft Constitution, *Selections from the Smuts Papers vol. II*, pp. 457 - 458.

了。① 1909年1月，宪法草案被批准。其二，非洲土著的公民权问题。由于前布尔共和国禁止有色人种拥有公民权，所以英国政府在缔结《弗里尼欣和约》时，为了加强与布尔人的合作，而决定把占南非人口大多数的土著人应否拥有公民权的问题留待两个殖民地获得自治政府后自行解决。② 现在，这个问题又被重新提了出来。布尔人坚持不给有色人种公民权，而原开普宪法中却没有肤色障碍。为了与布尔人妥协，开普决定将有色人种排除在选民之外。该举动招致英国下院的激烈批评，但是英国政府除了紧跟已采取的路线外已别无选择。

南非问题在妥协的基础上得到全面解决。1909年12月，布尔政治家发布了一个声明，宣称要"增进全南非和各部分人民的统一精神，并且使统一主义成为南非民族发展的新力量"③。这当然指的是英布统一，不包含有色人种。1910年5月建立起来的南非联盟完全体现了这一精神，选举权对所有白人男子开放，布尔人与英国人拥有平等的语言权力。政府的两个行政所在地也体现了这种妥协精神：联盟的行政机构设立在德兰士瓦的比勒陀利亚，而议会两院则在开普敦召集。④ 这种妥协精神一直持续到第一次世界大战结束。因而，英国的自由党政府一直把他们对南非问题的处理视为巩固帝国的最大成就。

自由党政府通过妥协和让步的方式维系了英国对南非的控制，

---

① Selborne to the Earl of Crewe, 15 June 1908. George Boyce (ed.), op. cit, p.359.
② Peace of Vereeniging, Clause 8.
③ Manifesto, December 1909. *Selections from the Smuts Papers vol. II*, p.597.
④ A. D. Roberts (ed.), *The Cambridge History of Africa vol. 7 From 1905 to 1940* (Cambridge, 1986), p.545.

这一结果充分表明,自治制度在类似于南非这样的地区不得不实行,不实行就会导致种族冲突。而自治制度推行后取得的一定安定效果,就更加使英国人对自治制度无往不胜的效力深信不疑,认为它是解决白人殖民地问题的最佳方式。

英国政府在将注意力集中到南非的同时,对其他白人殖民地扩大自治权利的要求也予以承认。

首先,支持澳大利亚诸殖民地组建联邦政府的要求。澳大利亚在19世纪分为维多利亚(Victoria)、塔斯马尼亚(Tasmania)、昆士兰(Queensland)和西澳大利亚(Western Australia)等相互独立的殖民地,它们先后组建自治政府。19世纪80年代起,各殖民地要求效法加拿大,组建联邦的呼声日益高涨。原因有二:一是德国在太平洋地区的扩张活动威胁到各殖民地的安全,而英国政府由于在该地区没有太多的利益,不愿意承担防御责任,这使得澳大利亚希望组建统一政府以加强防务。[1] 二是因为各地区经济往来频繁,这让它们认识到联合可以带来更大的经济利益,1892年的经济危机又给了联邦运动决定性的动力,正如当时一家报纸所指出的:"联邦虽然不是万灵药,但对于我们目前的困境将大有帮助。"[2]在此背景下,澳大利亚各殖民地展开了争取联邦的运动。1899年,各殖民地联合起草的宪法草案在公民投票中得以通过,并提交英国议会批准。长期以来,英国一直都赞成澳大利亚组建联邦,除了认为这对殖民地自身有好处外,还能带来管理上的便利。[3] 同时,更为重要的是,此刻英

---

[1] T. O. Lloyd, *The British Empire 1558—1995* (Oxford, 1996), p.220.
[2] A. G. L. Shaw, *The Story of Australia* (Faber and Faber Limited, 1972), p.186.
[3] W. J. Hudson & M. P. Sharp, *Australia Independence Colony to Reluctant Kingdom* (Melbourne Univ. Press, 1988), pp.26-27.

国正与布尔人交战,急需殖民地的支持,故很快就批准了澳大利亚联邦宪法草案,并于 1900 年 7 月由维多利亚女王正式签署。1901 年 1 月 1 日,澳大利亚联邦建立。澳大利亚联邦的建立远较后来的南非简单,英国政府只是在尊重自治传统的基础上再进一步而已。英国的政策收到了较好的效果,联邦的创始人一再强调联合不等于独立,只是为了更有效的"与母国统一,以构建这个从未有过的帝国"①。

其次,正式以"自治领"取代白人殖民地的称谓。加拿大是帝国内的第一个自治领,但 1867 年使用"自治领"一词称呼新建立的统一的加拿大时,并没有特别的含义。20 世纪初,各自治殖民地力量获得了很大增长。截至 19 世纪末,按照惯例,英国议会不但不能在自治殖民地不同意的情况下通过任何涉及后者的法案,而且还必须接受后者提出的修改它们不满的法案的要求,英国议会对自治领地的最高权威仅仅成了不具有实际效力的法律信条了。另外,自治地区虽然无权单独进行外交活动,但它们有权决定加入或退出与它们自身利益有关的商务条约;也没有在英国参加的战争中扮演积极角色的义务。② 所有这一切,都使得自治地区更加具有主权国家的色彩,因而它们对"殖民地"这一称谓所蕴涵的卑下地位十分反感,要求英国承认它们的全新地位。这就促使英国必须考虑重新定义母国与自治殖民地的关系,以维系自治地区的忠诚。故而,在 1907 年夏召开的殖民地会议上,英国顺应自治地区的要求,正式用"自治领"取代"殖民地",作为这些地区的官方称谓,因为前者明显比后者地位

---

① W. J. Hudson & M. P. Sharp, *Australia Independence Colony to Reluctant Kingdom* (Melbourne Univ. Press, 1988), p. 27.

② D. K. Fieldhouse, op. cit, pp. 264 - 265

要高。① 同时,殖民地会议也易名为"帝国会议"。根据这一决议,澳大利亚和新西兰继加拿大之后率先成为自治领;后来,南非联盟和纽芬兰也成为自治领。自治领由加拿大这一独特现象变成了一组地区。而且,这种名称上的变化实质上标志着英国正式承认白人自治地区是帝国内享有不完全国家地位的特殊实体。这群特殊实体的存在,是英国将责任制政府继续推进和扩大的结果,它们也必然会对帝国关系的进一步发展产生影响。

以上种种表明,尽管自治地区情况各异,但英国政府始终坚持其尊重自治权利的传统,并在此基础上于一战前完善了多轨制帝国的结构。②

二、仁慈专制:印度的统治

英国对印度的统治由来已久,而印度在英帝国中也占有不可替代的重要地位。对于印度,英国的统治方式完全不同于在白人移民殖民地实行的自治制度,而采取的是一种绝对控制的专制统治方式。在伦敦,有专门的印度部和印度事务大臣,他们独立于殖民部,这充分表明英国对统治印度的重视程度,也表明英国统治印度方式的独特性。在印度,代表英王的印度总督(又称副王)及其下属的1500名高级文官和大约4万—6万的英国军队,统治着占当时占人

---

① E. A. Benians, Sir James Butler & C. E. Carrington (ed.), op. cit, p.428.
② 1921年,从联合王国内部分离出来的爱尔兰也成为自治领。

类总数 1/5 的 3 亿多印度人。① 这种专制统治方式形成于 19 世纪中期,至 19 世纪末已成为定制,并成为此时英国制订巩固统治印度的政策、方针的基础。

印度从 17 世纪以来,在从事商业贸易的英属东印度公司不断渗透与排挤法国势力的过程中完全被英国占领。18 世纪末,东印度公司因为横征暴敛而受到英国国内的指责,由此英国政府开始对公司实行监督。19 世纪早期,自由贸易的发展使垄断英印贸易的公司逐渐失去存在的价值,但它仍然是英国统治印度的行政机构。1857 年,东印度公司与印度人发生冲突,导致了一场规模宏大的反英兵变。兵变被镇压后,英国政府正式取消东印度公司的行政管理权,而实行英国政府对印度的直接控制。

英国之所以对印度实行专制统治,原因有以下两个:第一,印度并非白人移民建立的殖民地,而是一个由大量土著组成的地区。19 世纪盛行一时的种族主义观点认为,英国人必须对土著种族实行家长制统治,以保证他们的顺利发展。同时,兵变给英国人很大震动,使之对土著充满不信任感。第二,印度本身的重要性使英国必须加强对它的控制。它不仅是帝国空间结构的一个中心点,也是英国属下人口最多的殖民地;19 世纪末,英国对印度的投资及出口均有大幅度的增长,对印度原材料的需求也较以往更多;除此之外,占有古老而神秘的印度次大陆这一事实本身,就足以构成英国威望的基础。

---

① Martin Kitchen, *The British Empire and Commonwealth A Short History* (Simon Fraser University, 1994), p.44.

英国对印度的统治可以用"仁慈专制"①一词来形容。说它专制,是因为英国对印度采取的是一种总督统治下的直接控制,是英国在印度的官僚机构对印度人的统治;说它仁慈,则因为这种统治试图兼顾印度的福利与发展,当然其最终目标仍然是巩固英国对印度的统治。这种统治方式的理论在19世纪末期寇松(George Curzon)任总督期间(1898—1905年)趋于完善,具体说来,它包括这两个方面的内容。

(一)强调并坚持英国对印度实行专制统治的合理性。

首先,英国人认为只有英国对印度的统治才能确保印度的进步与发展,而这也正是英国对印度统治的合法性所在。19世纪英国的种族主义观点认为,非白种人要经过许多代人的努力才能达到白种人的文明水平。印度是个人口过剩、愚昧迷信、落后贫困的地区,而英国的家长式统治所做的就是把欧洲文明的精华传播、灌输到印度,使印度达到较高的文明水平。寇松直到1917年都坚持认为,白人所发展的较高水平的文明赋予他们"一种进入地球上迷信与野蛮盛行的较黑暗地区的普遍权利",这是个公认的事实,那些不承认这

---

① 波特(Porter)在其《最大的一份》中多次称英国对印度的统治为"仁慈专制"(the beneficent autocracy)。帝国史专家菲尔德豪斯(Fieldhouse)在《殖民帝国》一书第182页也称这种制度为"仁慈专制"(the benevolent autocracy)。布劳恩和路易斯(Brown & Louis)主编的《牛津英帝国史》第四卷第7页把英国在印度的统治比作欧洲的"开明专制"(the enlightened despotism)。刘易斯(M. D. Lewis)主编的《英国人在印度:帝国还是托管制》(*The British in India: Imperialism or Trusteeship*, Heath, 1962)第68页指出,寇松认为对印度的统治是"仁慈专制"(the benevolent despotism),仁慈与专制缺一不可。印度民族主义者沙尔马(Sharma)1917年也称这种制度为"仁慈专制"(the benevolent despotism) (K. B. Keswani, *History of Modern India 1800—1984*, Himalaya Publishing House, 1985, p.307.)。

一原则的人是无足轻重的。① 由于英国对印度的统治为时长久,因而上述观点的影响十分久远。

其次,认为印度人因为种种历史原因,没有民主传统,因而不适合于英国式的自治代议机构。著名的自由主义学者、旅行家及历史学家詹姆士·布赖斯(James Bryce)多年来一直从事对印度的研究,他认为只有英国的直接统治才适合印度。他指出,在印度,"没有其他任何统治形式适合因印度教徒和穆斯林的宗教仇恨而分裂的种族各异、语言不同的广大人口,而且也没有一种比村委会更大的自治政府的经验适合于它,因此这种统治能得到大多数民众的支持;而只有在印度社会的分裂消失之时,英国的直接统治才会趋于消失,但这种可能性只存在于遥远的将来"。② 英国的现行政策应该是维持现状。

第三,坚持只有英国人才适合担任高级行政官员。英国在镇压了1857年兵变之后,建立起一整套直接统治体系。作为英王代表的总督,一般任期为5年,他的下面是一个5人的行政会议,这5人全部是英国人。这之下是负责税收、法律等系统的印度文官,主要从毕业于牛津或剑桥等大学的英国年轻人中征召。只有在下级的地方行政机构中,才有印度人任职。寇松等人坚信:"英国人拥有思考的习惯和活跃的性格,这是完成统治任务所必需的,所以高级职位只能由英国人垄断。"③

第四,认为印度的民族主义无关大局。当时,整个帝国范围内的殖民统治者都存在着一种共识,即认为民族主义者关于殖民地应

---

① A. P. Thornton, *Imperialism in the Twentieth Century* (Macmillan, 1978), p. 94.
② Paul B. Rich, *Race and Empire in British Politics* (Cambridge, 1986), pp. 22-23.
③ M. D. Lewis, op. cit, p. 68.

拥有类似于英国的代表制政府的主张并不具有广泛代表性,这种民族主义情绪只存在于一些受过西方教育、向往西方文明的知识分子心中,而民众则更倾向于一个管理良好的政府。寇松曾指出,对于广大民众而言,"代表制政府和选举机构什么也不是……对他们具有吸引力的好的政府,是可以保护他们免遭贪婪的高利贷者和地主之害的政府。当印度政府变得越来越议会化之时,它对于居民中最贫穷的阶层也就变得越来越少爱护和仁慈"。[1] 因此,既然民族主义者的主张不适合于印度,其代表性团体的存在也就没有什么价值了。寇松于1900年曾很坚定地表示,作为民族主义代表的印度国大党正"蹒跚地走向覆灭",而他的最大的雄心之一,就是帮助它"无痛苦地寿终正寝"。[2]

(二)认为英国人在维持其对印度的最高权力的同时,必须还要考虑到印度人的利益。英国对印度的统治虽然是征服的结果,但是对于印度这个传统、文明均比英国还古老的地区,英国人如果不能证明他们的统治具有优越性的话,那么也很难持久地以一小部分白种人来统治成千上万的印度人。这种思想在18世纪末、19世纪初就已存在,而且还成为19世纪上半叶英国统治印度的一个主导思想,英国人在印度修建公共设施、发展教育,取得不少成就;1857年兵变之后,虽然英国对印度实行了专制统治的政策,但它仍是英国对印度政策的一个基础原则。正如寇松所指出的:"如果我们在印度的统治想要持久的话,它必须建立在更坚实的基础之上。它必须

---

[1] M.D.Lewis, op.cit, p.181.
[2] [英]C.L. 莫瓦特主编:《新编剑桥世界近代史》,中国社会科学出版社1987年版,第12卷,第409页。

依靠持久的正直和公正的德性。……除非我们能够说服千百万印度人：我们将给予他们人与人之间绝对的公正，法律面前的平等，免受暴政、不公及压迫之苦，否则帝国将不会触及他们的灵魂并将趋于消亡。"①他把这作为他的奋斗目标并要求确保英国在印行政机构的高效率和公正性，以便让英国人的行为方式、道德准则的优越性能够在日常生活中得以体现，从而成为印度人的表率。

英国人关注印度利益的实质，是指英国在印度的官僚机构以家长制的方式来关注印度人。布赖斯截至1913年仍认为，印度的事例证明，"在严格的公正和抑制强者滥用权力的自然倾向的原则上，一个欧洲种族对一个臣服的土著种族的统治，是有可能存在的"②。实质上，这仍旧是英国人的种族优越性的体现，它隐含着英国统治能给印度带来更多好处和公正的意思，从而也就证明了英国在印度统治的合理性。以上两点考虑，均在当时英国巩固对印度统治的政策中得以贯彻。

1898年，主张以积极手段巩固帝国的寇松出任印度总督，此人精力充沛、充满自信、果断敢为，同时又刚愎自用、固执傲慢，无视国内同僚的意见，无视整个帝国出现的民主进程。这种个性使他在统治印度的方式上与南非专员米尔纳有很多相似之处，只不过后者的南非政策是违背国内决策者推行自治制度的意图的，而寇松则是大力贯彻早已成定制并为绝大多数英国人所认可的"仁慈专制"，在其

---

① George Nathaniel, Baron Curzon of Kedleston, Speech at Guildhall, London, on Receiving the Freedom of the City, 20 July, 1904. George Bennett (ed.), op.cit, p.347.
② James Bryce, *The Ancient Roman Empire and English Empire in India The Diffusion of Roman and English Law throughout the World Two Historical Studies* (London, 1913), p.73.

任期内他把这种统治方式推到了顶点。

与"仁慈专制"的理论相应,寇松巩固对印度统治的政策也可以分为两类。第一类是有关印度福利和发展的政策。首先,他主持了大灾荒的赈济工作。1899—1900年,一场特大灾荒袭击了印度西海岸,受灾人数达到数百万之众。寇松亲自负责庞大的赈济工作。他宣称,要使人们通过英印政府在这场灾荒中的所作所为了解到:"现在世界上没有一个政府能像我们一样承担这样的责任。"① 由于他的救济工作的成功以及从中体现出来的仁慈,使得印度国大党也对他交口称誉。② 其次,寇松还实行了一系列减轻农民的负担、发展农业的措施。他引进优质长绒棉在印度种植,以增加印度在国际原棉市场上的竞争力,他又推广人工施肥、铁梨和改进了的畜牧业技术,并兴建灌溉系统、创建农业研究机构。③ 1904年,他筹划设立合作信贷社以解决农村缺乏资金问题,起了一定作用。此外,1905年,他颁布新的税制规定,当庄稼收成只有常年一半时,可以暂时对农民免征税赋。④ 同时,还规定不经政府同意,负债的农民不得将他们的土地抵押给高利贷者。⑤ 寇松的农业改革政策是一种有意识地将人口中的大多数与中产阶级知识分子分离开来的政策,旨在打击、削弱民

---

① H. G. Rawlinson, *The British Achievement in India* (William Hodge it Company Limited, 1985), p.108.
② S. M. Burke & Salim Al-Din Quraishi, *The British Raj in India a Historical Review* (Oxford, 1995), p.108.
③ H. C. Rawlinson, op. cit, pp.168-169.
④ Ibid., p.168.
⑤ H. E, Hennessy, *Administrative History of British India 1757—1925* (Neeraj Publishing House, 1983), p.127.

族主义者①,但在客观上对印度的发展有利,因此受到了印度人的欢迎。最后,寇松还大力修建铁路,多方保护印度的历史文物。这些改革的力度在英属印度的历史上可谓屈指可数。

凡此种种,都表明寇松作为一个传统意义上的开明的专制统治者是称职的,因而直至1904年,印度人仍非常拥戴寇松。

寇松巩固对印度统治的第二类政策旨在确保英国对印度的绝对控制权,显示英国的统治所具有的优越性和高效率。1899年,寇松通过了著名的"加尔各答市镇法令",将市政府成员从75人减少为50人,减少的25人均为代表印度人利益的人,从而形成英国人占多数的局面。此举被民族主义者视为有意识地限制地方自治权,国大党因而举行了抗议集会。② 1903年,维多利亚女王的继承人爱德华七世(Edward VII)加冕,正式成为英国国王和印度皇帝,寇松邀请英王来访印度。由于英王未能成行,寇松就决定在德里举行盛大的象征性朝觐活动。活动的排场搞得极为盛大,光德里一地的庆典就耗资8.4万英镑,各省的庆祝活动费用还未算在内。③ 活动的奢华程度遭到了印度民族主义者的批评,国大党成员戈什(Barindra Ghosh)指出:"当饥荒和灾害肆虐一个国家时,你认为英国、法国或美国的政府会胆敢在一个空洞的庆典上靡费如此巨额的钱财吗?"④而寇松1904年的"大学法案"则被视为对整个印度受教育阶层的敌视。该法案削减了大学中行政团体的人数,而且把大学合并学院的

---

① William Scovell Adams, *Edward Heritage: A Study in British History 1901—1906* (London, 1971), p.181.
② K.B. Keswani, op.cit, p.301.
③ Ibid., p.303.
④ S.M.Burke & Salim Al-din Quraishi, op.cit, p.109.

批准权置于政府的控制之下,同时对依附于大学的学院实行政府监督,这实际上等于剥夺了印度人对教育的控制权。① 尽管寇松一再宣称,他所想做的只是"把大学的管理置于有能力的、熟练的和热心的人手中"②,但事与愿违,该法案触动了受过教育的印度人的既得利益,加之寇松一贯坚持不得将印度人招收到高级文官队伍之中,因此他在印度中产阶级中的声誉日降,抗议之声四起。

不过,上述措施并未动摇绝大多数印度民众对寇松的好感,但他1905年分割孟加拉(Bangladesh)的行动却使得民怨沸腾。当年10月,寇松认为孟加拉省面积过大,而且该省东西两部分在经济、宗教方面存在明显差异,所以为了提高管理上的效率,有必要一分为二。因此他颁布了分割孟加拉的法令,决定将该省分为东、西两部分,其中东孟加拉的居民以穆斯林为主,西孟加拉的居民以印度教徒为主。分割孟加拉的真正原因,是因为孟加拉人是印度人中受教育程度最高、民族主义情绪最强烈的一部分,寇松希望这一举措可以"分裂并由此削弱一个反对我们统治的坚实整体"③。印度各界对此反应强烈,认为这是镇压孟加拉民族主义的险恶阴谋,旨在分化印度教徒和穆斯林教徒,因此各地抗议活动高涨,到处抵制英货。国大党领袖戈卡尔(Gopal Gokhale)指出,分割行动是政府蓄意挑动穆斯林教徒反对印度教徒,该事件清楚地表明"政府的不公正"。④

---

① H. E. Hennessy, op. cit, p. 127.
② Ibid., p. 174.
③ Robert I. Crane & N. Gerald Bamier, *British Imperial Policy in India and Sri Lanka 1858—1912 — a Assessment* (Heritage Publishers, 1981), p. 185.
④ G. K. Gokhale to Sir William Wedderburn on the Anti-partition Movement in Bengal, 24 May 1907. B. N. Pandey (ed.), *The Indian Nationalist Movement 1885—1947 Select Documents* (Macmillan, 1979), p. 8.

所以，分割孟加拉的行动不但成为专制统治达到顶峰的标志，也促使印度的民族主义运动自1857年兵变之后首次在全国范围内爆发出来。

寇松维护英国对印度的专制统治的政策，虽然一点点地激怒了印度民族主义者，但其本质上并不违背英国的指导思想，因此他没有像米尔纳那样受到国内的指责。截至1905年，寇松因与印度总司令、前南非战争的指挥官基钦纳发生冲突而辞职时，他仍坚定不移地认为，英国对印度统治的责任在于"留下一点公正、幸福或繁荣，一种男子汉尊严或道德尊严感，一股爱国热情的喷发，一点知识启蒙的曙光，或是一种责任感的勃发"，这就是英国在印度统治的合法理由，也是他为之奋斗的目标。① 他认为，由于他的政策，英国对印度的统治比以往任何时候都更巩固。

但是，寇松的继任者明托（Gilbert Elliot-Murray-Kynynmound, 4th Earl of Minto）来到印度时，却必须面对印度的民族主义。

人们一般认为，随着主张用铁腕手段统治印度的寇松的去职，自由党的莫利出任印度事务大臣及自由党的明托成为印度总督，印度的发展出现了一个重要转折点。也就是说，1905年之前印度是处在专制统治之下，而后却进入了一个宪政改革时代，莫利与明托针对印度民族主义高涨的状况，进行了扩大印度人政治参与权的改革，从而使之成为印度逐渐迈向自治的一个起点。实际上，莫利与明托在其任期内实行的一系列政策，无不是遵从着"仁慈专制"的基本准则，其改革也是在专制统治的框架中向着更开明、更仁慈的方

---

① Lord Curzon, Speech at Farewell Dinner, 16 November 1905. George Bennett (ed.), op, cit, p.351.

向做出一些变动。这可以从他们在印度实行的具体政策中看出来。

与寇松的政策一样，明托巩固对印度统治的政策也分为两类，分别与"仁慈""专制"两条基本原则相对应。第一类是维护英国人对印度的绝对控制权，当时的印度局势抗议声四起、恐怖活动横行，曾有恐怖分子将两颗炸弹投到明托脚下，但是未能爆炸。① 针对这种状况，维持英国统治的首要目的当然是镇压恐怖活动者和民族主义者中的极端分子。政府首先明令禁止出版自由和公共集会，1906—1907 年，拉合尔地区的《旁遮普人报》(Punjabee)、孟买地区的《自治报》(Hind Swarajya)、古兰瓦拉地区的《印度报》(India)的业主及编辑均因煽动罪被捕入狱。在加尔各答，光 1907—1908 年一年，就出现七桩政府起诉报纸的事件。1907 年，政府通过了《煽动性集会法案》(Seditious Meetings Act)，限制集会自由，为期三年，后来又变成永久性法案。1908 年，政府通过一项《新闻法案》(Press Act)，对煽动性报道进行限制，两年之后又出台了一个更为严厉的限制性法案。② 接着，政府又对极端民族主义者的领导人开刀。主张坚决不与英国人妥协的著名民族主义领袖提拉克(Bal Gangadhar Tilak)被捕，被判处六年监禁。另外一些德高望重的民族主义领导人，如拉伊(Lala Lajpat Rai)、都特(Ashwini Kumar Dutta)、米特拉(Krishna Kumar Mitra)等，则未经审判就被驱逐出境。③ 除此之外，政府还镇压了 1908 年孟买地区爆发的大罢工。以上行动，确实让极端民族主义者的力量受到很大打击。

---

① H. E. Hennessy, op. cit, p. 129.
② Peter Heeks, *India's Freedom Struggle 1857—1947 A Short History* (Oxford, 1988), p. 70.
③ Ibid., pp. 70 - 71.

明托所采取的第二类政策,则考虑到印度人的利益与要求,体现出英国统治的公正性,以使这种统治更具合法性。其具体的措施便是 1909 年实行的改革。

根据对印度事务的考察,明托与印度事务大臣莫利均认为,随着印度人中受过教育的人的增长及民族主义情绪的高涨,印度人要求参与政权已是个不可否认的事实。因此,两人一起推出了《1909年印度立法委员会法案》(Indian Councils Acts of 1909),通称"莫利-明托改革"。该法案经过莫利和明托的大力争取,终于获得英国议会批准,得以颁行。此项改革旨在增加印度人在各级立法、行政机构中所占的比例,部分满足印度人扩大参政权的要求。法案规定,任命两名印度人为设在伦敦的印度事务委员会委员,任命一名印度人为总督的行政委员会成员,全印立法委员会中的印度议员人数也得到相应提高。也就是说,在原先为白人垄断的机构中引进了印度人,不过他们不是由民选产生,而是由政府任命。此外,在地方立法委员会中,民选的印度议员比例有了较大幅度的提高,各级立法委员会中的印度议员均有权质疑、讨论预算案,但不能拥有动议及颁布法律的权利。①

莫利-明托改革是自英国对印度实行专制统治以来首次允许印度人就任高级官员,这与寇松极度蔑视印度人、不允许后者成为高级官员的态度截然不同,因此该改革被不少人视为专制制度的终结,其推行也曾受到英国国内坚持专制统治的人的激烈反对。但事实并非如此,莫利-明托改革仍然没有跳出"仁慈专制"的框架,原因

---

① India Councils Act, 1909, A. Berriedale Keith (ed.), *Speeches and Documents on Indian Policy 1750—1921 vol.* Ⅱ (Humphrey Milford Oxford, 1922), pp.100 - 105.

有以下两个。

第一,这一改革并不是给予印度人真正意义上的自治。英国统治印度的一整套机构仍然原封不动地保留着,只不过多点缀了一些印度议员而已;英国对印度的绝对控制权也未有改变,印度议员虽有议论之权,但却无法动议、决定、颁布法律,这就使得印度议员在印度事务上并没有真正的发言权。因此,改革过的印度议会绝不同于英属自治领的自治机构,它仍只是英国直接统治的机构,印度人的参政权更多是一种名义上的权利。所以,该法案在英国议会进行辩论时,寇松等人对之大加批驳,认为代议制政府根本不适合印度,而莫利却理直气壮地说:"如果人们认为,这一段时期的改革将直接或必然导致议会体制在印度的建立,那与我毫无关系。……一个印度代议制体系从来不是我追求的目标。"①那么,这一改革究竟是什么性质的呢? 莫利曾在 1908 年对明托作过解释:改革的真正目的不是削弱英国的统治,而是"使政府能够更好地了解被统治者的需求、利益和情感,另一方面,等机会到来时,给予被统治者更好的理解政府立场的机会,以避免误传那些无知而具有恶意的见解"②。显而易见,改革的目的在于体恤民情,以体现英国统治的公正与优越,而这正是"仁慈专制"中兼顾被统治者利益原则的体现。正因为如此,法案才最终被英国人接受。第二,法案在具体实施中照顾到了英国人的种族偏见。明托深知,"我们可能希望相信,一个土著和一个我们自己种族的人同样有权被任命到最高职

---

① Lord Morley on the Reform Proposals of 1908, 17 December 1908. *The Indian Nationalist Movement 1885—1947 Select Documents*, p.32.
② Bernard Porter, *The Lion's Share*, p.229.

位上,但事实上这是不可能的……简单地说,英国居民是不能容忍的"①。因此,在任命一些职位较高的印度人时,他非常谨慎。根据改革法案,将有一名印度人进入总督的行政委员会,这是印度人所能担任的最高职位了,因此可以说是至关重要的。明托经过挑选,任命了辛哈(Satyendra Prasanno Sinha),理由是"辛哈还比较白",而其他候选人则"像我的帽子一样黑"。② 由此可见,印度议员的参政仍受到种族问题的限制,英国的专制统治远未突破。

上述事实说明,明托时代的巩固政策仍是遵循着传统的"仁慈专制"的理论。不过,明托时代毕竟与寇松时代不同。寇松完全无视民族主义者,而明托则开始对民族主义者的要求做出反应。由于民族主义者中的温和派希望能在与英国妥协的基础上逐渐建立一个帝国内的印度自治领,所以明托在意识到印度民族主义者的力量不可低估后,一方面镇压了其中的极端派,另一方面又试图"集结温和派"③,把有序的、守法的力量集合在政府周围,以扩大统治基础。因此,明托政府推出改革方案部分地满足了温和民族主义者的要求。所以,从明托时代开始,"仁慈专制"的策略就变为在保持原有框架基础上,兼顾民族主义者的要求做出若干让步及变动。这种理论在相当长的时间内是英国巩固对印度统治的基本原则。

1910 年,哈丁(Charles Hardinge, 1st Baron Hardinge of Penshurst)接替明托成为印度总督,他仍然坚持"仁慈专制"的两条

---

① Roger D. Long, *The Men on the Spot Essay on British Empire History* (Westport Conn. Greenwood Press, 1995), p.175.
② Denis Judd & Peter Slina, *The Evolution of the Modem Commonwealth 1902—1980* (Macmillan, 1982), p.35.
③ Peter Heeks, op.cit, p.71.

路线。一方面,继续推进"莫利-明托改革",合并被分割的东、西孟加拉,发展高等教育;另一方面,他又邀请英王乔治五世(George V)访问印度,"以确保母国和印度帝国之间更好的理解和更紧密的联合"①,从而显示英国统治的稳固。

新的"仁慈专制"的统治,基本上平息了印度的民族主义运动。尽管尚有许多具体问题没有解决,但一战前的印度总体上是平静的。民族主义者中的温和派领袖戈卡尔的话具有代表性,他认为必须"坦率而忠诚地接受英国的统治",因为"只有英国的统治能给印度带来和平和秩序,而这正是印度从组成它的各种不同的元素中缓慢地形成一个民族,并确保它向不同于过去的方向逐步前进的必要条件"②。

第一次世界大战之前,英国用"仁慈专制"的方式巩固了对印度的统治。同时,这种统治方式的两条原则在一战之后仍长期影响着英国的决策,使得英国人的政策一直徘徊在这一理论的两个分支之间。

三、统一与发展:附属领地的巩固

除了自治领与印度外,英帝国还包括面积庞大的附属领地,其总面积达到 200 多万平方英里。附属领地中又有 80％在非洲,分为三个主要的大块:西非、东非和南部非洲。③ 这些领地的大部分是 19

---

① H. E. Hennessy, op. cit, p.130.

② H. G. Rawlinson, op. cit, p.187.

③ Ernest Barker, *The Ideas and Ideals of the British Empire* (Cambridge, 1941), p.138.

世纪末瓜分殖民地浪潮中新近占领的,法律地位上及管理上的多样性是其显著特征。如何实行有效且相对统一的管理是巩固附属领地的一个重要问题。从经济角度来说,贫瘠与落后是这些地区被占领时的基本面貌。因此,如何使这些地区得到发展从而满足帝国的利益,也成为巩固英国对附属领地统治的另一个重要问题。

英国巩固附属领地的首要目标是使之具备比较一致的法律地位。从19世纪初期开始,英国在确认附属领地的法律地位方面逐渐形成这样一种趋势:除少数几个保留自身统治者及管理体系,但又要服从英国"建议"的保护国之外,其他地区都归入"直辖殖民地"的名义下。所谓"直辖殖民地",即主权属于英王,且没有自治政府,并由英国的殖民部直接实施行政管理的那一类殖民地。尽管殖民地本身状况千差万别,但把"直辖殖民地"的原则加以普遍运用,有助于在附属领地中形成相对的统一。① 19世纪末开始的巩固帝国行动中,英国也遵循着这样一条路线。

19世纪后半叶,汤加(Tonga)、文莱(Brunei)、桑给巴尔等地区先后成为英国的保护国。英国控制的马来地区被分为两部分,一块为海峡殖民地(the Straits Settlement),包括新加坡(Singapore)、马六甲(Malacca)等地,属于"直辖殖民地";另一块则在英国人的组织下,于20世纪初开始向联邦国家发展。1909年,当地建立起联邦委员会,由四个不同地区的素丹及英国官员组成,他们共同处理关系到整个联邦的问题,即每年的收入与支出问题。至1914年,马来联邦(the Federated Malay States)已成为一个统一的政治单位,为英国

---

① D. K. Fieldhouse, op. cit, p.291.

的保护国。① 同年,原属奥斯曼帝国的埃及正式成为英国的保护国。

而英国打算归入"直辖殖民地"之列的,包括直接由英国占领或兼并的殖民地,它们的法律地位无可争议;也包括早期的英国移民建立的殖民地,其主要的政治体制是一种旧的代议制体制,除了英国指定的总督和立法委员会外,还有一个由选举的成员组成的立法大会②;此外,还有存在自身统治机构的保护领。因此,对于早期移民殖民地,英国采取的方式是使它们逐渐与直辖殖民地同化,用各种方式剥夺或限制它们的选举权。西印度群岛(The West Indies)自动放弃了它的代表机构,其他一些地区则相继被废除这种机构。20世纪,这一过程仍在继续,马耳他(Malta)岛于1903年被废除代表机构。③ 更为典型的是圭亚那(Guyana),1928年,英国政府取消了圭亚那的选举机构,当代史学家雷蒙德·史密斯(Raymond Smith)指出这次宪政改革的结果是:"取消了当选代表的一切大权,把这些权力交给了总督和殖民部;实际上建立了一个完全由国王控制的殖民政府。"④这些殖民地完全采用直辖殖民地的法律与机制,实际上等同于"直辖殖民地"。对于保护领,英国颁布了一系列司法法令,使其有权随时兼并这些地区而无法律上的障碍,因此可以像统治正规的殖民地那样统治它们。⑤

---

① H. E. Egerton, *British Colonial Policy in the XXth Century* (Methuen & Co, LTD, 1922), p.233.
② 张顺洪:《大英帝国的瓦解——英国的非殖民化和香港问题》,中国社会科学院出版社1997年版,第124页。
③ W. D. Hussey, *The British Empire and Commonwealth 1500—1961* (Cambridge, 1963), p.309.
④ [英]雷蒙德·史密斯:《英属圭亚那》,吉林人民出版社1974年版,第97页。
⑤ D. K. Fieldhouse, op. cit, p.292.

至于建立新的"直辖殖民地"体系的工作,则主要在非洲地区进行。由于非洲新占领土地面积广阔且多为分散的部落,因此英国政府不但希望能在这些地区实行有效管理,还希望能尽可能把相关地区合并成为一个个相对统一的政治实体。

在西非,19世纪末争夺非洲领地的急先锋——皇家尼日尔公司于1898年终止特许权,其下属地区即北部尼日利亚地区交由英国政府管理。当时,尼日利亚地区还包括属外交部管理的东南部的油河保护领及西南部的尼日尔海岸保护领。① 严格地说,尼日利亚只是一个地理表达,因为英国人倾向于把这些地域相邻的地区当作一个单位而称其为尼日利亚。② 为了能够保证将来殖民部顺利接管上述地区,外交部提议组建一个跨部门的委员会以"讨论将来行政管理之安排事宜"③。委员会经过调查提出,这一地区管理的最终目标应是"设立一个统治整个地区的总督"。只是,鉴于交通联系不便,应在南北尼日利亚分别设立两个省份,以后再考虑合并的问题。④ 殖民大臣张伯伦接受了这个报告的建议,1900年在原公司领地建立了一个北尼日利亚保护领,而油河保护领则改称南尼日利亚保护领。1906年,由于现代交通系统的引入,南尼日利亚保护领和尼日尔海岸保护领合并为南尼日利亚殖民地,从外交部手中转入殖民部管理。1914年,北尼日利亚保护领因经济难以自给自足而与南部合

---

① Roland Oliver & Anthony Atmore, *Africa Since 1800* (Cambridge, 1994), p.128.
② John M. Garland, *The Colonial Office and Nigeria 1898—1914* (Macmillan, 1985), p.1.
③ Ibid., p.2.
④ Report of the Niger Committee, 4 August 1898, C. W. Newbury (ed.), *British Policy Towards West Africa Select Documents 1875—1914 With Statistical Appendices* (Oxford, 1971), p.309.

并。至此,统一的尼日利亚殖民地形成,完全归属殖民部管理,卢加德勋爵(Frederick Lugard, 1st Baron Lugard)成为首任总督。[1] 尼日利亚是非洲殖民地中由保护领而同化为直辖殖民地并将许多分散地区合并为统一地区的突出例子。

尼日利亚的例子并非唯一。原属保护领的西非的阿散蒂(Ashanti)王国,1900年发动了反英战争,战败后被英国正式兼并,后来在与其北部领地互通有无的过程中逐渐形成黄金海岸殖民地。[2]

在东非,英属东非公司于1893年被终止特权,其领地被移交给了英国政府,形成了乌干达保护领和东非保护领。1905年,这两个地区先后被外交部移交到殖民部,成为直辖殖民地。[3] 之后,东非保护领向肯尼亚山一带推进,1920年将周围地区合并为肯尼亚殖民地。

在中非,英属南非公司于1922年放弃了它的特许权,原公司所属的北罗得西亚成为归殖民部管的一个殖民地,而南罗得西亚(Southern Rhodesia)则由公民投票决定其归属,要么并入南非,要么获得自治政府。1922年11月,该地以8 774票反对,5 989票赞成,选择不加入南非,而要求自治政府。[4] 1923年,南罗得西亚正式归属英国政府管理。次年,英国政府授予它自治政府,不过它并不具有自治领地位,因为其立法机构受联合王国控制,在土著事务上还要

---

[1] Ronald Oliver & Anthony Atmore, op. cit, p.130.
[2] H.E, Egerton, op. cit, p.213.
[3] A.D. Roberts (ed.), *The Cambridge History of Africa vol. 7 From 1905 to 1940* (Cambridge, 1986), p.651.
[4] T.O. Lloyd, op. cit, p.306.

通过在南非的专员来行使行政权力。因此,南罗得西亚政府仍是"直辖殖民地"的一个变体。北罗得西亚因为移民人口太少,不可能得到一个责任政府,1929年之后它开始实行间接统治制度。①

至此,英国政府以"直辖殖民地"的名义,使附属领地在法律地位上基本上趋于同一。可以说,"直辖殖民地"是一把大伞,涵盖了众多情况各异的附属殖民地。

"直辖殖民地"虽使广大附属殖民地在法律地位上得到同一,但是它本身并不提供具体的政府形式和治理方法。传统上,英国统治非白人殖民地有两种方式。一种是英国在印度实行的"直接统治"制度,即由代表英王的总督及一整套由英国人担任行政职务的官僚体系来实行管理,其特征是土著种族没有统治权。另一种是欧洲帝国传统上实行的对土著地区的松散的、间接的控制。英国殖民部要么根据不同的情况选择其中一种方式作为统治制度,要么另创一种全新的统治方式。

对于太平洋、印度洋上较小的岛屿殖民地,英国派高级专员实行监督,基本不动其社会结构,总体上沿用松散的控制方式。② 而在锡兰(Ceylon)③等较大的殖民地及重要的军事、贸易基地,则采取印度式的"直接统治",由总督及各级官员共同组成一个统治集团来管理当地土著。不过,英国对锡兰等地区的控制程度远不如对印度的控制。

但是英国所面临的主要问题是如何统治新近获得的非洲殖民

---

① Max Beloff, *Dreams of Commonwealth 1921—42 vol. II of Imperial Sunset* (Macmillan, 1989), p.218.
② Ibid., p.297.
③ 即今斯里兰卡。

地。在东非,类似于印度式统治的"直接统治"得到部分运用。肯尼亚实行着两套行政体系。一套是在白人移民居住地区使用的欧洲式的代表机构,1907年建立起行政和立法委员会,给白人团体以更多的发言权。[①] 而对于广大的非洲人,则由英国的地区专员通过土著酋长来行使权力。这些土著酋长根据其教育背景或行政经历任命,是作为英属政府的一员在起作用,因此不同于传统意义上的酋长。

这些地区之所以实行"直接统治"有其特殊原因。肯尼亚拥有大量的肥沃空地因而吸引了许多英国及其他国家的移民涌入,是个多元种族国家。早在1903年,白人团体就提出了把肯尼亚建成"白人国家"的口号[②],其势力十分强大,因而排斥非洲人的统治。而且此地地处英国前往印度通道的战略要点,所以英国必须加强对它的控制。不过,东非的"直接统治"也不完全等同于印度的统治,原因在于英国对当地的控制要松得多。

而在当时非洲的其他地区,直接统治已不可能大规模推广。实行直接统治,需要大量费用以支撑英属官僚机构。当时,英国国内的纳税人是不可能支付这笔款项的,而殖民地又太贫穷,不可能像印度那样提供英国殖民机构所需的资金。除此之外,当时的英国人正在倡导重建帝国的道德性,虽然印度的专制统治因其特殊性而得到认同,但不少人都认为有色种族应享有一定的自治权利。老牌帝国主义者迪尔克(Charles Dilke)说:"我不认为,在一个有3亿6 000万有色人种处于我们统治之下的帝国中……能说我们正在加强帝

---

① H. E. Egerton, op. cit, p. 203.
② T. O. Lloyd, op. cit, p. 271.

国结构。"①在这种背景下,英国在非洲大部分地区采用了新创立的间接统治制度(the indirect rule)。

"间接统治"制度是由尼日利亚的殖民官员卢加德勋爵根据欧洲帝国对殖民地松散、间接的统治方式加以改进后创立的。他于1901—1906年任北尼日利亚地区总督,1912—1919年任整个尼日利亚的总督。间接统治方法是他在北尼日利亚时首创的。当时,北尼日利亚的土著酋长政权十分强大,其中的富拉尼国家是赤道非洲除了埃塞俄比亚之外最强大的国家,另一个国家博尔诺也是个大国。②如果在此处实行英国官员的直接控制的话,不可避免地会遭到当地人的抵抗,正如卢加德指出的:"一旦出现危机,我们没有一个阶层可以依赖并从中得到支持,而且他们的利益又与我们完全不同。"③因此,卢加德决定利用当地"天生的统治者"来统治该地区,而英国的官员则巡视各地,对行政管理实行有效的监督④;同时,引进教育、医药等机构,以促进当地的福利发展。1903年,卢加德的一篇演讲突出地表达了他对这一体系的理解:"每一个素丹和埃米尔以及主要的官员均由遍及全国的英国高级专员来任命。高级专员根据历届前任的惯例及人民和酋长的意愿行事,但是如果他为了更好的理由则可以不管这些。被任命的埃米尔和酋长将按照旧时的方式统治人民并按照高级专员的建议收税,但是他又必须遵守总督的法律和驻扎官员的意愿。"⑤

---

① Max Beloff, *The Liberal Empire 1397—1921*, p.124.
② H.E.Egerton, op.cit, p.194.
③ H.L.Wesseling (ed.), *Expansion and Reaction* (Leiden University Press, 1978), pp. 159 - 160.
④ H.E.Egeiton, op.cit, p.218.
⑤ John M.Carland, op.cit, p.68.

卢加德认为,直接统治太严厉,会破坏当地土著的参政权;而传统的对土著地区的松散控制又太软弱,欧洲人手中没有足够的权力。他发明的间接统治则兼顾了这两者,既使非欧洲人能够积极地参与他们自己的政府,又不损害英国的权威。①

这一体系在北尼日利亚推行得很成功。1912年,卢加德出任整个尼日利亚地区的总督,他把北部的统治形式推广到了南尼日利亚。随着1914年两地合并,整个尼日利亚都开始实行间接统治制度。与此同时,这一体制根据非洲各地不同环境而发展出各种不同类型的变体,被推广到所有能实行的地区,如乌干达、阿散蒂、巴苏陀兰(Basutoland)等。其中,乌干达的间接统治也比较典型,英国殖民当局把该地区的乌干达与布干达两省各分为20个区,每个区有一名酋长,由国王任命。国王则与土著委员会成员一同治理国家,但最高权威保留在英国代表手中。②

间接统治具有如下特点:其一,间接统治制度致力于保存当地的社会和政治结构。北尼日利亚殖民官员坦普尔(Charles Temple)曾明确指出间接统治的目标在于:"创造一个尽可能与其存在过的环境相似的东西,是一个完全有能力的、慷慨的、开明的埃米尔统治着一个未受外来影响的单位,他必须尽可能地保存他的权威。"③当代学者帕登(John Paden)认为,间接统治中的土著统治者角色具有如下特征:(1)合法性:只要有可能,前殖民时代的王室血统尽可能被沿续;(2)领地司法权:传统统治者的领地司法权得以维持;(3)土著权威:其功能主要是征收赋税,并将其中一个固定份额交给殖民

---

① D. K. Fieldhouse, op. cit, p.299.
② H. E. Egerton, op. cit, p.194.
③ John M. Carland, op. cit, p.70.

行政机构;(4)司法体系:酋长和他们传统的司法官员控制着法律的执行;(5)任命官员:土著当局控制着官员的任命。① 这些特征突出地说明了间接统治保存着非洲社会传统的一面。为了完成上述目标,在某些缺乏现存酋长的地区,如东尼日利亚地区,英国致力于发现或创造一些合法的酋长。②

其二,既承认非洲人有权保存自身文化,又排斥受过西方教育的非洲人。间接统治认为,土著社会必须有其传统统治阶层和习俗,以使他们沿着自己的道路演进。按照乌干达殖民官员约翰斯顿爵士(Sir Henry Hamilton Johnston)的话说,是让土著在"法律与秩序的范围内",并考虑到文明的原则"来学会统治他们自己"。③ 所以,这一体制的一个符合逻辑的结论是,受过西方教育的非洲人脱离了非洲文化的根,因而不能代表广大非洲人的要求。卢加德指出:"英国殖民政策的首要原则是,大量非洲居民的利益不应屈服于一小部分欧洲商业阶层或一小部分受过教育的、欧洲化的土著,他们与土著居民完全没有共通之处,二者利益也是相对立的。"④如果把权力交给欧洲化土著,则非洲社会必将陷入混乱,最终会使一小部分欧洲化土著建立起独裁统治。⑤ 因此,间接统治制度竭力排斥受过欧洲教育的非洲人进入统治阶层。

英国之所以在非洲推行这种体制,除了节省费用的考虑外,还有其他多种多样的原因。第一,这是英国统治他们所不熟悉的非洲

---

① Michael Crowder, *Colonial West Africa* (Frank Cass, 1978), p.223.
② Ibid., p.200.
③ H.E.Egerton, op.cit, p.194.
④ L.H.Gann & Peter Duignan (ed.), *Colonialism in Africa vol. I The History and Politics of Colonialism 1870—1914*(Cambridge, 1982), p.258.
⑤ Ernest Baker, op.cit, p.151.

的权宜之计。英国官员坦普尔爵士曾生动地描述过北尼日利亚地区英国殖民官员对当地生活的无知,他说:"早上他被几乎与自己的同胞脱离关系的男孩叫醒并进早餐。然后他去工作,也就是说处理笔、墨水和纸,或者,有可能的话是与一些穿欧洲服装并完全与土著脱离联系的特殊阶层——土著技师们一起工作。他在中午进餐并返回工作。晚上,他和其他欧洲人一起为健康而锻炼。"①这种状况使英国官员必须依靠当地统治者。第二,它是英国殖民当局在人手不足的情况下采取的方法。有个派往非洲的英国官员曾写道:"在非洲的这个中心地带,只有我们3个白人,外加20个黑人士兵和50个黑人警察,却要治理一个居住着50万装备良好的野蛮人的地区。"②这样的情况也使英国人必须加强与当地人的合作。第三,毫无疑问,采取这种方式是受文化相对主义的影响。当时英国社会出现了强调非洲文化相对性的思潮,得到很多人的支持。这种思潮认为,非洲社会有其独特性,没有必要用欧洲的方式改造它,而应让其自然地发展。在这种思潮的影响下,保存土著社会、文化和权威形式被英国殖民部多次公开宣称为主要的政策目标。殖民部的观点是,非欧洲种族有权不被迫改变他们的种族特性;土著的社会、文化和政治机构有其内在价值,应当形成每个土著社会演进的基础。③而自由党政策的代言人、著名学者霍布豪斯明确指出:"白人……能用来对付黑人的最佳方式是,任其发展。"④卢加德本人也是个文化相对主义者。

---

① Michael Crowder, op. cit, p.147.
② L. H. Gann & Peter Duignan (ed.), op. cit, p.295.
③ D. K. Fieldhouse, *Colonialism 1870—1945* (Macmillan, 1983), p.33.
④ Ronald Hyams, *Britain's Imperial Century 1815—1914* (Macmillan, 1993), p.270.

间接统治既可以行使帝国的权威,又可以使这种统治在道德上具有合法性,并兼顾了土著种族利益,形成了一种权力平衡。因此,它被奉为20世纪英国统治土著地区的经典之作。

1895年,约瑟夫·张伯伦任殖民大臣后,针对英国经济持续滑坡的局面,曾大力倡导通过政府行为来发展殖民地经济,最终使殖民地成为英国经济的有力后盾。但是他的主张未能得到当时英国政府内的大多数人的赞同。原因在于:首先,此时,财政部仍坚持经济正统思想,政府不愿意过多卷入经济活动;同时要求保持殖民地的收支平衡,量入为出,因此不愿意给殖民地经济发展提供太多的资金。其次,殖民部奉行"总督管理而殖民部监督"的原则,不愿在具体事务上过多干涉。他们并不认为他们应承担经济管理者的角色,也不认为他们有为整个帝国制定发展战略的必要性。① 其三,一战之前,殖民部按照所统治地区划分为相应的六个司:自治领、西非和地中海、尼日利亚、东非、西印度以及东方。其官员只负责所辖地区的事务,因而缺乏殖民地发展的全面观念。② 所以,张伯伦所倡导的路线在一战前并未得到充分运用。

但是,鉴于殖民地的原材料对英国经济发展相当重要,以及新占领的非洲地区非常贫困的现实,英国必须迫使自己认真对待殖民地发展的问题。只是,殖民部认为,一旦政府在殖民地提供稳定的治理和基础设施这样一些发展框架,私人企业就可以在其中发展经济。由于大多数附属殖民地缺少铁路、公路、桥梁、港口、无线电这

---

① Stephen Constantine, *The Making of British Development Policy 1914—1940* (Frank Cass, 1984), p.17.
② Ibid., p.20.

些基础设施,因此英国政府主要在殖民地从事上述领域的工作。①所以,殖民部的殖民地发展政策走了一条折中路线。一方面,迫于实际需要,在一定程度上采取了张伯伦的主张,即通过英国政府的干涉来促进殖民地发展;另一方面,出于各种限制,又难以采取大幅度的步骤发展殖民地。虽然这种做法有相当大的局限性,但也取得了很可观的成绩。

第一个成就是在拨给殖民地发展的贷款方面。为了改善西印度的贫困状况,张伯伦敦促英国政府在1898—1903年间以每年2万镑的援助款项来平衡西印度的收支赤字,继而又在1902—1903年拨款25万镑鼓励当地的水果生产。② 同时,张伯伦又敦促政府通过了《1899年殖民地贷款法案》,帮助非洲殖民地建设铁路和灌溉系统。③ 1900年,为了促进北尼日利亚(Northern Nigeria Protectorate)、乌干达及苏丹的棉花发展,英国政府成立了英国棉花生长协会,财政部每年拨款1万镑给协会。1913年,殖民部再次拨给苏丹300万镑贷款以发展棉花生产。④ 同年,殖民大臣哈考特(Lewis Harcourt)在考察了东非之后,认为当地现代化交通的缺乏阻碍了经济的进一步发展,因此认为"我们应给予保护领一笔贷款,让他们自己支配",以促进经济发展。次年,英国议会通过了《东非保护领贷款法案》,拨款300万镑给尼亚萨兰(Nyasaland)、乌干达及东非保护领(East Africa Protectorate)。⑤ 不过,这一法案因战争爆发而搁浅。

---

① Michael Harriden & David Meredith, *Colonialism and Development British and its Tropical Colonies 1830—1960* (London & New York, 1993), p.191.
② Ronald Hyam, op. cit, p.248.
③ E. A. Benians, Sir James Butler & C. E. Carrington (ed.), op. cit, p.384.
④ Stephen Constantine, op. cit, p.23.
⑤ Ibid., p.24.

第二个成就是发展殖民地基础设施,这方面最为显著的是西非。尼日利亚北部因为地处内陆,所以建设与港口相连的铁路以连通内地与沿海地区至关重要。因此,殖民部打算建设一条连贯全国的铁路。当时,殖民地铁路一贯由英国的私人公司承担。但张伯伦等人认为,该铁路工程巨大、耗资颇费,由私人公司承办难免会带来效率不高、收益不确定等后果,故力排众议,坚决主张由政府主持修建。他以殖民部的名义向英国政府贷款200万英镑,首开了殖民部资助铁路修建的先例。① 1896年至1911年,尼日利亚终于建成一条从拉各斯港口到落花生产地卡诺的铁路,全长711英里。至1914年,尼日利亚政府共建成了2 000英里铁路。② 黄金海岸的发展与尼日利亚十分相似。殖民政府先后建设了两条大铁路干线,至1920年5月有250英里开通,这使得黄金海岸的两大出口商品——可可、黄金的出口量大为增加。③ 在东非,1895—1901年,英国在乌干达修建了一条从蒙巴萨到维多利亚湖的铁路。这条铁路穿过丛林密布、狮子出没的地区,不但促进了乌干达经济的发展,也成为英国统治的一个辅助性工具。没有这条铁路,英国不可能对乌干达、布干达两个保护领进行行政管理并将两地合并为统一的乌干达殖民地。④

第三个成就是发展殖民地的社会福利措施。1899年,在张伯伦

---

① John M. Carland, op. cit, pp. 154 – 165.
② Michael Harriden Sc David Meredith, op. cit, p. 101.
③ Ibid., p. 102.
④ Hugh Gunn (ed.), *The British Empire A Survey in 12 Volume vol. VI. The Press and Communications of the Empire* (London, 1924), p. 26.

的倡议下,热带医药学校成立。1913年,殖民部又建立了帝国昆虫学官署。同时,殖民部开始管理新建立的关于殖民地医药、昆虫、卫生和勘察的咨询委员会。① 一战之前,附属领地中福利事业发展最典型的是马来联邦。1906年,长期在此地工作的斯韦特汉姆爵士(Sir Frank Swettenham)指出:"1874年,这个国家还没有邮政部门,还从未见过一枚邮票。1904年,邮政部门每年都要处理10 000 000个包裹,签发价值1 250 000元的支票,并有275 000元的存款,还维持着2 000英里的电话线。同年……医院照顾着46 000名院内病人和130 000名院外病人,每年要花费50 000多镑,学校里有13 000名学者。"②其继任者指出,"在每一个方向上所获得的巨大进步都是从所未有的。"③

尽管英国政府的措施有限,但与这些殖民地过去的状况相比,一战前的发展仍是巨大的。然而,不可否认,大多数殖民地并没有像上述殖民地那样取得较大发展,有些甚至还陷入贫困。而且,即使是在上述殖民地中,它们的经济也多依赖于单一的原材料、农作物出口,还谈不上真正意义上的发展,其人均收入仍相当低。截至战争爆发,殖民部一直在折中路线的发展战略上徘徊,这种状况直到战后才有所改变。

---

① Andrew Roberts (ed.), *The Colonial Movement in Africa Essays on the Movement of Minds and Materials 1900—1940* (Cambridge, 1986), p.37.
② Stephen Constantine, op.cit, p.110.
③ H.k Egerton, op.cit, p.231.

四、帝国巩固的顶峰

第一次世界大战是欧洲列强之间矛盾冲突的总爆发,战争开始时,英国并未做好充分的准备,甚至于战火在巴尔干半岛燃起之时,英国还在忙着与德国进行外交磋商。因此,战争的爆发对英帝国所达到的巩固程度提出了严峻的考验。不过,它毕竟拥有一个人口达 4.25 亿的帝国,其人力、物力资源之巨,仍使它足以成为参战国中最难以战胜的国家。[①] 1914 年 8 月 4 日,英王乔治五世作为整个帝国的君主宣布参战,并郑重宣称:"我的帝国将在考验中保持统一、镇静、决断、信仰上帝,基于这种信念,人们把履行巨大责任的职责交付给我,我将因此而变得更强大。"[②]事实证明,英国十几年来巩固帝国的工作卓有成效,英帝国在战争的考验中达到巩固的顶峰。

各英属自治领、殖民地卷入战争是被动的,因为英帝国在法律上是一个整体,其组成部分无权对是否参战做出选择,但战争却激发了它们强烈的帝国热情。

帝国的资深自治领加拿大立即派兵参战,前总理洛里埃代表全体加拿大人宣称"一有号召,我们就立即响应"[③]。战争爆发仅一周,南非下院便宣布:"以至诚的决心采取一切必要措施……并同陛下

---

① James Lawrence, *The Rise and Fall of the British Empire* (Little, Brown and Company, 1994), p. 353.
② R. G. Moyles & Dong Owran, *Imperial Dreams and Colonial Realities—British View of Canada, 1880—1914* (Toronto, 1988), p. 233.
③ [加]唐纳德·克莱顿:《加拿大近百年史》,山东人民出版社 1972 年版,第 294 页。

的帝国政府合作以维护帝国的安全及完整。"① 不久,南非政府又坚决镇压了反对参战的极端民族主义者发动的叛乱。澳大利亚和新西兰在战争刚爆发时,也派出军队赶赴欧洲战场,澳大利亚政府还颁布戒严法,规定"禁止人民用任何方式发表对帝国不忠诚言论","禁止人民参加不忠于帝国之任何团体或活动"。② 印度各界均积极支持参战,当时的印度总督哈丁向英国内阁报告说:"人口总数达数百万的印度各土邦已经一致同帝国防务打成一片,并为战争提供出他们的个人服务和他们各邦的资源","同样的精神弥漫于整个英属印度"。③ 各自治领及殖民地的参战热情说明,此前十多年中英国巩固帝国的政策取得了很大成效。除了这种忠诚的表白外,帝国各个部分还向英国提供了大量人力、物力支援,共同抗击敌人。

首先是人力上的支援,帝国的各个部分皆派出大量军队直接参战。加拿大征募了 628 964 人入伍,其中 458 218 人在海外服役,占其成年男子总数的 13.48%。澳大利亚征募了 412 953 人入伍,其中 331 814 人在海外服役。新西兰征募了 128 525 人,其中 112 223 人在海外服役,占其成年男子的 19.35%——这个比例几乎是其可以服役人数的一半。南非征募了 76 814 人,占其成年男子的 11.12%。国小人稀的纽芬兰也征募了 6 173 人。印度在战争期间共征募了 1 440 437 人,东非殖民地征召了 3.4 万人,西非殖民地为 2.5 万人,其他殖民地为 3 万人。④ 除此之外,还有大量从事后勤供应、医疗救护的人员,非洲殖民地还派出了大量的劳力。这些人组成了庞大的英

---

① [英]马里欧特:《现代英国》,商务印书馆 1963 年版,第 419 页。
② 骆介子:《澳大利亚建国史》,商务印书馆 1991 年版,第 153 页。
③ [英]马里欧特:《现代英国》,商务印书馆 1963 年版,第 423—424 页。
④ E. A. Benians, Sir James Butler & C. E, Carrington (ed.), op. cit, pp. 641 - 642.

帝国军队,投入各个战场作战。

其次,帝国各组成部分还向英国提供了大量资金和战略物资。它们将生产的工业品、粮食及军火大量向英国出口,以维持英国的战时所需。如表3所示,战争期间,英国从帝国进口的物资数量急剧增长。①

表3　英国进口数字统计,1910—1920年

进口来源地	年均进口额(百万英镑)	
	1910—1914年	1915—1920年
加拿大	29	86
澳大利亚	58	94
亚洲	89	164
撒哈拉以南沙漠	21	47
西印度群岛	6	23

第三,帝国各组成部分在各大战场上浴血奋战,用鲜血的代价挽救了帝国的危机。几乎在每一次重大战役中,海外帝国的军队都参与作战并起到了极大作用。帝国臣民对赢得战争胜利的巨大贡献可以从表4②中的伤亡人数中看出来。

表4　英帝国各组成部分的伤亡人数

	死亡人数	受伤人数
英国	702 000	1 670 000
印度	64 000	67 000
澳大利亚	59 300	152 000

---

① Bernard Porter, *The Lion's Share*, p.236.
② James Lawrence, op.cit, p.367.

续表

	死亡人数	受伤人数
加拿大	56 000	150 000
新西兰	16 000	41 000
南非	7 000	12 000
纽芬兰	1 200	2 200

由此可见,英国能在战争这一生死存亡关头转危为安,实在有赖于海外帝国的军事援助、经济援助和共同作战。英帝国各组成部分的全力以赴,正反映了它们对帝国的忠诚,帝国的巩固程度在战争的考验中得到证实。停战当天,英王乔治五世宣称:"战争爆发时帝国是一个统一整体。我很欣喜地想到,战斗结束时,帝国仍然更紧密地统一在一起。"[1]

不仅如此,大战还使英国有了进一步扩张领土的机遇。由于战争爆发的一个重要原因就是英、德两国争夺殖民地,因此如果德国战败,则英国极有可能获得原属德国的殖民地。早在战争初期,英帝国便着手抢夺德国殖民地:在太平洋地区,澳大利亚、新西兰军队协同日本,仅用4个月时间便夺取了全部德属殖民地;在东非和西南非洲,帝国军队也攻占了许多德属领地;在中东,英国军队夺取了土耳其帝国的大片领土。战争结束后,德国投降,土耳其帝国崩溃,英国理所当然地要求获得上述领土。

英国的要求遭到了操纵战后和谈的重要人物、美国总统威尔逊(Thomas Woodrow Wilson)的反对。威尔逊提出的"十四点和平计

---

[1] Edward Grierson, *The Imperial Dream British Commonwealth and Empire 1775—1969* (Readers Union Limited, 1972), p.167.

划",作为战后和谈主要原则而被各国广为接受,其中的第五条规定"自由、坦诚、绝对公正地调整"殖民地问题。① 因此,他主张将前德属殖民地及土耳其领土委托给一个国际权威机构管理,这遭到欧洲殖民政权的激烈反对。澳大利亚总理休斯(Billy Hughes)代表英帝国抗议,认为前德属太平洋岛屿不应该由它的潜在威胁——日本或其他国家管理。② 最后,巴黎和会达成妥协解决方式——托管制(Mandate),即将上述领土交付给某一个欧洲国家管理,但它们仍保持自己的民族性。名义上不是欧洲帝国的属地。③ 托管地有些类似于保护国,实际上是一种变相的殖民统治。

巴黎和会就托管问题进行了讨论,其最终结果体现在 1920 年初通过的国际联盟约定中。盟约规定,委任统治地分为三类:A 类是以前土耳其帝国的一些地区,其发展程度已达到可以独立的程度,但仍需受托国予以行政指导;B 类是原德国的中非殖民地,依其发展程度而不得不由受托国负责行政工作;C 类是原德国在西南非洲和南太平洋上的岛屿殖民地,这些地区"受制于受托国法律之下,作为其领土的一部分。④ C 类托管地主要是依英帝国各自治领的要求制订的,自治领一直有兼并这些地区的意图,因此这可以看作是英帝国势力扩张的一大胜利。国际联盟(League of Nations)于 1920 年12 月确定了托管地的分配方案。如下表所示⑤,英帝国不但在战争

---

① John Alfred, *Great Britain: Empire and Common-wealth 1886—1935* (London, Cassell & Co., 1936), p.864.
② Henri Crimal, op.cit, p.13.
③ D.K.Fieldhouse, *Colonialism 1870—1945*, p.18.
④ A. Berriedale Keith, *The Constitution, Administration and Laws of the Empire* (London: 48 Pall Mall W, Collins Sons & Co.LTD, 1924), p.294.
⑤ Henri Crimal, op.cit, p.14.

中丝毫未损,而且领土又一次扩大。1921年,英国及各自治领先后在上述托管地建立统治,使帝国领土范围达到其历史的最高峰。

表5 英国一战后所获托管地

A类托管地	巴勒斯坦、外约旦、伊拉克
B类托管地	喀麦隆西北、多哥西北、坦噶尼喀
C类托管地	西南非洲(南非)、瑙鲁(英帝国所有,澳大利亚管理)、东新几内亚(澳大利亚)、西萨摩亚(新西兰)

除此之外,1921年的帝国还达到了其巩固程度的顶峰。帝国原有的贸易和海上基地因为它新近获得领土的战略地位而加强,其共同行动的能力也因为最新的海上电缆技术的发展、铁路系统的扩展以及航空线路的潜在容量而大为提高。更为重要的是,战争期间英帝国的团结精神在战后仍然得以保持。英国与自治领在战时精诚合作,战后共同参加了巴黎和会和国际联盟。1921年帝国会议召开时,英国和自治领一致同意,战争中形成的"联合王国首相与自治领总理们进行直接联系的实例……将继续维持下去"①。当年8月,劳和·乔治在议会的发言中指出:"毫无疑问,近几年来的大事已经把帝国巩固到了也许在几十年之间都不会有所改变的地步。"②

一战之后,英国继续推行战前形成的巩固帝国的措施,把整套帝国体系的理论发展成熟。这具体表现在以下两个方面。

其一,间接统治体系发展成为国际认同的"双重委任托管制度"(the Dual Mandate),其合法性又一次得到认证,并且被进一步推广,

---

① Imperial Conference, Minutes, 1921, A. B. Keith (ed.), *Speeches and Documents on the British Dominions From Self government to National Sovereignty* (Oxford, 1938), p.66.
② [英]马里欧特:《现代英国》,商务印书馆1963年版,第478—479页。

成为英国统治附属殖民地的基本原则。

  间接统治体系的成功受到国际社会的关注,第一次世界大战之后,在处理战败的德国、土耳其殖民地问题上,间接统治的原则发展成为国际联盟的"托管制"原则。卢加德本人作为这一体制的创始人,成为国联托管委员会的成员,对间接统治的原则加以推广。不久,卢加德又将间接统治的理论系统化,于1922年写成《英属热带非洲的双重统治》一书,具体阐述这一理论。他将间接统治与托管制联系在一起,认为间接统治制度体现了托管制的使命。他指出,托管制包含着双重意义:一是促进土著的福利,二是促进全世界的总体利益和人性的提高。也就是说,殖民统治"一方面是为了臣属种族的进步,另一方面是为了人类利益而发展其物质资源"[1]。卢加德认为,间接统治很好地完成了托管制的双重任务。因为间接统治的首要原则是非洲应由强有力的英国中央机构加以监督,但实际的行政管理留给"土著权威"(特别是世袭酋长)来处理,他们既是"不受约束的"又是"从属的",即他们虽然保存相当大的自治权,但必须服从英国的指导。[2] 这既可以保证非洲人享有应有的权力,使他们愿意为发展自己利益而效力,又可保证非洲殖民地在英国指导下为促进全人类的福利而发展物质生产,"得利可以说是双方的"。[3] 整个二三十年代,间接统治被卢加德的信徒大力宣扬。英国官员卡梅隆在国联新近分配给英国的托管地如坦噶尼喀(Tanganyika)等地实行间接统治,并著有《对土著行政管理的原则及其实施》一书。[4] 此外,

---

[1] Ernest Baker, op. cit, p.146.
[2] D. K. Fieldhouse, *The Colonial Empire*, p.299.
[3] Ernest Baker, op. cit, p.147.
[4] R. L. Wasseling (ed.), op. cit, p.163.

它还受到了著名人类学家马林诺夫斯基（Bronislaw Malinowski）等人的大力推崇，影响很大。①

其二，张伯伦所主张的通过政府行为发展殖民地经济的理论逐渐被英国人认同。

战争期间，帝国资源对英国经济的支撑力量充分显示出来，引起英国政府的重视。早在1917年帝国战时会议上，政府便通过如下决议："帝国的每一部分都对我们的盟国的利益做出了贡献，应该给与他们优惠待遇和便利以促进帝国其他部分的生产和制造。"②1917年，米尔纳组建了帝国资源发展委员会（the Empire Resources Development Committee，简称 ERDC），它主要是一个议会压力集团，主张英国政府通过政府行为来开发帝国资源。ERDC 受到200多名议会议员的支持。③

真正引起人们对帝国资源重要性重视的是一战给英国经济带来的灾难性影响。战争期间，英国不但军费开支庞大，其出口贸易由于德国的封锁而急剧下降。战争还给国家留下了巨额债务。英国国内公债从1914年的6.5亿万英镑猛增到战争结束时的80亿英镑；外债数目也同样惊人，英国不得不变卖其海外投资的1/4来抵偿债务。④ 1920—1921年，英国爆发了战后第一次经济危机。危机期间，工业生产下降了46%，达到了英国历史之最。1922年工业生产开始复苏后，又陷入慢性萧条之中。⑤ 其失业率也长期居高不下。

---

① D. K. Fieldhouse, *Colonialism 1870—1945*, p.33.
② Michael Harriden & David Meredith, op. cit, p.134.
③ Ibid., p.135.
④ David Thomson, *England in the Twentieth Century* (Penguin, 1965), p.58.
⑤ Paul Kennedy, *The Realities Behind Diplomacy* (Fontana, 1981), p.227.

这种经济状况迫使英国不得不考虑利用帝国来解除英国的危机，也使英国更加依赖殖民地的资源与市场。1921年，考虑到战后的失业率，丘吉尔提出"通过帝国的援助"为英国人"提供大量工作机会"，"这对英国将来的贸易利益也是有益的"。① 为解决失业问题而专门成立的各部协调委员会的秘书向殖民部表示，希望有一种"行动上迅速，并在最大限度上提供就业"的举措。②

不久，张伯伦的信徒艾默里成为殖民大臣，他坚决主张实行张伯伦的政府干预殖民地经济发展的理论。他建议颁布一项帝国发展法案，同时成立一个帝国发展顾问议会，以执行这一法案。③ 艾默里还特别提到了政府干预的必要性，他认为"可以在世界的这些地区通过科学、能力和组织来创造巨大的财富"，"但是正像我确信我站在这儿一样，我确信没有大量财富的注入——这对于这些国家将要面临的困难是有巨大帮助的，我们不可能发展它们"。④ 艾默里此时重提政府干预殖民地发展，并不像张伯伦那时在英国几乎处于孤立状态。随着英国经济在战后的持续衰退以及各工业强国高筑关税壁垒，英国传统的自由放任原则步履维艰。整个二三十年代，英国的经济自由主义全面退却，政府干预经济发展为被世界上绝大多数国家（包括英国）接受。因而，艾默里提倡的殖民地发展就有了被英国人认可的基础。1928年11月，艾默里正式提出了一个殖民地贷款法案的建议，遭到财政部拒绝。但是严重的失业状况日益引起

---

① Michad Harriden, op. cit, p.141.
② Stephen Constantine, op. cit, p.166.
③ Michael Harriden, op. cit, p.142.
④ E. A. Brett, *Colonialism and Development in East Africa The Political Economics Change, 1919—1939* (Gregg Revivals, 1992), p.73.

各界对这种提议的重视,1929年4月,英国议会终于通过了《殖民地发展法案》(The Colonial Development Act, 1929)。该法案首次规定给殖民地发展提供定期贷款。英国政府负责建立了一个殖民地发展基金,每年可拨款100万英镑用于殖民地建设。该资金用于农业设备、交通、港口、渔业、林业、勘察、土地开垦和灌溉、水利、电力、矿业发展、工农业技术的研究和指导、公共卫生的提高以及"任何可以达到上述目标的措施"。[①] 这一法案使张伯伦关于通过政府行动促使殖民地发展的思想在30年后首次得以实践,它标志着英国已经开始彻底放弃对殖民地经济的自由放任传统。只不过,由于世界经济大危机的爆发,该法案并未发挥出多大作用。

上述措施表明,英帝国在战后仍然坚持战前就形成的巩固帝国的方针,其基本目标与具体做法都没有发生实质性的改变,只是在做进一步工作。可以说,巩固帝国的理论在这时已经完全成熟,巩固帝国的工作至此也基本大功告成,而且帝国也确实达到了巩固的顶峰。

英帝国从1897年声势的顶峰发展到1921年领土及巩固的顶峰,并在战后使帝国政策发展成熟,与战前英国不拘一格的巩固政策密不可分,是英国建设帝国的巨大成就之一。英国巩固帝国的政策虽然因地区而异,但都有一个共同特点:都是在坚持传统的基础上加以改进的统治方式,英帝国的体系是一种守成主义的巩固体系。由于一战前英帝国的内部环境没有发生质的变化,因此这种以维持现状为特征的巩固措施仍然有生命力,仍然可以起作用,这就

---

① D.J Morgan, *The Origins of Colonial Development 1924—1945* (Macmillan, 1980), p.45.

使英帝国能够藉此达到巩固的顶峰。

然而,当英国人仍在欢庆帝国经历了战争的危难、英帝国的版图又再扩大之时,帝国内部的离心倾向也充分展露出来。实际上,在英国致力于巩固帝国并使帝国达到巩固之际,也是英帝国内部不同层次的离心倾向发生、发展之时。

第三章　英国与自治领

　　白人移民殖民地的自治政府制度,是英帝国 19 世纪中期最重大、最成功的创举。这一体制成功地建立起殖民地和母国之间的权利平衡:一方面,移民殖民地在内部事务上完全自治,从而满足了它们反对母国过多干涉、维护自身利益的要求;另一方面,它们的外交和防务仍由英国完全控制,其立法也受到威斯敏斯特议会的限制,因而英国的最高权威得以确认,同时也保证了帝国在法律上是一个不可分割的统一体。所以,这一机制使殖民地和母国双方都感到满意,它被视为解决母国与殖民地冲突、避免美国式革命再现的最佳方式。由于它在长期实践中体现出来的优越性,英国政府在巩固帝国的过程中不断加以推广。但是,自治制度并不能使英帝国的这一地区长治久安。因为自治领和母国之间的权力平衡是动态发展的,随着时间的推移,从 19 世纪末开始,这种微妙平衡开始向自治地区倾斜。其最终结果,是自治领的离心倾向加剧,以至于从帝国中分离出来。

一、自治框架中的民族主义

　　自治政府的建立是为了避免母国与殖民地之间的冲突,以使殖民地对母国忠诚。但是这一体制却也促使了殖民地民族主义的发展,这就提出了帝国关系的新问题。

首先,自治地区在自治制度的保护下得以迅速发展,从而具备了民族国家的基础。19世纪后半期以来,自治制度在地域上一直存在不断扩大的过程。最先形成联邦的加拿大,逐渐完成了从大西洋西岸到太平洋东岸的扩张,基本勾画出现代加拿大的地理轮廓。为了用自治制度巩固帝国,20世纪初英国又亲手缔造了统一的澳大利亚联邦和南非。这一政策使上述地区在地域上具备了民族国家形成的基础。而自治政府本身,又使自治地区具备了独立国家的全套机构和大部分功能,这就为它们向民族国家的发展奠定了政治基础。此外,出于英国自身经济的需要,英国向海外帝国投入大量资金。在1865—1914年间英国投向海外帝国的资金中,自治地区接受了大约70%的份额。① 这使自治地区的经济发展受益匪浅。这一时期,加拿大自治领用于建设的资金大约有2/3来自英国,1900年这个比例更高达85%。② 借助于这笔资金,加拿大飞速发展,工业进步,人口增加,小麦丰收,还建立了横贯大陆的铁路。1900年,加拿大已显示出空前的繁荣局面,总理洛里埃自豪地说:"19世纪是美国的世纪,20世纪将是加拿大的世纪。"③新西兰的经济从19世纪末以来也持续增长,主要出口产品羊毛的出口值从1911年的650万英镑上升到1916年的250万英镑;乳类制品和肉类的出口总值从1911

---

① Lange E. Davis, *Mammon and the Pursuit of Empire: The Economics of British Imperialism* (Cambridge, 1988), p.38.
② Kenneth Mcnaught, *The Penguin History of Canada* (Penguin, 1989), p.191.
③ J.M, S.Careless, *Canada: A Story of Challenge* (Macmillan, 1970), p.301.

年的 600 万英镑上升到 1916 年的 1 350 万英镑。[①] 对于自治地区的发展,英国人杰布指出,白人自治地区"拥有进行独立国家事业的潜力"。[②]

其次,自治地区在与母国的冲突中会自动做出有利于自己一方的选择——这恰恰是自治原则所许可的,又使得它们的民族主义大幅度发展。资深自治领加拿大一向所奉行的理论,是优先考虑加拿大的利益,将自治领置于第一位,故而这一原则被称为"加拿大第一"。[③] 正因为有这种冲突,自治领才能在地域与政治基础具备的前提下,发展起自己的独特利益和民族主义,最终成熟、壮大。

冲突主要发生在文化和种族上。自治制度赖以维持的一个基础是自治地区在种族和文化上与英国的一致性,是英国人对自身文化、机制、民族精神在移民社会中的渗透力的自信。[④] 共同的帝国文化会使帝国保持为一个统一体。反之,如果在这个领域中发生冲突,必然会动摇自治制度的根基。

18 世纪以来,加拿大一直存在着约占总人口 1/3 的法裔人,因此自治领赖以建立的基础便是两个民族的平等。英帝国长期坚持不列颠种族文化优越的理论,使得法裔加拿大人的民族情绪不断高涨,严重影响到加拿大的内部统一。因此,加拿大政府一旦与英国发生种族冲突就会自动倾向法裔加拿大人,以维护自治领的统一。19 世纪 80 年代,英国开始推行英裔种族联合的帝国联邦计划,这种

[①] Denis Judd &. Peter Slinn, *The Evolution of the Modern Commonwealth 1902—1980* (Macmillan, 1982), p.30.
[②] Judith M Brown &. Wm. Roger Louis, op. cit, p.51.
[③] J, M.S.Careless, op. cit, p.273.
[④] Judith M, Brown &. Wm. Roger Louis (ed.), op. cit, p.87.

明显的种族主义让加拿大政府担心会引起国内法裔加拿大人的民族情绪,因而一直是反对建立联邦的领军者。英布战争爆发时,英国要求加拿大出兵,由于南非的种族状况与加拿大颇为相似,法裔加拿大人坚决反对出兵。总理洛里埃几经犹豫,采取了妥协方式,派出一支由英裔人构成的军队参战,但军队指挥权归加拿大而非英国,以此来平息法裔加拿大人的愤怒情绪。上述选择使加拿大形成了独具特色的二元文化格局,这是其民族性的一个重要组成部分。正如法裔人领袖布拉萨(Henri Bourassa)指出的:"两种民族语言和两种不同类型文化的保留与发展,非但不是加拿大进步的障碍,反而构成了最有力的因素和我们最大的民族遗产。"[1]19世纪末,加拿大对其西部领土进行开发,因而需要大量移民去建设西部。英国政府曾希望加拿大能接受大量英国移民。英国移民主要是一些熟练工人、农场主、无技术的仆役和劳工以及中上层年轻人[2],而加拿大想要的却是农民。在这样的情况下,加拿大政府不顾英国反对,接受了来自东欧的几十万适合务农的移民。移民的输入使加拿大人口急剧上升,也对加拿大的民族构成产生了很大影响,英裔人和法裔人在总人口中所占比例从1871年的92%下降到1911年的83%。[3] 此外,这些欧洲移民要求与法裔加拿大人享有同样的语言、宗教、教育、文化权利。加拿大政府为了不动摇法裔人的平等权利,答应了欧洲移民的要求,这就促使加拿大开始向多元文化特征发展。

---

[1] Ramsay Cook (ed.), *French-Canadian Nationalism* (Toronto, 1969), p.29.
[2] R. D. Francis (ed.), *Readings in Canadian History Post-Confederation* (Molt, 1986), p.47.
[3] Denis Judd & Peter Slinn, op. cit, p.27.

南非也有非洲居民和布尔人一直与英国关系不睦,反对与帝国保持联系。因此,这个地区一旦与英国发生种族和文化冲突,也会在冲突中选择自身利益,从而逐步发展自身的民族特性。南非的布尔人反对米尔纳的英国化政策就是一例明证。①

澳大利亚的情况有所不同。19世纪中期以来,澳大利亚各殖民地在接受外来移民方面就存在着种族主义倾向,排斥有色人种入境,即推行所谓"白澳"政策。这一政策主要针对帝国内的有色人种,故而,张伯伦曾建议各殖民地"用避免伤害任何英王臣民感情的措辞方式"来修饰他们排斥有色人种的立法。② 联邦建立之后,澳大利亚继续推行白澳政策,时任总理迪金(Alfred Deakin)曾解释说:"如果澳大利亚的统一不意味着种族的统一,则毫无意义。"③虽然澳大利亚的移民政策似乎与英国在表面上并无种族上的冲突,但由于澳大利亚坚持英国所不赞成的白澳政策,致使双方一直存在矛盾冲突,成为澳大利亚民族主义情绪产生的一大动因。另外,澳大利亚还存在着约占人口20%的爱尔兰人。他们保持着爱尔兰信奉天主教的传统和老爱尔兰人的价值观,也保持着强烈的爱尔兰爱国主义,反英情绪很强烈。④ 澳大利亚的爱尔兰裔移民一直是澳大利亚民族主义的驱动力。⑤

其三,自治地区因为自治制度而引发的效忠帝国的行动,反而

---

① 详见本文第二章第一节。
② J. Holland Rose, A, P Newton & E. A, Benians (ed.), *The Cambridge History of the British Empire vol. VII Part I Australia* (Cambridge, 1933), p.500.
③ Ibid., p.501.
④ Frank Crowley (ed.), *A New History of Australia* (Heinemann, 1974), p.262.
⑤ J. D. B-Miller, *The Commonwealth in the World* (Harvard University, 1965), pp.19-20.

激发了民族主义的产生。最突出的例子便是英布战争。战争中,各自治领地区应英国之要求而派出了大批远征军,这使得英国的帝国主义者精神为之一振,极力称赞帝国的凝聚力。然而,自治地区的反应却表明战争成了它们民族主义发展的契机。

战争使自治地区意识到多年来一直充当它们保护伞的英国实力已大不如前,并认识到在帝国对外事务中没有发言权对它们来说是极危险的。战争刚爆发,法裔加拿大民族主义领袖布拉萨就竭力反对加拿大卷入南非战争。他说:"如果我们派出2 000人、花费200万元去与两个总人口不过25万人的国家作战。那么我们又要派多少人、花费多少钱来与第一流强国或强国联盟作战呢?"[1]而英国在战争中的表现也让人怀疑它是否还能保护殖民地,加拿大人的不满情绪也日益表现出来。英国的哈顿(Edward Hutton)将军提到,加拿大国防部长博登(Frederick William Borden)曾在英军的"黑色星期"之后隔着桌子对他大吼道:"我问自己这个问题,加拿大是否值得继续作为帝国的一部分?"[2]由此,加拿大的独立性逐步加强。总理洛里埃代表加拿大宣称:"在将来,它应拥有行动与否,干涉与否,或做其所高兴的一切的自由"[3],从而把加拿大因战争而激发的民族主义情绪推上顶峰。

战争使参战的自治领对自己的力量有了初步认识。民族主义情绪一直不很强烈的新西兰,战争一爆发便立即响应母国召唤决定

---

[1] Frank H. Underhill, *The British Commonwealth An Experiment in Co-operation among Nations* (Duke, 1956), pp. 32 - 33.

[2] Max Beloff, *The Britain's Liberal Empire*, p.77.

[3] A. R. M. Lower, *A History of Canada: Colony to Nation* (McClelland and Stewart Limited, 1977), p.449.

参战。新西兰总理塞登(Richard Seddon)在解释为什么要参战时说："答案很简单。我们属于一个伟大的帝国,并且是它不可分割的一个部分。"① 新西兰远征军规模虽然不大,却赢得了极高的声誉。英国的一篇有关此次战争的记载中称新西兰军队为南非战争中"最好的骑兵队伍"。英国将军汉米尔顿(Hubert Hamilton)也说:"我一生从未遇到过宁愿躲开也不愿与之作战的人,但是新西兰人就是这类人。"② 凡此种种,都使得新西兰滋生了民族自豪感。除此之外,新西兰军队在战争中被人们戏称为"鹬鸵"或"毛利兰人"③,这都使他们意识到自己是不同于其他民族的一个团体。由此可见,这场为帝国的意图而发动的战争反而成了促使新西兰民族主义发展的契机。

无论是在与英国的冲突中促进自治领的民族主义,还是在对帝国的效忠中激发民族主义,都是自治制度使自治领有自由选择和独立思考权利的结果,同时也都是在坚持不中断与帝国联系的前提下发展起来的民族主义。因此,可以说,自治领的民族主义是帝国框架内衍生出来的民族主义。自治地区的发展,使它们在一战前已不再是单纯的、依附于母国的殖民地,而是一个个准民族。早在19世纪80年代,澳大利亚的《公告报》就提出了"澳大利亚人的澳大利亚"的口号。④ 加拿大也多次在殖民地会议上对英国声称"加拿大是一

---

① Debate in the House of Representative, 28 September 1899. David W. McIntyre & W. J. Gardner (ed.), *Speech and Documents on New Zealand* (Oxford, 1971), p.260.
② Geoffrey W. Rice, *The Oxford History of New Zealand* (Oxford, 1992), pp.342–343.
③ "鹬鸵"是新西兰特有的一种不会飞的鸟;毛利人是新西兰的土著居民,毛利兰即指新西兰。
④ Russell Ward, *A Nation For a Continent: the History of Australia 1901—1975* (Heinemann, 1977), p.24.

个国家,加拿大是自由的"①。这样的局面给英国和自治领双方都提出了如何解决二者关系的问题。

自治领民族主义的出现,对帝国关系提出了严重挑战。根据欧洲各国发展和美国独立的经验,民族主义的发展必将最终导致对建立民族国家的追求。一旦自治领建立民族国家,帝国也就不复存在了,因为帝国是一个主权国和一群附属地区的整体。英国必须在巩固自治帝国的过程中,考虑如何协调自治领的民族主义和维持帝国统一之间的矛盾。另一方面,对于从未建立过国家也没有与英国发生过决定性冲突的自治领来说,未来政策如何走向也是必须考虑的问题。

英国占主导地位的观点是尽量加强帝国内部的联系,以建立统一的帝国。原因有以下三点:第一,19世纪70年代以后,英国逐渐丧失了工业霸主地位,所以要求帝国统一以加强帝国竞争实力。第二,英国人认为自治领民族主义的充分发展会导致它们从帝国中分离出去,一个强有力的、有明确权限的帝国中央政府是阻遏分裂的唯一选择。② 第三,虽然英国对自治领的发展已有所认识,但仍认为它们还不够成熟,只有英国才有能力管理好整个帝国的事务,正如米尔纳勋爵指出的,"这些新兴民族能够或愿意和我们一起承担殖民帝国的重负,仍然需要很多年时间"。③ 因此,19世纪70年代以来,英国就一直努力试图将帝国统一起来。

遵循着这样一个既定路线,英国自19世纪末至第一次世界大战

---

① Kenneth Mcnaught, op. cit, p.106.
② J. A. Williamson, *A Short History of British Expansion* (Macmillan, 1927), p.619.
③ Lord Milner, Address to the Royal Colonial Institute, 16 June 1908. George Bennett (ed.), op. cit, p.359.

以前就出现了两种殊途同归的统一帝国的主张。

第一种是以约瑟夫·张伯伦为首的帝国联邦主义者的主张,他们倡议在英国及其自治殖民地之间建立正式的、紧密的、集权化的联系,组建帝国联邦,而英国则在联邦中处于主导地位。从19世纪80年代起,张伯伦就是帝国联邦运动的鼓吹者,他在1895年就任殖民大臣之后,更是不遗余力地推行英国与殖民地之间的联合。1902年殖民会议的开幕式上,张伯伦明确指出:"只有三条主要途径能够使我们达到这一目的。它们是:首先,通过我们的政治联系;其次,通过某种形式的商业联盟;第三,考虑由帝国防御引起的问题。"①尽管张伯伦在提出上述主张不久就退出了政坛,而且他所属的保守党自1905年大选落败后也长期处于在野党地位,但联合帝国的三个途径却一直是帝国统一分子追求的目标。

第二种是以莱昂内尔·柯蒂斯(Lionel Curtis)为首的"圆桌会议派"(the Round Table)的主张。柯蒂斯是米尔纳在南非主持战后重建工作时延揽的一群有才华的年轻英国政治家及学者之一,这伙年轻人被称为"米尔纳幼稚园"(Milner's Kindergarten)。除了柯蒂斯外,还包括利奥波德·艾默里、菲利普·克尔(Philip Kerr)等人,他们因于1910年出版讨论帝国内部关系的杂志《圆桌会议》而得名。圆桌会议派虽然不是英国的当权派,但影响却很大,英国国内有不少人都响应他们的帝国统一主张。

柯蒂斯在其《英联邦计划》《英联邦问题》等书与文章中全面论述了该派的主张。他认为,诸如加拿大等自治领在20世纪初虽然已

---

① Joseph Chamberlain, Speech Opening the Colonial Conference, 30 June 1902, Ibid., p.329.

获得了完整的自治政府,但它们实际上仍是殖民地,因为它们在决定它们未来命运的关键问题——战争与和平的问题上没有控制权,英国政府代替它们全权决定帝国的战和。进而,他又指出,加拿大等自治领只有通过两种方式才能取得外交领域中这一至关重要阵地的控制权:一是脱离英国并建立起独立的主权国家;二是获得真正的、参与英国决策的权力。既然加拿大等民族尚不愿意独立,那么它们如果对殖民地地位不满意的话,唯一的选择是取得英联邦内的完全公民权。[1] 为了表明他论证的起点是自治领的权力,结论是自治领应在联邦内成为英国的伙伴,并且与英国地位平等,柯蒂斯首次使用了"英联邦"(Commonwealth)一词,以别于张伯伦等人主张的帝国联邦(the Imperial Federation)。不过,他所主张的英联邦仍是一个紧密联合的政权,该联邦的议会组成根据英国和自治领的人口比例来分配,英国为 110 名代表,自治领为 79 名代表。[2] 由于英国代表人数占优势,故而联邦仍然是一个由英国控制的集权化的联邦。

不过,无论是张伯伦还是圆桌会议派,在主张建立集权化帝国的同时,都不愿触动自治制度。原因有二:一是自治制度是英国巩固第二帝国的基石,英国政府不愿轻易去触及它,以防触怒自治领,使帝国根基动摇。二是只要自治领继续效忠帝国,则英国通过承认自治政府来巩固帝国的目的便已达到,因而也就没有必要干涉自治领的内部事务。

然而在自治领方面,对于英国与自治领的关系,占主导地位的

---

[1] Frank Underhill, op. cit, pp. 42 – 43.
[2] Paul B. Rich, *Race and Empire in British Politics* (Cambridge, 1986), p. 58.

观点却是在不割断与英国的传统联系的前提下,要求调整帝国内部关系,在涉及到它们切身利益的外交、防御等领域与母国分享权力。原因有以下几个:第一,尽管自治领的民族主义有了极大的发展,但是各自治领皆与英帝国保持着长期的政治、经济、文化及种族上的联系,如果没有特殊原因,它们并不愿意轻易就割断这种联系。第二,自19世纪中期自治制度创立与推广以来,白人移民殖民地的自治权利就处于不断扩大的演进过程中,已接近于完全的主权国家。因此,它们在英国加强帝国统一的工作中,决不愿意放弃已获得的自治权利。第三,自治地区坚持认为,任何形式的统一帝国联邦机构都必然是英国掌握支配权的机构。即便是"圆桌会议派"提出的按人口比例选派代表的议会,也只会让总人口加在一起也不及英国多的自治领陷入少数派的地位。所以,自治领反对任何集权化的统一政策。

因而,自治领希望能与英国建立一种合作关系,能让它们分享权力。实际上,从19世纪60年代组建加拿大自治领时,其缔造者们便矢志寻求一种新型的帝国内部关系。正如加拿大首任总理麦克唐纳(John A. MacDonald)希望的,"一种不同的殖民地体制正渐渐发展起来,英国将视我们为它的友好国家,而不仅仅是一个附属殖民地"。[1] 此后几十年中,加拿大一直把建立与英国的友好合作关系作为一种指导原则。19世纪末以来,由于前述原因,自治地区更是致力于与母国建立合作关系,而反对集权化的帝国统一计划。作为自治领民族主义代言人的加拿大总理洛里埃一再强调,合作是必要的,但不能削弱现存的殖民地自治的程度,而且必须为其进一步扩

---

[1] George Brown, *Canada in the Making* (Greewood, 1953), p.144.

大留下更大的空间。①

正因为英国与自治领在帝国内部关系问题上存在着观点上的差异,故而双方在事关全帝国整体利益的问题上不断发生着冲突。

二、集权与分权之争

恰如张伯伦所指出的,帝国统一工作应在帝国防御、帝国贸易及帝国组织这三个方面开展,而英国与自治领关于集权与分权的矛盾也是在这三个领域发生的。对于英国来说,是如何巩固帝国的结构、加强帝国的力量,又兼顾自治领的自治权力和民族主义的问题;对于自治领而言,是如何既不割断与帝国的联系,又要防止自身的自治权利及利益受到削弱,并分享帝国决策权的问题。冲突的结果,是英国统一帝国政策的破产和自治地区权利的进一步扩大。

由于世界各大国的军事竞赛加强,战争的危险时刻存在,因而英国非常希望自治地区能够帮助它承担整个帝国的防御,供给维持英国海军的费用,并在对帝国军队的援助与补给上,承担明确的责任。② 然而,这并未得到自治地区的积极响应,主要体现在以下几个方面。

第一,英国要求自治领分担海军军费,而自治领却不愿提供费用或援助数目不足,并且要求分享指挥权。为了保护遍及全球的殖民地,英国一直维持着一支当时世界上最庞大的海军,军费开支极

---

① Reginald George Trotter, *The British Empire—Commonwealth, A Study in Political Evolution* (N.Y, Holt, 1945), p.74
② Denis Judd & Peter Slinn, op.cit, p.15.

大,因而非常希望自治地区能够分担一些费用。从1887年的殖民地会议开始召开起,英国就向自治地区提出了上述要求,但是自治地区皆不愿意对它们没有控制权的军事建设提供款项。最后经过讨价还价,只有澳大利亚殖民地同意支付一笔军费,但作为回报,英国必须增加驻扎在澳大利亚附近的海军数量,以保护"澳大利亚海域上飘浮的商业利益"。① 10年之后的殖民地会议上,澳大利亚殖民地和新西兰虽同意提高所支付的军费,但却非常怀疑"所有帝国海军力量'统一控制'的重要性"。② 1902年的殖民地会议上,英国海军部指出,每个英国纳税人每年支付15镑零1便士军费,而殖民地中最慷慨的纳塔尔和开普只有人均4便士多一点③,因而要求各自治殖民地提高所负担费用,但殖民地反应极为冷淡。1907年,英国又扩建了几支舰队,澳大利亚总理迪金提出:"澳大利亚政府应承担帝国海军驻澳大利亚舰队的全部造舰费用,但同时对于此舰队亦有绝对的管理和指挥权。"④毫无疑问,自治领已要求分享对海军的控制权。最后,双方达成协定,即自治领出资建立的战舰平时由自治领控制,战时则由英国控制。⑤ 至1911年帝国会议上,尽管英国外交大臣格雷指出战争已经迫在眉睫,但各自治领几乎没有反应。

更为引人注目的是,加拿大自始至终拒绝向皇家海军支付一分钱。加拿大地处有两大洋作为天然屏障的北美洲,几乎没有外敌侵扰之忧,而且南邻美国这个强国,也可以成为一个保护伞。因此,它

---

① Lange E. Davis, op. cit, p.125.
② Ibid., p.125.
③ Aaron Friedberg, *The Weary Titan Britain and the Experience of Relative Decline 1895—1905* (Princeton University Press, 1988), p.117.
④ 骆介子:《澳大利亚建国史》,商务印书馆1991年版,第138页。
⑤ Lange E. Davis, op. cit, p.127.

没有必要依赖英国海军的保护也就不愿意分担海军费用。对此英国十分气愤,1902年任英国财政大臣的希克斯·比奇认为:"特别不能容忍的是,加拿大称自己为一个国家,却绝对不做任何事来捍卫它的海岸。"①但是,英国并不能采取任何行动来让加拿大服从帝国的利益。在海军军费问题上,很明显,英国已无法采取集权化的行动。

第二,资深自治领加拿大和澳大利要求建立自身的海军,这对英国的统一防御权力构成了极大挑战。两个自治领之所以有此要求,原因在于:(1)两地的民族主义皆希望拥有自己的舰队,配备着他们自己人,由他们所控制,而且只有在他们同意下才能投入战争。(2)担心如果服从集权化的控制,则他们出资的舰队有可能被母国用于他们所不赞成的军事行动。② 因此,从1909年起,加拿大总理便一再坚持:"加拿大必须有自己的、由加拿大人控制的海军,这支海军应尽可能由加拿大人亲手缔造,并由加拿大人组成。"③也正是从这一年起,加拿大和澳大利亚开始建立自己的海军,至1914年,两个自治领皆拥有了相当数量的战舰。自治领的行动让长期奉行"统一海洋,统一海军,统一控制"信条的英国海军部十分愤怒,但是由于自治领的力量已有很大发展,英国只能承认这一既成事实。1911年的帝国会议上,英国的哈尔丹勋爵(Richard Haldane, 1st Viscount Haldane)告诉自治领政府,联合王国政府"丝毫都不打算"要后者对"来自母国的军事事务的指令低头"。④

---

① Lange E. Davis, op. cit, p.126.
② C. H. Currey, *British Colonial Policy* (Oxford, 1924), pp.204-205.
③ [加]唐纳德·克赖顿:《加拿大近百年史》,山东人民出版社1972年版,第192页。
④ C. H. Currey, op. cit, p.77.

第三，英国试图联合帝国的陆军力量，并让自治领对英国承担明确的军事责任，但是自治地区更多地是考虑由自己控制武装力量。英布战争期间，各自治政府皆派兵参战，给英国留下了深刻的印象。战后，英国政府积极致力于将战时的合作继续延续下去。英国的陆军部建议各殖民地组织、装备并训练一支远征军以作为帝国后备队之用。自治领明确拒绝了陆军部的建议。① 此外，自治殖民地也不认为它们有在任何战斗行动中自动承担支持英国的责任，正如洛里埃指出的，"我们加拿大所采取的态度是，我们不认为我们有义务参加每一次战争。"② 英国并未就此放弃关于促进帝国内部防御合作的计划。1904年，在首相贝尔福（Arthur Balfour）的主持下，终于建立起一个负责整个帝国防御问题的帝国防御委员会（Committee of Imperial Defence），简称CID。该机构讨论的是帝国体系中具有共同目标和利益的问题，因而可以吸收自治地区的代表平等地参与商讨，从而促进帝国的合作。CID的首任秘书克拉克爵士（Sir George Clarke）认为殖民地"接受该委员会的决议要比接受陆军部或海军部的决议更容易些"③。虽然CID自建立之后一直是帝国内部防御问题的主要讨论论坛，但截至一战前，该机构并未取得实质性的进展。自治领的政治家仍倾向于远离CID，以防卷入它们不想承担的军事义务。

第四，由于在军队部署（特别是海军部署）上，英国要与自治领协商行动，所以自治领进而要求英国在外交事务上与自己协商，分享权力的倾向更为明显。原先，英国一直把自己的外交决策交由殖

---

① E. A. Benians, Sir James Butler &. C. E. Carrington (ed.), op. cit, p. 419.
② C. H. Currey, op. cit, p. 208.
③ Max Beloff, *Britain's Liberal Empire*, p. 82.

民部通知各自治领的总督,总督再告知自治领政府,自治领在帝国的外交事务上几乎没有发言权。现在,鉴于国际危机加剧,英国更加需要自治领的支持,所以英国政府在这一至关重要的领域内做出了让步。1911年的帝国会议上英国首相阿斯奎思同意,将来对出席各种会议代表的指示以及在可能涉及自治领的协定的签字方面,应与自治领协商;至于其他国际协定,如果时间和情况许可,也要征询它们的意见。①

至此,一战之前,英国在帝国防御的传统领域内未能建立起集权化的机构,并行使对整个帝国在防御领域问题上的最高权威,其根本原因是英国不能触动自治制度这块基石。其结果便是,自治领的分权倾向进一步加剧。

出身经济世家的殖民大臣约瑟夫·张伯伦一直很关心帝国的经济问题,他确信英国工业的未来在于拥有巨大人口及自然资源的帝国。所以,英国应该放弃传统的自由贸易政策,通过保护性的关税把英国和白人移民殖民地联合在一起,后者的经济增长潜力在20世纪可能还要超过英国。然后,再用英国和自治地区的联合力量去开发帝国内巨大的、未发展的部分,从而增加与美、德等后起工业强国竞争的实力,保持英国的工业霸主及大国地位。② 因而,张伯伦积极倡议在英国与白人殖民地之间建立一个类似于德国的关税同盟,将外国商品排除在外,从而保护英国的工业和殖民地市场不受外来竞争。

---

① [英]C.L.莫瓦特主编:《新编剑桥世界近代史》,中国社会科学出版社1987年版,第12卷,第518页。
② P.J.Cain & A.G, Hopkins, *British Imperialism: Innovation and Expansion 1688—1914* (Longman., 1993), p.211.

除了要捍卫英国的工业利益外,张伯伦保护关税主张的另一个目的,在于他想借此来统一帝国。他认为,使自治殖民地和英国紧密地联合在一起的实际纽带,就是这些地区的商业利益,因为帝国内"最大的共同利益"在于"帝国贸易"。① 因此,张伯伦的保护关税主张往往被人们视为帝国联邦计划的另一种形式。

然而,这一主张一出台就受到了来自英国和自治殖民地两方面的否定。一方面,从19世纪40年代起,英国就是一个自由贸易国家。无论是自由党还是保守党都有很强的自由贸易政策的传统,选民不论正确与否都会拥护自由贸易。另一方面,白人移民殖民地担心遍及帝国的保护性关税会侵害它们刚刚赢得不久的经济自主权。② 因为如果它们同英国一起加入一个内部的自由贸易体系,则其刚刚起步的工业必定不敌世界上最先进工业国家英国,很可能又沦为英国的初级产品生产地。所以,自治领从19世纪后半期开始便采取保护性的经济措施来发展它们幼小的工业。加拿大自1878年起就把保护关税列为他们的"国民政策"之一,对来自英国及外国的进口货物一律实行高关税,坚决不买英国自由贸易的账,以发展自己的工业,因而颇受英国政府的指责。在澳大利亚,主张实行保护性关税的势力一直很强,他们试图通过保护关税来发展自身工业,从而建立一个"不依赖别人的、自给自足的、独立的国家"。③ 1901年首届大选中,主张保护关税的澳大利亚自由党上台,巴顿总理于次年通过了保护性的关税法案。新西兰自20世纪以来就把自由放任

---

① Richard Jay, *Joseph Chamberlain A Political Study* (Clarendon Pr., 1981), p.210.
② P.J. Cain & A.G. Hopkins, op. cit, p.212.
③ J.H. Rose, A.P. Newton & E.A. Benians (ed.), *The Cambridge History of the British Empire vol. VII*, p.499.

政策视作不可容忍的准则。因此,英国的主张是与自治领的经济民族主义不相容的,它们坚决不会同意。

不过,高筑关税壁垒的自治殖民地却愿意和母国建立互惠关税制,即双方相互在某些产品上给予优惠关税,而不单方面要求自治地区服从母国的集权化安排。自治地区认为,这样既可以保护它们与母国的经济联系,使双方均能从中得利,又可以继续保护自身的工业发展。1897年的殖民地会议上,加拿大率先做出表态,给予英国工业品优惠关税。1898年,加拿大又把给英国的关税优惠率提升到25%,1900年再次提升到33%。① 此外,各自治地区均效法加拿大,表现出想与母国建立相互得利的特惠制体系,从而加强彼此间经济合作的意愿,新西兰给予英国工业品降低10%的优惠关税,并同意可以比照加拿大的先例给予英国的某些产品以优惠。开普和纳塔尔则愿意给予25%的优惠关税。澳大利亚也表示出了实行特惠制的意向。② 与此同时,自治地区也相应地要求英国对它们的商品做出特惠安排。

面对自治地区的动态,张伯伦等人认为这虽然不是他所倡导的关税同盟,但仍可以纳入考虑。张伯伦表态说:"如果我们因为要忠于经济学上的迂腐理论及陈规旧俗,那我们将失去由我们的殖民地提供给我们的更紧密联合的机会。"③因此,1903年5月,张伯伦公开

---

① Michael Balfour, *Britain and Joseph Chamberlain* (London, George Allen & Unwin, 1985), p.274.
② William Page (ed.), *Commerce and Industry A Historical Review of the Economic Condition of the British Empire from the Peace of Paris in 1815 to the Declaration of War in 1914* (New York, 1968), p.384.
③ Denis Judd, *Radical Joe A Life of Joseph Chamberlain* (Hamish Humilton, 1977), pp.238-239.

发动关税改革运动,其主要内容有:对外来食品征税,以鼓励从殖民地进口食品;对机械产品征收10%的关税,以减少国外产品的竞争力,扩大英国的工业。① 这一运动实际上全面体现了他的关税同盟思想。不久,他又退出政府,组建关税改革同盟,奔走全国各地,大力宣扬其主张。

张伯伦的举动在英国引起轩然大波,支持他的人和反对他的人立即分裂成两派,首相贝尔福采取折中路线,认为虽然不能采取保护性关税,但为了确保殖民地对英国形成一个开放市场可以做出一些安排,不过不能是有损英国利益的特惠制。② 这种妥协政策并不能阻止党内的分裂,年轻的丘吉尔就因反对关税改革而倒戈投向自由党。保守党的混乱状况给了自由党可乘之机,他们在1906年大选中获得一边倒的胜利。自由党是坚决奉行自由贸易传统的,这就决定了关税改革运动不可能成功。同年,张伯伦因中风退出政坛,也大大削弱了关税改革同盟的势力。1909年,这一运动最终失败。

国内的反对并不是这一运动遭到挫折的唯一原因,自治地区也一直只能接受特惠制而不愿意构建一个帝国共同市场。1906年派去与加拿大政府洽谈关税问题的赫温斯(W. A. S. Hewins)写信告知张伯伦,加拿大总理和财政部长都一再强调:"加拿大已经付出了,下一个步骤必须来自英国。"③新西兰总理塞登也表达了对英国不肯采取特惠制的不满,认为在英国,"与外国的收益颇小的、不确

---

① H. L. Peacock, *A History of Modern Britain 1815—1981* (London, 1982), p.171.
② William Page (ed.), op. cit., p.389.
③ W. A. S. Hewins, *The Apologia of an Imperialist Forty Years of Empire Policy* (London, 1929), p.149.

定的贸易比母国与殖民地之间持续的商业联系似乎更受欢迎。"①由于英国迟迟不作答复,不耐烦的自治地区转向了彼此之间互订特惠协定,加拿大甚至还在1911年与美国订立了互惠协定。这对于各自治领经济上的进一步发展是十分有利的。

至一战之前,英国试图通过关税在帝国内建立集权化控制终告失败②,自治领在经济上的独立又向前迈进了一步。

为了从组织上加强帝国的统一及凝聚力,英国政府从19世纪80年代起就大力推行集权化的帝国联邦计划,以期靠这一行动来增强英国的实力,张伯伦就任殖民大臣后,把建立正式帝国组织的行动推到了顶峰。

1897年的殖民地会议上,张伯伦提出:"缔造一个各殖民地可以派遣全权代表的帝国委员会……他们能够在所有提交给他们的问题上给予有效和有价值的建议。这应该是可行的。"③结果,除了新西兰和尚未并入澳大利亚联邦的塔斯马尼亚这两个小殖民地附和英国的建议之外,所有自治地区的首脑皆表示反对。在自治地区的坚持下,会上通过如下决议:"联合王国与自治殖民地的现存政治关系,总的来说是令人满意的。"④张伯伦寄予厚望的殖民地会议并没有向集权化的帝国委员会转换,而只是在会上达成一致意见,即该

---

① Max Beloff, *The Britain Liberal Empire*, p.98.
② 1923年,曾拥护过关税改革运动的英国首相鲍德温(Baldwin)再次倡议实行保护关税,又遭失败。1932年,在经济大危机的影响下,英国终于放弃自由贸易政策,实行帝国特惠制。不过,这已经不同于加强帝国统一的关税改革运动,因为各自治领已经于前一年获得完全的主权国家地位,她们与英国的关系已发生根本变化。此外,1932年的特惠制是由一系列双边协定组成,不对整个帝国具有共同的约束力。
③ J. H. Rose, A. R Newton & E. A, Benians (ed.), *The Cambridge History of British Empire vol.* VI, p.706.
④ The Colonial Conference, 1897. *Speech and Documents on New Zealand*, p.259.

会议将讨论事关大不列颠与自治领共同利益的事。

1902年,在英王爱德华七世加冕典礼之时,又召开了一届殖民地会议,张伯伦继续推行帝国联邦计划,主张建立"一个帝国议会——所有涉及到帝国利益的问题都可以提交给它解决","这个议会开始时只是一个咨询机构……但这将是个预备步骤",以后还要授予它"行政功能以及立法功能"。① 这样的计划基本上暗含着对帝国内已成确定之势的殖民地自治发展演变过程的否定,正如一个著名的加拿大记者后来说的:"帝国的理想对于过去10年执政的英国政治家而言,就等于一个设在首都的中央集权政府——罗马人的计划加以调整以适应20世纪的需要。"②因此,各自治地区皆反对这一计划,以避免它们的自治权力受到削弱。会上只是同意,以后殖民地会议每隔四五年定期召开一次。

1905年,张伯伦的继任者利特尔顿继承了张伯伦的帝国联邦思想,提出把"殖民地会议"更名为"帝国委员会",其组成不变。这一建议遭到了以加拿大政府为首的许多自治殖民地的反对。加拿大认为,这不仅是个名称变化的问题,还涉及到实质性问题。"会议"一词是指进行非正式讨论的非常规集会,它不具备可以束缚自治地区行动的功能或权力;而"委员会"则意味着一种更正式的机构,拥有某些特定的权力,更有可能成为永久性机构,这是对自治殖民地已享有的权力的侵犯。③ 于是,利特尔顿的计划也被否决。

---

① Joseph Chamberlain, Speech Opening the Colonial Conference, 30 June 1902. George Bennett (ed.), op. cit, p.330.
② Max Beloff, *The Britain's Liberal Empire*, p.143.
③ J. H. Rose, A. P. Newton &. E. A. Benians (ed.), *The Cambridge History of British Empire Vol. VI*, p.707.

这一时期，自治地区的民族主义进一步发展，倾向于与英国结成一种联盟关系，以便能在帝国事务中发挥更大的作用。随着 1906 年主张维护白人殖民地传统自治权力的自由党政府在英国上台，英国政府也开始避免建立正式的帝国组织，以防止破坏英国与自治地区的现存关系。在这样的背景下，英国与自治领达成共识，即不建立任何正式的帝国组织，而致力于彼此间的合作。

1907 年的殖民地会议上，各自治地区被正式冠以标志地位提高的称谓——"自治领"，这次会议也改称"帝国会议"：因为原先的殖民地会议是由殖民部召集、各自治殖民地政府参与的会议，而且是由殖民大臣主持；而帝国会议则是由英国政府和自治领政府代表组成的会议，由英国的首相主持并定期召开。这一变化本身就标志着自治领地位的提高，也标志着英国承认帝国组织的基础是帝国内各自治政府的合作。因此，至 1907 年帝国会议，旧的集权化帝国联邦计划已基本宣告破产，而自治地区的分权主张却获得了胜利。正如洛里埃在此次会议上所说：

> 有许多人相信帝国内的关系应建立在如下原则上，即年轻的殖民地应仅仅是围绕着母国运行的单纯的卫星国。但是，也有些人持另一种观点——按照我的预测是完全正确的，即英帝国的正确基础在于，它应由一群忠于英国王冠的国家组成。①

在 1911 年的帝国会议上，自治领再次显示出它们的民族主义。当时的新西兰总理沃德爵士（Sir Joseph George Ward）提议，建立一个以帝国防御议会（Imperial Parliament of Defence）为核心的帝国联

---

① J. H. Rose, A. P. Newton &. E. A. Benians (ed.), *The Cambridge History of British Empire* Vol. VI, p.708.

邦,授予该议会"决定战和、确定联邦各组成部分应提供给帝国防御开支的份额、决定影响整个帝国的外交政策、缔结国际条约等权力"①。沃德的这一建议并非是张伯伦思想的重弹,而是根据圆桌会议派的主张提出的,是希望联合王国和各自治领按人口比例分配帝国防御议会中的代表席位,从而使自治领代表能够进入决策层,"尽管他们在人数上处于少数,但也可以……在战与和的问题上有一些发言权"②。因此,沃德看似集权化的建议实际上存在着明显的分权目的。但是,这一提议因为其不明确性而遭到了各方反对。

加拿大认为帝国议会意味着一种集权化的组织形式,因而坚决制止。加拿大的态度得到了其他自治领的支持,南非总理博塔(Louis Botha)在1907年会议上全力支持洛里埃,声称"他和我在每件事上都一致"③,此次会议也坚决站在了洛里埃一边。值得注意的是,主持此次会议的英国首相阿斯奎思也反对沃德的主张。他认为:"这些定期会议的主要目的及主导意图,是我们能够聚在一起自由讨论关系到我们所有人的事。"④因此,集权化的组织会损害自治领的感情,会破坏帝国的现状。当时世界大战已经迫近,英国非常需要自治领的支持以帮助它渡过一个国际危机,因而决不愿意触怒自治领。在英国和自治领双方面的反对中,沃德的建议未能实现,这标志着统一帝国的另一派主张圆桌会议派的失败。

至此,集权化帝国组织的各种建议均遭失败,英国与自治领共

---

① C. H. Currey, op. cit, p.222.
② Ibid., p.221.
③ Denis Judd & Peter Slinn, op. cit, p.22.
④ J. H. Rose, A. P. Newton & E. A. Benians (ed.), *The Cambridge History of British Empire vol.* Ⅵ, p.709.

同组成了一个以自愿合作为基础的特殊组织。

综上所述,从 1897 年至 1914 年,英国试图从防御、贸易、组织上来建立一个帝国整合体的意愿未能实现,其主要原因在于自治地区坚决捍卫自身利益及已取得的自治权,并要求分享帝国事务的决策权。于是,在英国对自治地区的民族主义情绪予以充分尊重,而自治领又自愿保持与英国的联系的前提下,英国与自治领之间形成了新的微妙平衡。一方面,英帝国在法律上仍是一个整体,自治地区仍处于帝国的框架内;另一方面,自治地区在与英国的冲突中,又一步步取得更大的权力,已接近于完全主权国家。如果没有新的事件及压力出现,这种平衡关系也许会维持相当长的一段时间。然而,不久之后,一战的爆发完全打破了这种平衡。

三、一战:自治制度的分水岭

第一次世界大战中,英国在海外帝国(特别是自治领)的参与和支持下作战,也因整个帝国的协同努力而取得最后胜利。这场战争使所有自治领都被深深卷了进去,它必然对英国和自治领双方都产生了极大影响,促使二者的关系发生决定性的变化。

战争爆发之后,各自治领踊跃参战、奋力援助,使英国内部又重新燃起了统一帝国的希望。著名帝国主义者米尔纳一再强调帝国具有"巨大的潜在力量",如果它能"紧密地联系在一起",它将"强大到足以击败所有的进犯者",并使英国置身于"欧洲错综复杂的局面之外"。[1]

---

[1] Bernard Porter, *The Lion's Share*, p.236.

一贯主张维持现状、对于集权化帝国不甚热衷的自由党政府也感到,为了赢得这场战争,必须要建立一个统一帝国。1916年成立了以劳合·乔治为首的联合政府,寇松、米尔纳等老牌帝国主义者均进入政府,这本身就反映了英国政府在帝国政策上的新动向。因此,英国借助大战的机遇,积极加强与各自治领的合作。首先在军事上双方结成联盟。双方不但共同作战,在后勤等方面也积极合作,英国政府甚至任命加拿大人弗拉维尔(Joseph Flavelle)担任帝国军需委员会主席这样一个重要职务。① 其次是决策层的合作。军事上的合作必然要求决策层的紧密协商。早先,英国政府试图操纵一切,把帝国直接控制在手中,这招致了自治领的极大不满。加拿大总理罗伯特·博登(Robert Borden)指出:"很难期望,我们将四五十万人投入战场后,却处于没有发言权的地位。"②英国政府也认为,出于自治领在战时的贡献,他们应该在战争的决策上有发言权。英国首相劳合·乔治于1917年借帝国会议之际缔造了战时内阁,允许各自治领总理与英国首相一同加入该内阁,商讨有关战争的策略。英国虽然在自治领享有发言权的问题上做出了让步,与其初衷不甚吻合,但却加强了帝国在组织上的联系。而且,战时内阁毕竟是英国与自治领双方都认可的正式的帝国组织,它理所当然地被视为英国多年来梦寐以求的帝国联邦的实现。

然而,帝国合作的加强又一次成为自治领离心加剧的契机。战争使参战自治领的精神面貌和政治地位都发生了前所未有的深刻变化。一战成了重要的分水岭,在此之前各自治领的民族主义还处

---

① R.G.Moyles & Dong Owran, *Imperial Dreams and Colonial Realities—British View of Canada, 1880—1914* (Toronto, 1988), p.2.
② George W.Brown, op.cit, p.145.

在发展阶段,而之后各自治领则走向成熟。这主要表现在以下几个方面。

第一,战争的经历使各自治领对帝国主义的价值观念表示疑问,从而也对忠于帝国这一事业的神圣性深表怀疑。如果说在战争之初,满怀帝国热情的自治领士兵还认为参战是"一生中最大的奇遇"①,那么,随着战争的深入,它表现出来的残酷性让参战各方都普遍感到震撼、厌恶,反战情绪高涨。一个参战的加拿大士兵战后曾心有余悸地回忆,步兵们"早上起床后,没有人知道晚上能否回来睡觉"②。时刻面临死亡威胁使人们很难再觉得战争有任何吸引力,有个加拿大士兵说过:"每个人都想回家,他们不耐烦了。"③战争的巨大伤亡让各自治领感到,以如此沉重的人力、物力代价去捍卫帝国未免不值得,战争初期所表现出来的精诚团结也就很难再维持了。

第二,参战经历加深了各自治领对自身特性及自身价值的认同,大大激发了他们的民族意识。参加中东战役的澳大利亚和新西兰军队被编成一个军团,称为"澳新军团"(Australian and New Zealand Corps),简称 ANZAC。"澳新军团"的成立日被两个自治领视为民族节日,极大地促进了他们民族意识的增长。一个加军士兵指出,他们来时是"阿尔伯塔人和新斯科舍人","但却作为加拿大人归去"。④ 各自治领在战争中的英勇作战也使他们对自身的价值深感自豪。加拿大军团参加了1917年的维米战役(The Battle of Vimy

---

① P. J. Marshall, *The Cambridge Illustrated History of British Empire* (Cambridge, 1994), p.270.
② Daphne Read (ed.), *The Great War and Canadian Society: An Oral History* (Toronto, 1969), p.122.
③ Ibid., p.133.
④ P. J. Marshall, p.270.

Ridge),加军的英勇作战是帝国军队获取胜利的决定性因素,当代加拿大历史学家皮埃尔·博顿(Pierre Berton)指出:"统一的加拿大军团昂首而立,仿佛是走出殖民地阴影的国家的象征,维米的胜利确认了加拿大业已最终长大的看法。"①

"澳新军团"于1915年参加了中东战役,虽然此次战斗以英帝国大败而告终,但对澳新军团的士气却起了很大作用。事后,一个官方的新西兰史家指出:"战前我们是未经磨炼的、隔绝的民族,而在Anzac②之后,我们是受过磨难的、可以信赖的民族。"③对自身的自豪使自治领的独立意识进一步增长。

第三,战争导致各自治领内部的反战情绪高涨甚至引起内部分裂,从而使各自治领不得不考虑放松与帝国的联系。战前曾建立起暂时妥协的南非首先发生动荡。1912年,布尔人中极端的民族主义者组建了在赫尔佐格(J. B. M. Hertzog)领导下的新政党,力图脱离英国的统治。战争爆发时几乎有一半的布尔人反对参战。④ 而当政府仍然宣布参战时,极端民族主义者发动了叛乱,波及除纳塔尔之外的所有省份,一直持续到1914年12月份。叛乱虽被镇压,但布尔人的民族主义情绪在战时一直很强烈。另一个不安因素来自法裔加拿大人。作为寄人篱下的殖民地居民,法裔居民更关心保存自己的文化,认为英裔加拿大人利用他们在人数上的优势地位把法裔人拖进一场毫无意义的战争,因而率先打出了反战的旗号。战争爆发一度使英裔加拿大人忠于帝国的情绪高涨,他们曾提出限制学校教

---

① R. G. Moyles &. Dong Owran, op. cit, p.22.
② Anzac 又指澳新军团在土耳其海湾的登陆日。
③ Geoffrey W. Rice, op. cit, p.344.
④ P. J. Marshall, op. cit, p.271.

育中使用法语的权利,引起了法裔加拿大人的极大愤慨。两种文化的冲突大有死灰复燃之势,并于 1916 年下半年达到高潮,这使得法裔加拿大人更反对捍卫帝国。

随着战争的代价越来越大,人力、物资耗费有增无减,英国于 1916 年被迫废除志愿兵制,而采取义务兵役制,并要求各自治领也实行征兵制,这立即成了自治领内部民族主义情绪高涨的导火索。新西兰的征兵工作还进行得比较顺利,而澳大利亚的征兵法案却遭到普遍抵制,在 1916 年 10 月和 1917 年 12 月的两次全民公决中遭受决定性失败,其中,爱尔兰裔澳大利亚人的坚决反对起了相当大的作用。① 而因征兵问题引起最大动乱的是加拿大。1917 年,当总理博登提出新的征兵法案时,法裔加拿大人无一例外地投了反对票,加拿大国内面临着前所未有的种族和地区分裂的危机。至于南非,由于担心国内的英裔人和布尔人发生分裂,政府根本就没考虑过实行征兵制。② 因参战而导致的各自治领内部的裂缝使他们意识到,英国不经与自治领协商就宣布参战有可能使后者陷入危险境地,因此各自治领要求在外交事务上有发言权的呼声在战后进一步高涨。

第四,战争使各自治领的经济实力大为增强,从而提高了自治领的自信心。各自治领的经济在战争需求的刺激下得到了很大发展,减少了自治领在战后对英国的依赖。③ 为了支援英国,各自治领

---

① James Lawrence, *The Rise and Fall of the British Empire* (little, Brown and Company, 1994), pp.356-357.
② James Lawrence, op. cit, p.339.
③ P.J. Cain & A, G. Hopkins, *British Imperialism Crisis and Deconstruction, 1914—1990* (Longman, 1993), p.110.

大力发展生产,谷物和其他粮食作物持续增产,工业以惊人的速度增长,而英国又对自治领的产品需求极大,原本相对落后的自治领因为卷入战争而获得极大的发展。当时英国负责研究自治领经济问题的"自治领皇家委员会"认为,战后自治领都愿意把自己看作独立的经济实体,并认为它们有能力做到这一点。[1] 各自治领在战争这场空前的危机中承担了重担和责任,这使它们迅速成熟起来。

第五,战争的经历促使各自治领政治地位提高,也使自治领的民族主义成熟起来。1917年创立的帝国战时内阁虽然被英国的帝国主义者视为是帝国联邦的实现,但实际上并非如此。一方面,该内阁之创立是英国对各自治领要求在战争事务上有发言权的让步,是对自治领战时贡献的承认,正如劳合·乔治在给殖民大臣朗(Walter Long)的信中所说的,自治领"做出了巨大牺牲……所以我们应该使他们感到不仅有一份重担,而且在我们的会议中也有一份权力"[2]。另一方面,这个内阁并不是一个真正意义上的内阁。真正的内阁应该是首相领导下的大臣们的团体,且只对一个立法机构负责。然而,在帝国战时内阁中,英国首相和各自治领总理的地位是平等的,不存在谁领导谁的问题。而且,各首相、总理分别对各自的议会负责。战时内阁做出的决定需由英国和各自治领的议会分别批准才能生效,如果某总理不同意战时内阁的决议,没有人有权强迫他接受。可以说,自治领一切现有的自治权全部保留不动。因此,帝国战时内阁仅仅是换了个新名称的帝国会议,只不过开会更

---

[1] W. K. Hancock, *Survey of British Commonwealth Affairs vol. II Problem of Economic Policy 1918—1939* (Oxford, 1940), p.103.
[2] [加]唐纳德·克莱顿:《加拿大近百年史》,山东人民出版社1972年版,第219页。

频繁,以便处理更紧迫的日常事务。① 它非但不是帝国联邦的再现,而且还使各自治领在帝国的外交、防御上有了发言权和一定的决定权,这恰恰是自治领长期追求的目标。

因而,战争的经历在使英国欢呼帝国的凝聚力、重新燃起帝国联邦的希望的同时,也使各自治领无论在心理上还是在政治、经济上都真正成熟起来,成为真正意义上的分水岭。鉴于它们实际上已处于完全主权国家地位的门槛上这一实际情况,其必然要求帝国内部关系做出相应调整,离心倾向在进一步加强。

早在帝国战时内阁建立之初,加拿大总理博登和南非总理史末资就对帝国内部关系的调整提出了全新的解决方法。在博登、史末资的动议下,1917年的帝国战时内阁通过决议,认为帝国关系的调整是不可避免的,但因该问题太过复杂,因此不适于在战时讨论,战后将召开专门会议加以解决。会上还一致通过,未来的帝国内部关系应有如下特征:(1)"应基于对自治领拥有英联邦内独立国家地位的完全确认上";(2)各自治领应"在外交事务上有充足的发言权";(3)"应做出有效安排",在"所有事关整个帝国利益的事务上",英国都与自治领"不断协商",并在此基础上采取"协同行动"。② 该决议中首次正式使用"英联邦"一词,以表明它不是由宗主国和附属殖民地构成的,而是一组平等的国家共同体。它突出地代表了各自治领对自身地位的全新认识和对帝国内部关系的新要求。

博登和史末资提出的全新帝国概念,在战后召开的巴黎和会上得到充分的体现。自治领在战争中的突出贡献以及地位的提高,使

---

① Frank H. Underhill, op. cit, p.504.
② Ibid., p.53.

其认为自己有权像完全主权国家那样出席决定战后国际格局的巴黎和会。加拿大总理博登要求:"加拿大舆论界和人民以及加拿大政府都满怀信心地希望,在巴黎和会上,加拿大应该派代表出席。"①这一要求得到英国的认可。因此,在作为单一整体出席巴黎和会的英帝国代表团中,各自治领被允许选派自己的代表作为该团成员出席会议。此举曾遭到不少与会国的反对,认为自治领不是独立国家,无权单独列席。英帝国代表团坚持认为,自治领参战的军队数量比出席和会并拥有代表权的许多小国家还多。自治领政府像这些国家的政府一样,通过立法来招募军队,通过增加赋税来支付军费,并且在战争中单独指挥军队作战。因此,它们理应获得出席会议的代表权。② 和会最终不但认可了自治领的特殊地位,还允许各自治领在对德国签订的《凡尔赛和约》上签字,只不过加拿大、澳大利亚、新西兰和南非③必须依次放在"英帝国"条目的右下方。④ 这一形式表明,自治领既是英帝国的组成部分,又是具有特殊地位的国际实体。而且,该和约还必须交由各自治领议会批准后方可生效。

根据巴黎和会的决议,还成立了国际联盟和国际劳工组织(International Labour Organization)两个新的大型世界性组织。在自治领的要求下,它们被国际联盟正式承认为发起国。同时,巴黎和会的三巨头——美国总统威尔逊、法国总理克雷孟梭(Georges Clemenceau)及英国首相劳合·乔治应加拿大的要求,发表宣言如

---

① [加]唐纳德·克莱顿:《加拿大近百年史》,山东人民出版社 1972 年版,第 234 页。
② T. O. Lloyd, *The British Empire 1558—1995* (Oxford, 1996), p. 279.
③ 纽芬兰没有参加会议。
④ K. Bourne & D. C. Watt (ed.), *British Documents on Foreign Affairs, Part II, Series I, The Paris Peace Conference of 1919* (University Publication of America, 1989), vol. 4, p. 200.

下;"根据[国际联盟章程]第四款的第一、二段的正确含义,英帝国的自治领的代表可以被选举或任命为理事会成员。"①在不久之后的国际劳工组织成立之时,自治领的代表权又受到许多限制,该组织不同意它们竞选理事会成员,这遭到了各自治领的强烈反对。英国国务大臣作为英帝国代表提出:"自治领应与国联的其他成员国一样,在国际劳工组织中拥有相同的地位和机会来竞选理事会成员。"②最终,国际劳工组织承认自治领有权当选为理事会的非常任理事国。

各自治领在巴黎和会及国联、国际劳工组织里的特殊地位深刻地反映了它们的双重身份,即在法律上仍是英帝国的成员,又离完全国家地位仅一步之遥。对于这一结果,英国一直持支持态度,因为这是对自治领在战争中的贡献的承认,是自治领在战时参与外交事务的商讨与决策的必然结果,也是英国战前通过充分尊重自治领的自治权利来巩固帝国的传统政策的延续;英国试图通过大幅度的让步来维系自治领的忠诚。这也正是自治领从一战前就开始追求的目标,即在共同协商、共同决策的基础上使英帝国形成统一的外交政策。这样的结局对各方都有利,因此,南非总理史末资指出,帝国内部已经建立起良好的合作关系,自治领的特殊地位已得到国际承认,"这些前殖民地成功地跻身于世界国家之林,而同时在英帝国内部又是其成员,这可以称得上英国政治智慧的最杰出成就之一。形势和方式仍需调整,但实质性的工作已完成了"③。

---

① Nicholas Mansergh, *The Commonwealth Experience vol. II From British Empire to Multiracial Commonwealth* (Macmillan, 1982), p.5.
② K. Bourne & D.C Watt (ed.), op.cit, pp.64-65.
③ J.A.Williamson, op.cit, pp.628-629.

另一方面，英国始终幸运地认为，它借战争这一千载难逢的时机，通过协商统一了帝国的外交和军事政策。所以，英国决不会在统一外交这最后一块阵地上退却，并想藉此来进一步实现统一帝国的夙愿。虽然帝国战时内阁于1919年解散，但劳合·乔治仍希望把战时的合作精神发扬下去，建立帝国和平内阁。因此，当时英国政府的打算，就是尽量维护统一外交的现状。1921年3月，殖民部为即将召开的战后第一届帝国会议向内阁提交了一份名为《外交事务上的共同帝国政策》的文件，清楚地表明了这种意图。该文件认为，自治领的地位越是与英国平等，就越是要实行统一外交，只有这样它们的利益才能在外交政策上得以体现。因此，应该采取更多的措施来加强双方的联系。① 唯有如此，才能维持英国对白人地区仅存的控制权力。这一建议得到了劳合·乔治的认可，在当年6月份召开的帝国会议开幕式上，他对自治领代表提出了以下建议："在所有涉及到共同利益的事务上，我们想知道你们的观点，而且我们也想告诉你们我们自己的观点。"②

统一外交给自治领造成了一种假象，即它们的地位不但得到国际承认，也被英国政府继续加以贯彻。1921年帝国会议并没有按照1917年帝国战时内阁所规定的那样，对帝国内部关系做出定义。澳大利亚总理休斯指出："现在自治领的地位与25年前已大为不同了。我们曾是殖民地，后来成了自治领，现在又获得了国家地位，我们实

---

① Nicholas Manserph, op. cit, pp. 7 – 9.
② The Imperial Conference Minutes, 20 June 1921. Arthur Berriedale Keith (ed.), *Speech and Documents on the British Dominions 1918—1931 From Self government to National Sovereignty* (Oxford, 1938), p.43.

质上的进步之大是与我们的宪政发展同步的。"①所以,各自治领认为暂时没有必要再进行宪政建设。自治领的态度与英国维持现状的倾向不谋而合,因此,1921年的帝国会议上英国与自治领的关系再次形成了微妙的权力平衡。从这层意义上讲,1921年的帝国会议仍被大多数人视为帝国巩固达到顶峰的象征之一。

然而,英国一让再让的措施是否能在自治的框架内挽留住自治领,统一外交政策这道自治制度的最后防线是否能守住,还是个未知数。

四、《威斯敏斯特法案》:自治制度的突破

1921年以前,英国在对自治领扩大自治权利的要求不断让步的基础上,维护了帝国结构的巩固。1921年的帝国会议,标志着英国已把自治制度扩大到英国仅能在协商的基础上维持统一的帝国外交政策。另一方面,自治领的民族主义虽然已在一战中走向成熟,但因暂时满足于在战争中和战后所取得的地位,并未提出更进一步的要求,所以能与英国达成1921年帝国会议上的权力平衡。但是,英国政治家苦心维持的这种现状未能维持下去,此后的十年中,自治领的民族主义最终冲破了自治制度的框架。这表现为两股相伴而行的趋势。

(一)自治领在战时既已成熟的民族主义在战后不可抑制地、明

---

① The Imperial Conference Minutes, 20 June 1921. Arthur Berriedale Keith (ed.), *Speech and Documents on the British Dominions 1918—1931 From Self government to National Sovereignty* (Oxford, 1938), p.56.

显地表现出来了。

自治领在战争中对帝国的忠诚更多是面临共同危机下的一种特殊反映,其向心力具有暂时性。一旦危机解除,这种向心力也就失去了依托的契机,自治领将更多地为自身的利益着想,而不是从帝国的角度来考虑问题。

作为英帝国自治领中成立最早、面积最大、发展最快的加拿大,是战前自治领中民族主义最强的一个。战后,它仍然在自治领突破帝国框架过程中起着至关重要的作用。其一,战争中英裔加拿大人和法裔加拿大人的和谐因战争而险遭破坏,这使加拿大人政府不愿意再卷入任何有可能导致国内分裂的外交事务中去,以便修复两个种族之间好不容易愈合的裂缝。其二,无论在军事上、经济上、文化上,加拿大都越来越接近美国。战后,英国海上霸主地位日渐丧失,它的海军力量已不足以在另一场危机爆发时捍卫整个帝国的安全,因而加拿大更倾向于向美国寻求军事保护。[①] 战争结束后不久,加拿大与英国的经济联系开始削弱,而转向与美国发展贸易。1930年时,美国投资已占加拿大全部外国投资的61%,英国只占36%。[②]而且加拿大英裔人因离开母国时日已远,对母国的感情开始淡薄,文化上与美国更为接近。所有这一切,都使加拿大更自觉地把自己纳入北美轨道。其三,加拿大最先对帝国统一外交政策提出质疑。1921年帝国会议前夕,加拿大新任首相麦肯齐·金(Mackenzie King)的顾问斯克尔顿(Skelton)为他准备了一份备忘录,建议加拿大挑战帝国统一外交的观念,认为统一外交政策对自治领是灾难性

---

① George Woodcock, *Who Killed the British Empire?* (New York, 1974), p.215.
② [加]唐纳德·克莱顿:《加拿大近百年史》,山东人民出版社1972年版,第273页。

的,因为这会使它们"预先确保其自身可能不同意或几乎没有直接利益的行动"。① 虽然金在帝国会议上没有按照斯基尔顿的建议去做,但是在其任期内,却一直将反对英国极端帝国分子建立集权化帝国的企图作为自己的目标。② 虽然尚不明确,加拿大却已开始对统一外交这道帝国控制的最后防线形成冲击。如果失去统一外交,自治领也就完完全全地成为主权国家了。

因为英布战争的历史原因,南非在战前是反英情绪最明显的自治领。1924 年,亲英的史末资总理限制阿非里卡语教学,这一行动立即触发了布尔人的民族主义情绪。当年大选中,史末资联盟党大败,由赫尔佐格领导的民族主义政党——国民党上台。这一结果本身就是南非潜在的民族主义情绪的释放。③ 赫尔佐格上台后,立刻肯定了布尔人的语言权利,并且毫不含糊地执行布尔化政策。1924 年,南非邮票上去除了英国国王的头像。1925 年,南非议会通过以阿非里卡语为南非的第二种正式语言的决议。1926 年,赫尔佐格把 1874—1878 年迁移到安哥拉的阿非利卡侨民接回国内。1927 年,经过长期争辩,议会通过决议,设计了一面新的国旗,和从 1902 年起就成为全联盟国旗的英国国旗同时悬挂。④ 在这样的政策下,南非的民族主义发展之快远远超过了加拿大。

比加拿大、南非更激进的,是 1921 年新获自治领地位的爱尔兰。严格地说,爱尔兰在获得自治领之前并不是一块殖民地,它自 19 世纪初被英国合并以来便是联合王国的一个部分,爱尔兰议员可以出

---

① Gordon Mattel, *Studies in British Imperial History* (Macmillan, 1986), p.185.
② Ibid., p.179.
③ [法]路易·约斯:《南非史》,商务印书馆 1973 年版,第 301 页。
④ 同上书,第 302—303 页。

席英国议会。这一切都使爱尔兰与英国殖民地甚至自治领显著不同,但是战争激起的民族主义情绪却使它与自治领走到了一起。

战前,爱尔兰人民在温和的自治党领导下希望用合法的手段获得自治地位,但英国政府一再拖延解决爱尔兰问题。战争期间,爱尔兰因不愿与支持它们自治的德国作战而使民族主义情绪高涨,激进的新芬党(Sinn Fein)提出了独立的要求。他们宣称:"我们是爱尔兰民族主义者,我们唯一的责任就是代表爱尔兰的利益。"[1]1916年4月复活节时,新芬党领导了以独立为目的的起义,并宣布成立共和国。英国政府派军队镇压了起义,导致1 000多人死亡,新芬党的鲜血唤醒了民众。此后,英爱斗争不断,新芬党于1919年自立共和国。为了平息动乱,英国政府1920年通过了爱尔兰自治法案,规定南爱尔兰和一贯忠于英国的北爱尔兰分别设立议会,两个议会皆从属于英国议会。该法案被北爱尔兰接受,但遭到新芬党拒绝,英爱冲突不断升级。此时英国刚刚经历过一战的烽火,不愿再看到流血冲突,因此决定做出让步。1921年7月,双方开始谈判。英国提出给南爱尔兰以"自治领"地位,遭到以独立为目标的新芬党的拒绝,谈判中断。英国政府遂发出战争威胁,由于爱尔兰的温和民族主义者已不愿再战,新芬党只得做出让步。1921年12月,双方签订了《英爱条约》(Anglo-Irish Treaty)。该条约承认爱尔兰有权成立自由邦,并规定"爱尔兰自由邦(Irish Free State)与英国议会和政府的关系类似于加拿大自治领与英国议会和政府的关系。加拿大自治领涉及王权、议会和总督关系的宪法、法律和惯例也同样适用于爱尔兰

---

[1] A. Mitchell & O Snodaigh (ed.), *Irish Political Document 1869—1916* (Dublin, 1989), pp.168 - 169.

自由邦。"①次年,该条约被批准,爱尔兰自由邦正式成立。爱尔兰自由邦的成立对于自治领离心倾向的加剧具有重要意义。第一,新芬党人始终以独立为目标,虽然暂时同意建立爱尔兰自由邦,但并未放弃追求独立的斗争。在追求主权国家地位上,它远比其他自治领目标更明确、手段更激烈。它加盟自治领行列,无疑会增强它们争取完全国家地位的力量。第二,爱尔兰的斗争得到了其他自治领特别是南非的支持,也说明爱尔兰的奋斗目标是得到认可的,这必然会影响到其他自治领的民族主义发展。爱尔兰裔澳大利亚人坚决支持爱尔兰,这对澳大利亚政府在帝国关系上的决策起到了相当大的制约作用。第三,"英爱协定"是英国做出妥协的产物。爱尔兰问题是英国历史上长期存在的棘手问题,英国一直坚持不同意爱尔兰自治。现在,在爱尔兰民族主义斗争压力下,英国终于在对爱政策上有所松动,这表明帝国内部关系并非不可做出实质性变动。前费边主义者比阿特丽斯·韦伯(Beatrice Webb)在其日记中写道:"这是一个统治权从英国移向其他英语团体的迹象,大不列颠政府对此很震惊。"②这无疑会助长自治领争取主权国家地位的信心。

除加拿大、南非、爱尔兰外,澳大利亚民族主义也获得进一步发展。这主要是因为澳大利亚的"白澳政策"一直与英国的政策不太协调。更因为英国为了与美国保持友好关系,在1922年的华盛顿会议上中止了与日本的同盟,这使澳大利亚直接处于向南太平洋扩张势力的日本的威胁之下,因而导致它产生与母国分离的情绪。而新

---

① J. H. Betty (ed.), *English Historical Documents 1906—1939* (London, 1933), p.134.
② Max Beloff, *Dreams of Commonwealth 1921—1942*, p.75.

西兰、纽芬兰由于国小力弱,一直对英国依赖性较强,因此民族主义较为保守。但是它们在实际行动中,又往往唯大的自治领马首是瞻。

自治领民族主义的充分显现以及它们各自的利益,必然不会使它们长久安于统一外交的现状。一旦与英国在这一问题上发生冲突,它们就会毫不犹豫地选择自身利益,否定统一外交。

(二)英国在统一外交这最后一块阵地上全面退却。

建立统一外交一直是英国政府的目的,也是他们用自治政策维系帝国存在的最后手段。这种政策反映了他们对自治领民族主义的成熟度认识不足,也使他们的目标不断与自治领发生冲突,最终难以达成。

帝国的政策与自治领民族主义的第一个冲突发生在1922年9月。当时,土耳其民族主义领袖凯末尔(Mustafa Kemal Atatürk)领导的军队拒绝巴黎和会上瓜分土耳其的协定,派军队挺进达达尼尔海峡,同驻守海峡附近卡纳克(Karnak)地区的英军形成对峙,是为卡纳克危机。英国政府要各自治领派军援助,负责处理这件事的殖民大臣丘吉尔在刚发出要求援助的电报后,就将打算警告凯末尔的公报交到各自治领手中。英国的做法使自治领感到,所谓的平等协商、共同决策只不过是服从英国的决定。因此,自治领对这件事的各具特色的反应预兆了将来的帝国关系。

新西兰政府立即派遣一支军队前往海峡。南非以史末资将军休假为由,一直不作答复。澳大利亚政府表示,如果英国政府已做出了抗击土耳其的决定,则它也将派军队加入,不过,总理休斯抗议说,澳大利亚应当事先被咨询,"如果英国只有在要自治领承担义务时才咨询它们,则所有关于自治领在决定外交和帝国政策时拥有真正的参与权的言论，都是空话。"①言下之意，对英国非常不满。而加拿大则明确予以拒绝，麦肯齐·金领导下的政府答复说，没有加拿大议会的同意，它们不会给与任何援助，而且也没有必要召集议会讨论。② 加拿大的这一反应不同于澳大利亚，后者只是对程序问题不满，而加拿大则提出了加拿大议会和民族利益至上的观点。金还特别指出，"任何个人或团体在这种事关我国全体人民的重大事务上，采取任何可能会限制议会权利的步骤"都是不正确，也是不适当的。③ 显然，诉诸议会主权的做法，挑战的不仅是统一外交的程序，也是对帝国作为法律上的整体的怀疑。

1922年末，由英、法等国主持召开的、与土耳其和谈的洛桑会议(Conference of Lausanne)，各自治领均未参加。对于会议所签订的条约，从惯例上讲是对各自治领有约束力的，但是加拿大坚决认为，它不能批准没有参加商谈的条约。澳大利亚政府也改变了对英国的态度，休斯质问："在外交事务上，帝国必须用一个声音讲话，但是应该是谁的声音？"④统一帝国外交受到了自治领的有力挑战。

帝国的政策与自治领民族主义的第二个冲突发生在1923年。当美国与加拿大就在太平洋渔业资源保护问题上签订一项条约时，加拿大坚持只有它才能签订条约，而英国则援引惯例，认为条约必须有一名英国代表连署并由英王政府批准才能有效。但是，金认为，这是一个加拿大事务而不是一个帝国共同利益问题，帝国统一

---

① Max Beloff, *Dreams of Commonwealth 1921—1942*, p. 80.
② Gordon Martel, op. cit, p. 187.
③ Nicholas Manseeph, op. cit, p. 11.
④ W. J. Hudson & M. P. Sharp, *Australian Independence Colony to Reluctant Kingdom* (Melbourne University Press, 1988), p. 71.

外交是针对共同事务的。这个理由英国无法否定,因此同意加拿大单独签署条约。① 这给了英国的统一帝国外交政策以真正的震动。

第三个冲突发生在1923年召开的帝国会议上。一贯主张统一帝国外交的外交大臣寇松和海军大臣艾默里再次提出了统一外交政策的主张。寇松在大会仍在召开时,未经自治领同意,就代表整个帝国向美国提交照会建议调查德国赔款问题。这一举动引起各自治领的极大反感。麦肯齐·金抗议说:"自治领应有自己单独的外交政策,而不是参与制订一项共同的帝国外交政策。……如果英国政府邀请自治领参加帝国会议的目的,是制订一个对自治领有约束力而自治领议会又控制不了的外交政策的话,那么加拿大政府将会拒绝参加未来的会议。"②英国与自治领的观点差异之大在会上完全体现出来了。不仅如此,当英国政府表示尊重既定的程序,在英国制订外交政策时事先咨询自治领的意见,也遭到了自治领的反对。加拿大坚持"哪里我们不受影响,哪里就没有必要咨询"③。加拿大的态度实际上是说,没有咨询就没有承担责任的义务。另外,麦肯齐·金还认为并不存在多少共同的帝国利益,因为"英帝国……不仅仅是一个单一共同体……它是一组民族外加一个帝国"④。加拿大的观点得到了各自治领的支持,新出现的爱尔兰自由邦与加拿大的态度也十分接近。

在各自治领的压力下,以及卡纳克危机、洛桑会议和美加渔业协定的既成事实面前,英国不得不让步。因此,这次会议正式确定:

---

① Gordon Martel, op. cit, p.187.
② Ibid., p.195.
③ Ibid., p.192.
④ W.J. Hudson & M.P, Sharp, op. cit, p.74.

各自治领有权自由签订国际条约,有权任命自己的商谈代表,并可根据各自宪法来批准条约。至此,自治权已扩展到各自治领的外交事务上了。1923年会议在理论上正式承认统一帝国外交的破产,英国赖以维持帝国中自治政府这一层次的最后一道防线崩溃。因而在理论上,自治领已是独立主权国家了,剩下的仅仅是完成自治领控制外交政策的实践活动了。

当年,爱尔兰便不顾英国的反对,第一个向国联派驻永久代表;次年,爱尔兰又向华盛顿派驻代表,并在国际盟约上登记注册。① 1925年10月,英、法、德、比等国在瑞士洛迦诺召开关于欧洲集体安全的会议,并签订《洛迦诺公约》(Locarno Treaties)。自治领因该会议只涉及欧洲问题,与它们毫无关系,因此根本没有出席会议。在这次会议上,英国外交部已接受了以往的教训,不但采取单独外交政策,还在条约中明确规定:"本条约将不施与任何英帝国自治领或印度以任何义务,除非该自治领或印度政府表示愿意接受。"除新西兰之外,没有一个自治领愿意接受《洛迦诺公约》。② 这一迹象显示,英国政府主动否定了统一外交政策。

至此,统一帝国外交政策在实践中也趋于破产。洛迦诺公约是一个实际上的分水岭,它标志着"自治"制度已扩展到自治领内政外交的各个方面,除了一些法律上的关系外,自治领实际上已经是完全主权国家了。

不可否认,战后自治领在离心的道路上越走越远,这与英国实力衰落、对帝国控制力下降有关,也与英国忙于严峻的欧洲事务与

---

① Nicholas Mansergh, op. cit, p.18.
② Nicholas Mansergh, *Survey of British Commonwealth Affairs Problem of External Policy 1931—1939* (Oxford, 1952), p.67.

国内问题而无暇在帝国事务上多花费时间有关。但是,更为重要的事,自治领的民族主义已经走向成熟,英国无力对一个个实际上的主权国家行使控制权。

自治领的成熟是英国自19世纪中期以来实行自治制度的结果,白人殖民地在自治的框架内发展自身的政治、经济、文化并走向成熟。英国为了维持帝国的框架,一再对自治领扩大自治权的要求做出让步。结果,英国非但不能使自治领统一在英国周围,自治制度的充分发展反而达到了否定它本身的地步。20年代中期,自治领的离心已呈不可挽回之势,对于这一现状,英国是有充分认识的,枢密大臣贝尔福1925年时指出:"维系我们帝国的纽带正在不断松弛。我们正在进行一项史无前例的全新试验,正在克服不断出现的困难,以使我们的帝国处于最佳状态。"[1]

自治领方面提出了修改宪法关系的要求,以使它们能够正式不受英国控制。这一要求由民族主义发展非常迅速的南非首先提出来,南非总理赫尔佐格写信给英国殖民大臣艾默里说:"你并不清楚,在宪政迷雾的氛围中追求一种秘密政策,已对帝国合作造成了不可挽回的伤害。"[2]言下之意,要英国澄清宪政关系。他还要求,"英国和自治领应是地位平等、被国际社会承认的、彼此独立的主权国家。对于英国和自治领之间的任何形式的不平等和隶属关系,无论是在立法、司法还是在行政方面,除非是得到自治领的自愿同意否则不能存在。"[3]爱尔兰一直坚持追求建立独立主权国家,因而非

---

[1] Denis Judd, *Empire The British Imperial Experience, from 1765 to the Present* (Fontana, 1991), p.291.

[2] Max Beloff, *Dreams of Commonwealth*, p.91.

[3] Nicholas Manserph, *Survey of British Commonwealth Affairs*, p.12.

常支持南非的态度。加拿大则要求废除一些代表自治领臣属地位的法律残余，以使自治领能取得完全实际意义上的主权地位。在这种氛围下，英国开始采取行动调整它与自治领的关系。首先是1925年6月，英国把原属殖民部的自治领司从该部分离出来，组建为自治领部，以此来表示自治领不同于由殖民部管理的其他部分。① 其次是在1926年帝国会议上，成立了以声誉卓著的贝尔福勋爵为首的"帝国内部关系委员会"，来研究有关帝国内部关系调整的问题。

此委员会根据各方面的意见，平衡了南非、爱尔兰和加拿大的激进要求与澳大利亚、新西兰仍想保持对英王效忠的保守思想，提交了一份报告，这就是被称为"贝尔福报告"的著名文件。该报告指出，自治领的迅速发展要求对帝国内部关系做出调整，以适应变化了的环境。"帝国内部的这股追求地位平等的趋势是正确的，也是不可避免的。因为地理和其他因素使得通过联邦制来让它们获得平等地位已成为不可能的事，唯一的办法是使它们通过独立来达到上述目标，而且它们早已沿着这条道路逐渐寻求该目标之实现。现在，帝国内的每一个自治成员都是其命运的主人。"② 有鉴于此，报告特别指出，英国和自治领皆为"英帝国内的自治共同体，彼此地位平等，在内政和外交事务方面互不从属，但以共同效忠英王而联合，在英联邦内是自由联合的成员"③。这段文字是有决定意义的，它首次正式承认了自治领的平等地位，并且开创了一个以对英王效忠为纽带的平等国家组成的特殊实体——英联邦，因此在原则上，各自治

---

① Nicholas Manserph, *Survey of British Commomwealth Affairs*, p. 68.
② The Balfour Report. *Speeches and Documents on the British Dominions 1918—1931*, p. 162.
③ Ibid., p. 161.

领已成为主权国家。

不过,贝尔福报告仍有许多不明确之处。首先是报告并没有相应的法律作保障,仅仅是原则上承认自治领的平等地位;其次是自治领的立法仍受到英国议会的限制。贝尔福报告认为,由于问题非常复杂,以后将指派有关专家、学者对此进行专门研究,以供英国和自治领政府进一步探讨。①

因此,1926年以后的问题围绕着英国和自治领宪政关系中的残存问题展开。1929年底,为了准备即将到来的帝国会议,英国还召开了一次由英国和各自治领的法律专家和学者参加的预备会议,以探讨英国和自治领之间的法律权限问题。专家委员会指出,英王对自治领议会立法的否决权、总督对自治领议会立法的保留权及1865年的"殖民地法律有效法案"(Colonial Laws Validity Act of 1865)②,已与自治领现有的地位不符,应予废除。在1930年的帝国会议开幕式上,英国首相麦克唐纳指出:"我们将认真探讨1929年预备会议报告中的有关建议。我们需要牢记在心的是,在这些建议的背后,有着建设未来帝国大厦的思想。"③这表明,英国已准备全面地终解自治领权限问题。根据这一指导思想,此次会议通过决议,要求废除

---

① The Balfour Report. *Speeches and Documents on the British Dominions 1918—1931*, p.166.
② 英王对自治领议会立法的否决权,是指英王在接到自治领有关法案1至2年内有权否决该法案。总督对自治领议会立法的保留权指总督有权拖延自治领议会通过的立法,直到英王做出有关决定为止。这两项规定均为防止自治领通过有损英国利益的立法。1865年的"殖民地法律有效法案"规定自治领立法的效力只能在其境内,不能涉及境外,且不得通过与英国法律不一致的法律,旨在维护英国议会的最高权威。
③ The Imperial Conference, 1930. *Speeches and Documents on British Dominions 1918—1931*, p.206.

所有限制自治领主权的立法,明确、彻底地解决英国和自治领的宪政关系。

根据会议决议,1931年12月,英国议会通过了《威斯敏斯特法案》(Statutes of Westminster),从法律上明确承认自治领的主权地位。法案要点如下:(1)废除1865年《殖民地法律有效法案》中关于自治领的部分。(2)给予自治领议会制订效力达于境外的权利。(3)确认未经自治领的要求和同意,任何英国议会立法不能成为自治领立法。(4)该法案颁布之后,联合王国的任何法律均不得称自治领或自治领的省份及州为"殖民地"。[1] 该法案给予自治领的平等主权以法律上的保障,它标志着自治领无论在实质上还是在名义上均取得了完全国家地位。自治领的离心过程走到了顶峰。

值得注意的是,英国从《贝尔福报告》(Balfour Report)的提出到《威斯敏斯特法案》的通过,遵循的仍是尊重自治原则这一自由帝国的基石。《贝尔福报告》中指出:"自由机制是帝国的命脉,而自愿合作则是它的手段。"[2]1931年底,面对英国议会中有人反对《威斯敏斯特法案》,支持法案的克里普斯勋爵(Charles Cripps, 1st Baron Parmoor)指出:"我们确信,英帝国的巨大力量在于,这个国家乐于确认自治领要求的正义性及英联邦中的完全自由。"[3]英国人必须面对他们一手缔造的自治制度的最终结果,这是这一制度的创始人始料未及的。

英帝国中自治领这一层次的发展表明:第一,英国自始至终把

---

[1] Paul Knaplund, *British Commonwealth and Empire 1901—1955* (London, 1956), p.62.
[2] Balfour Report, *Speeches and Documents on British Dominions 1918—1931*, p.162.
[3] The Hon. Sir Stafford Cripps, House of Commons, November 20, 1931, p.297.

自治制度奉为经典,即使他们试图使自治领统一起来从而增强帝国的力量,也始终未曾越雷池一步而破坏自治传统。这就导致英国对自治领的巩固政策中不可避免地包含着利他性因素,使自治领可以为自身利益考虑而不必担心受到干涉。同时,它又必然包含着妥协性因素,使英国对自治领的要求一让再让,直至自治权利扩大到了否定自治制度本身;正如殖民大臣帕斯菲尔德(Sidney Webb, 1st Baron Passfield)1931年时指出的,英国实际上已无从选择,"政府的最直接责任应是,使1926年帝国会议上的'贝尔福报告'和1930年帝国会议上的有关决定行之有效。"①第二,正因为英国对自治领的政策具有上述特征,因此它促进了自治领离心的加剧。首先,自治领可以为自身利益考虑,这必然导致它们发展自身的政治、经济、文化特征,从而成为成熟的民族。其次,为了用自治制度巩固帝国,英国亲手缔造了南非联盟,为它成为统一国家奠定了基础,又批准了联合的澳大利亚、新西兰的成立,为其民族主义的发展进一步创造了条件,并一再扩展它们的自治权利,直到再也不能挽留住各个自治领。最后,即便由于尊重自治权利而引发的自治领忠于帝国的行动,也成为它们发展其民族特性并走向成熟的契机。第三,自治领的离心倾向是指向主权国家的。随着各自治地区的内部联合与发展,以及它们与外部世界的接触,使它们日益要求在对外行动中不受任何其他主权国家的约束,并享有与其他国家一样的平等地位。1931年的《威斯特敏斯特法案》使这一过程最终完成。实际上,英帝国的这一层次已走向终结,而英联邦只是一个平等国家的共同体,对英王的效忠只具有象征意义。

---

① Stephen K. Hall, *Our Own Times*, vol. II (London, 1935), p.71.

英国用自治制度来巩固帝国中的自治实体,结果却导致自治领在帝国的框架中走向分离,并致使帝国的一部分解体。自治制度的发展产生了这样一个悖论:即英国越是依靠自治制度来巩固白人自治地区,就越是促使自治地区在离心的道路上走得更远。因此可以说,正是对自治层次的巩固导致了自治地区的离心。

第四章 英国与印度

在英帝国的统治体系中,自治领是一个极端,而印度则是另一个极端,前者享有完全的对内自治权,后者则由一小部分英国人构成的英属印度政府对广大居民实行专制统治。自治领在20世纪早期的离心及最终取得完全国家地位的过程,是自治制度发展演变的结果,而自治制度本身又以承认白人移民殖民地具有自我管理的能力与权利为出发点。但是对于印度,英国对其实行专制统治主要原因是后者由一大堆互不关属的土地组成——它们除了臣属于英国之外没有任何共同之处,因此只能默认英国的统治并与之合作。正因为如此,英国人一直坚持在一战前的数十年间用专制统治的方式来巩固对印度的控制。然而,英国的统治却使它自身赖以存在的基础逐渐消失,而印度则在专制的框架内逐渐形成一个民族,后者日益增长的民族意识与其臣属地位难以相容[1],因而专制统治危机重重。其结果是,印度在一战之后走向成熟,并且形成了两战期间最为引人注目的民族主义斗争。虽然印度与自治领的统治方式各异,但却走上一条同一方向的离心道路——争取国家独立。

---

[1] D. K. Fieldhouse, *The Colonial Empires A Survey from the Eighteenth Century* (Macmillan, 1982), p.284.

一、专制统治的危机

如果说白人自治领在一战之前的民族主义是"自治框架内的民族主义"的话,那么印度的民族主义也是英国专制统治的产物,可以称之为"专制框架中的民族主义"。一战之前,英国对印度的专治统治分为三个时期:1857—1880 年是专制统治逐渐形成的时期;1880—1905 年是专制统治的极盛期,也是这一体制获得自我运行动力的时期;1905—1914 年是专制统治的危机与调整期。[①] 相应地,现代印度民族主义在这三个时期也各有特点。

第一个时期是现代印度民族和民族主义初步形成的时期。在这一时期内,英印政府专制统治的两条理论也开始确立,即一方面坚决维护英国的统治权,另一方面也兼顾发展印度的福利。这两方面的措施都成为现代印度民族形成的根源。

就英国给印度带来的好处而言,最重要的便是造就了印度的统一。首先是政治上的统一,英国的统治使次大陆的地理单位构成了一个统一的政治实体,并被一整套统一的行政管理体系所治理,所有印度人均效忠于一个君主——英王。这使得"印度"不再仅仅是一个地理表达。其次,英国在印度次大陆上逐渐建立起铁路系统及邮政等,虽然其主要目的是为了英国在印度的经济发展和商业利益,但在客观上却使不同的印度人得以紧密联系起来,也使得印度

---

① [英]F. H. 欣斯利主编:《新编剑桥世界近代史》,中国社会科学出版社 1987 年版,第 11 卷,第 573 页。

人的视野超越了狭隘的本地区。其三,英国人还在次大陆上推行西方化教育,原本语言多种多样的印度人有了共同的语言——英语,这不仅让印度人可以彼此理解,而且也让他们能够了解19世纪后半叶欧洲国家的体制和自由思想,从而加深对印度自身的认识。[1] 其四,西方学者对印度古代文明的探索和揭示,使得印度人了解了自身光荣的过去,不再觉得自己是低人一等的种族,从而希望表现出其民族特性。最后,虽然印度历史上屡遭外族人的入侵与统治,但只有英国人是来自千里之外的异族统治者,随着英国统治深入到印度社会的许多方面,印度人更加意识到自身与英国统治者在文化、社会经济和政治上的差异。[2] 凡此种种,促使现代印度民族于19世纪后期逐渐形成。

更为重要的是,从19世纪中期起,出现了第一批具有印度民族意识的阶层,他们主要是一批受过英国教育的中产阶级知识分子,代表人物有班希姆·昌德拉·查特吉(Bankim Chandra Chattejee)、凯沙布·昌德拉·辛(Keshab Chandra Sen)以及拉宾德拉·纳特·泰戈尔(Rabindra Nath Tagore)。不仅这一阶层本身就是西方教育的产物,而且他们也深受西方思想的影响,并用西方思想来衡量英印政府的统治。英国著名思想家洛克、斯宾塞、麦考莱、密尔和伯克等人对民主、自治政府的论述都对印度民族主义产生了决定性的影响,以致后来的工党领导人拉姆齐·麦克唐纳指出:"赫伯特·斯宾塞的个人主义和麦考莱勋爵的自由主义,是印度人从我们手中得到

---

[1] S. M. Burke & Salim Al-Din Quraishi, *The British Raj in India a Historical Review* (Oxford, 1995), p. 90.
[2] Stanley Wolpert, *A New History of India* (Oxford, 1982), p. 250.

的并用来反对我们的唯一武器。"①这批人出版了《加尔各答公报》《印度镜报》及《孟加拉人》等民族主义报刊,评价英国行政机构举措的得失,致力于将印度人统一起来。② 1876年,他们在加尔各答建立起民族主义组织"印度协会",其明确目标是激发"人民的民族主义意识"。这一组织后来又扩展到印度北部各地,影响很大。③ 因此,中产阶级知识分子成了现代印度民族意识的载体。

在这一阶段的末期,英国统治中维护专制的一方面开始明显显示出来。李顿勋爵(Robert Bulwer-Lytton, 1st Earl of Lytton)任印度总督期间,印度民族主义与英国的专制统治发生了一次大的碰撞,促使初生的印度民族主义者走上了政治舞台。

1878年,李顿政府发动了代价昂贵的第一次阿富汗战争,招致印度语报刊的批评,故而李顿颁布了"地方语报刊法令",对印度报刊实行严格限制,此举加剧了印度人对战争的抗议。④ 除此之外,李顿为了英国棉纺织品工业的利益而废除了印度的棉花进口税,并通过《武器法令》,规定印度人没有许可证不得携带武器。⑤ 这些歧视性政策激怒了印度公众。1879年,李顿发动的第二次阿富汗战争耗资巨大,导致他次年春天下台。接替他的里彭勋爵(George Robinson, 1st Marquess of Ripon)为了平息印度人的愤怒,废除了"地方语报刊法令",并中止向阿富汗的推进政策。里彭认为,充分利用"快速增长的……具有公共意识的知识阶层不仅不是坏事,相

---

① K.B. Keswani, *History of Modem India 1800—1984* (Himalaya Publishing Rome, 1985), p.294.
② Ibid., pp.295-296.
③ [澳]A.L.巴沙姆主编:《印度文化史》,商务印书馆1997年版,第577—578页。
④ Stanley Wolpert, op.cit, p.254.
⑤ K.B.Keswani, op.cit, p.296.

反,不加以利用才是对人力的浪费"①。这实际上已表明,从这一时期开始,英印政府就面临着一个如何将专制制度与印度民族主义相调和的问题。

里彭就其个人而言,是印度历史上最受欢迎的英国总督之一,但也正是从这时起,英印政府对印度的控制逐渐巩固,专制体系日益完善,并在寇松卸任时的1905年达到顶峰,从而形成英国对印度专制统治的鼎盛时期。这一阶段,专制统治体系的两种措施均推动了印度的民族主义。

(一)由于专制统治体系中有兼顾印度福利的一面,因而英印政府一手缔造了代表印度人利益的印度国大党,这个旨在缓解印度知识分子不满情绪的组织,后来反而成为反对专制统治的主要政党。

1883年,里彭总督打算将印度知识分子吸收进政府机构以平息他们的不满,因此颁布了"伊尔伯特法案"(Ilbert Bill),规定印度法官可以审判欧洲人。该法案引起了印度白人团体的强烈抗议,英国人认为"黑乎乎的当地人"绝对不是英国人的"同辈或相等者"②,不能凌驾于英国人之上。最后,里彭在英国居民的压力下撤除了这一法案。此举加剧了英国团体固有的种族优越感。而且,自此之后,大量受过教育的印度人再也难以提升到较高的职位上去。所以,这一措施中包含的对印度法官的侮辱和对平等原则的践踏,大大激怒了印度知识阶层,在很多城市都爆发了大规模的抗议活动。

正是在这样的背景下,一个退休的前英国驻印军官阿兰·奥克塔维安·休谟(Allan Octavian Hume)在英印政府的支持下缔造了

---

① Stanley Wolpert op. cit, p.256.
② Ibid., p.257.

印度国民大会党。休谟创建这样一个组织的目的有三：其一，建立印度人与英国人的良好关系。休谟的传记作者韦德伯恩（William Wedderburn）指出，里彭政府以来的镇压措施，导致印度社会孕育着一场革命风暴，因此休谟等人决定采取缓冲措施。① 其二，创建类似于英国在野党的印度反对党，以便"在事关统治者及被统治者利益的问题上，印度政治家能够每年聚会一次，并指出政府在哪些方面的管理上存在着缺陷"②，进而通过调整可能会对印度造成不公正或伤害的状况"使英国和印度之间的联合得以巩固"。③ 其三，创立一个联合的、有组织的印度人团体，使"组成印度人口的所有不同的、迄今为止仍然不和的部分溶合成一个民族整体"，并使印度民族在精神、道德、社会和政治上"逐渐复生"。④ 1885年11月，国大党在孟买正式成立，其主要成员是受过西方教育的印度中产阶级知识分子。

国大党创立之初的目标突出地反映了英国对印专制统治的理论，因此受到政府的支持。总督达弗林勋爵（Frederick Hamilton-Temple-Blackwood, 1st Marquess of Dufferin and Ava）及马德拉斯（Madras）省督先后邀请国大党代表参加茶会，以示友好。对于英印当局亲手缔造一个印度民族主义代表团体的矛盾现象，国大党的戈卡尔后来解释道："如果国大党的缔造者不是一个伟大的英国人、一

---

① S. M. Burke & Salim Al-Din Quraishi, op. cit, p. 97.
② W. C. Bonnerjee on the Foundation of Congress in December 1885. B. N. Pandey (ed.), *The Indian Nationalist Movement 1885—1947 Select Documents* (Macmillan, 1984), p. 5.
③ A. O. Hume on the Aims and Objects of Congress, 30 April 1888. Ibid., p. 6.
④ Ibid., p. 6.

个著名的前军官的话,当局会立即找出这样或那样借口镇压这一运动。"① 因此可见,英印当局试图缔造一个让印度人发泄怨气的团体,一年一度集会后再回到恭顺的生活中去,成为专制统治的一根支柱。英印当局尽管也把整合印度民族作为国大党的目标之一,却认为这将是遥远的将来之事。

国大党在其成立的最初 20 年间,由于其产生和组成,决定了它是一个温和派占主导地位的组织。民族主义的领袖们只想得到政府在某些事务上的让步,并认为"英吉利民族是地球上能带给我们正义和公正的民族"。② 尽管如此,国大党的成立仍是近代印度民族发展的一个分水岭。国大党的出现标志着近代印度民族主义进入了一个有组织、有发言人的新阶段。国大党每年召开一次年会,采取英国式的宪政手段,讨论政治问题并向政府递交请愿,以期达到目标;同时还组织各种协会,出版刊物来宣传他们的政治主张。他们提出了发展当地工业、开展教育与社会改革、改革警察制度、保护海外印度人的利益及保护印度人的自由权利等民族主义主张。③

后来的国大党成员辛格(G. N. Singh)评价说:"早期国大党在那个时期做了大量准备工作,旨在促进民族觉醒、推行政治教育和统一印度人,并在他们中创造一个共同的民族特性。"④ 所有这一切,使国大党在印度人中的影响力逐渐上升,与会代表人数从最初的 72 人上升到 1905 年的 758 人。⑤ 至 20 世纪初,除了穆斯林团体认为国大

---

① S. M. Burke & Salim Al-Din Quraishi, op. cit, p. 95.
② Dadabhai Naoroji, Ibid., p. 100.
③ K. B. Keswani, op. cit, p. 298.
④ Ibid., pp. 299 – 300.
⑤ S. M. Burke Sc Salim Al-Din Quraishi, op. cit, p. 98.

党代表的是印度教徒的利益而对之排斥外,国大党基本上可以称得上印度民族主义的代表,而且已经初步显示出它将是领导全印度民族运动的力量。颇有先见之明的英国《泰晤士报》指出,如果国大党的要求都得以实现的话,则"英属印度的日子就屈指可数了"。[①] 因此,英印政府专制统治中兼顾印度人利益的一面导致了印度民族主义组织的成长。

(二) 英印政府坚持英国人最高统治权的做法促进了印度民族主义运动的进一步发展,并在专制统治达到顶峰之际取得了突破性的进展。

这一时期,民族主义与专制制度难以相容的状况更为明显。为了满足民族主义者日益增长的获得参政权的要求,英印政府于1892年通过一部"印度立法委员会法令"(The Councils Act of 1892),规定总督可以任命(而非通过选举)一部分印度人进入立法委员会。这一举措实际上否决了印度民族主义者想获得选举权的要求,因此印度民族主义者马拉维亚(Madan Mohan Malaviya)认为:"该法案仍然使印度人在这个国家的管理中没有真正的发言权。"[②]试图安抚印度人的举措反而引起了印度人的反感。但是,英印政府并不想做出进一步的让步,1897年,一个印度政府中的财政人员指出,"当我们用武器的力量征服一个种族或民族时,这个民族的人民却可以要求获得反对征服种族的权力",他看不出"这样的信条有什么合理的基础"。[③]

[①] S. M. Burke Sc Salim Al-Din Quraishi, op. cit, p.107.
[②] K. B. Keswani op. cit, p.300.
[③] Thomas Melcalf, *The New Cambridge History of India Ideologies of the Raj* (Cambridge, 1994), p.217.

这种态度使国大党中的一批极端民族主义者对通过与政府合作而合法地获得政治权利失去了耐心。他们在激进派提拉克领导下，提出了"斯瓦拉吉"（Swaraj，印度语"自治"）的要求，提拉克有句名言："斯瓦拉吉乃我与生俱来之权力，我必将拥有之。"争取自治的意志很坚决。[①] 此时又恰逢1896年秋印度爆发大瘟疫、1897年又发生旱灾，受灾面积很大，而赈济措施又不足，致使民怨沸腾。在这种情况下，印度的民族主义情绪到了一触即发的地步，也正是在这种情况下，帝国主义者寇松出任印度总督，把专制统治推到了顶峰。

寇松虽然意识到印度的民族感情正在成长，而且认为这种情绪是"从来不能完全与异族政府调和的"[②]，但是他仍然坚守专制统治的阵地不做任何让步。寇松毫不手软地推行了一系列维护英国最高权力、打击印度民族主义分子的措施，主要有1899年的"加尔各答市镇法令"、1903年的德里朝觐活动和1904年的"大学法令"，而真正引发全民愤怒的则是1905年的分割孟加拉行动。孟加拉印度教徒是全印度政治觉悟最高的一部分，因而寇松的这一行动明显是试图削弱民族主义运动；加之孟加拉省种族、宗教问题复杂，分割会带来许多难以解决的问题，因此该措施被认为是对全印度人的侮辱和伤害。[③] 这一行动像一枚炸弹，旋即引起了整个印度的民族主义情绪大爆发。

1905年8月，国大党领导印度人发起了"斯瓦迪希"（Swadeshi，印度语"抵制英货"）行动，得到了除可能在分割中得益的穆斯林团

[①] ［澳］A. L. 巴沙姆主编，《印度文化史》，商务印书馆1997年版，第579页。
[②] Roger D. Long, *The Man on the Spot Essay on British Empire History* (Greenwood Press, 1995), p.174.
[③] 详见本文第二章第二节。

体之外的所有印度人的支持。反分割行动促成了民族主义情绪自英国实行专制统治以来首次在全国范围内的爆发,这标志着印度民族主义已经超越了只有中产阶级知识分子参与的阶段。之所以会出现这样的状况,除了寇松的高压政策外,还有以下几个原因:一是当时许多印度作者指出,印度的贫困是由英国统治造成的,瑙洛吉(Dadabhai Naoroji)的《印度的贫困与非英国统治》、都特的《印度经济史》及迪格比(William Digby)的《"繁荣"的英属印度》,这三本持上述观点的书在当时广为流传,加剧了连遭灾荒袭击的印度人的反英情绪。① 二是1896年意大利被埃塞俄比亚人击败、1899年英军受制于布尔人以及1905年俄国败于日本之手,皆证明了帝国的力量并非不可战胜,这也对印度民族主义起了鼓舞作用。

1905年10月,分割法案生效之时,孟加拉地区关闭商店、市场,家家不生火做饭,以示抗议。在加尔各答,有上千人赤足静走示威。② 印度人焚烧英货,坚持用印度自己生产的产品,以致许多英国商人不得不在自己的货物上换上"德国制造"的牌子以防止被群众焚毁。抵制英货行动使英国商品特别是棉织品损失惨重,其倾销印度的商品额1904年达2200万镑,而1908年则锐减了1/4。③ 除了抵制英货外,孟加拉地区还爆发了武装起义。国大党则于1906年明确要求,其最终目标是在印度实现"自治"。④ 这表明印度的民族主义发生了突破性的变化。

寇松的去职,标志着英属印度鼎盛时代的结束。接任的明托总

---

① Peter Heeks, *India's Freedom Struggle 1857—1947* (Oxford, 1938), p.62.
② Ibid., p.63.
③ Stanley Wolpert, op.cit, p.275.
④ D.A.Low, *Eclipse of Empire* (Cambridge, 1992), p.63.

督在专制的框架内做出改革,首次承认了部分印度人可以通过选举进入英印行政机构,并承认印度人可以担任较高的行政职务。由此,从1905年到1914年,专制统治进入调整时代。明托时代的改革措施起到了较大的稳固统治的作用,使印度出现了一个相对平静的局面,但这并不表明专制统治与民族主义之间的矛盾已经得到解决。这一时期,表面平静的印度民族主义在以下两个方面潜在地表现出来。

(一)专制统治的框架并未因改革而去除,因而它与民族主义不相容的状况并不能得到最终解决。

莫利-明托改革虽然在专制的框架内做出较大的变动,但这并不意味着给予国大党人所要求的"自治"。明托明确指出,责任政府"与构成印度帝国人口的许多种族的本性从不相通",印度"自古以来"便是把权力"置于专制统治者之手"的,它现在所需要的仅仅是一个"依照法规统治的立宪专制体制",因此最高统治权仍应保留在英国人手中。[1] 这一改革仍然强调印度人是与白人不同的种族,难以获得类似于自治领的自治政府。

因此,改革与民族主义的要求不尽相符。民族主义运动的领导者国大党继1906年提出自治要求后,在1907年的年会上又明确宣称:"印度国大党的目标是为印度获取一个与英帝国中的自治成员所享有的政府体系相同的体系,并在与这些成员平起平坐的基础上分享帝国的权力与责任。"[2]显然,国大党要求的是自治政府,而不是立宪专制。只是因为国大党主要由温和派控制,他们主张与政府妥

---

[1] Thomas Melcalf, op.cit, pp.223-224.
[2] K.B.Keswani, op.cit, p.303.

协,通过合法的手段来达到上述目标,所以能够暂时接受莫利-明托改革,从而出现一个平静时期。而国大党中以提拉克为首的极端派则提出完全独立的要求,并认为应通过抵制英货、示威甚至起义的手段达到目的。极端派虽为数很少,且遭到政府的严厉镇压,但其存在毕竟反映出印度人中的民族主义情绪十分强烈。

对民众而言,1905年的反分割行动影响深远,抵制英货的概念又扩展到抵制外国人缔造的机构,并由此而在印度人中萌发了对自己国家的物质产品及一切印度本土事物的热爱。① 抵制英货行动还成为印度工业发展的动力,使得盐、糖、火柴等产品的自制率大为提高,钢铁和化学工业也有很大发展。② 而政府驱逐民族主义者的行动,致使反政府情绪"遍及全国",人们普遍认为"被驱逐者是无辜的",政府这样做只不过是"想显示一下自身力量"。③ 民族主义情绪一直持续很久,1911年孟加拉的重新统一和诗人泰戈尔于1913年获得诺贝尔文学奖则使这股情绪再此振奋起来。

除此之外,莫利-明托改革还引进了群体选举制,即规定穆斯林群体可以按相应比例取得投票权。这是英印政府长期以来推行的"分而治之"政策的继续,即促使穆斯林反对印度教徒,因为前者认为如果印度教徒执政会利用他们的多数来实行歧视性政策,所以只有英印政府才能保证自身利益。莫利-明托改革明确承认穆斯林的选举权,以达到获取他们支持、压制印度教徒的目的。这一举措受到了穆斯林团体的欢迎,但遭到了印度教徒的反对。民族主义者戈

---

① S. M. Burke & Salim Al‑Din Quraishi, op. cit, p. 112.
② Peter Heeks, op. cit, p. 634.
③ G. K. Gokhale to Sir William Wedderburn on the Political Situation, 24 September 1909, *The Indian Nationalist Movement 1885—1947 Select Documents*, p. 10.

卡尔抗议道:"每个人都很清楚,穆斯林在总督委员会中的代表人数太多,这不仅是不公正,而且是极端荒谬的不公正。"① 显然,改革使印度教徒和穆斯林的冲突表面化,其中隐含着很大的危机,特别是印度教徒的反对很难平息。

对于改革时代的危机,英印政府并非不知道。1911年,一份政府报告指出:"英国对印度统治的维持,依赖于总督委员会的最高权威……然而,很显然,印度人要求在这个国家政府中享有更大参与权的正当要求也应满足。问题将是,如何既做出让步、移交权力,又不损害总督委员会的最高权威。"② 报告进一步指出,唯一的解决办法是给印度人更多的地方自治权。显然,专制体制和民族主义要求之间的矛盾一旦达到触发点,还会爆发出来。

(二)专制统治所包含的歧视印度人的态度,这一时期在整个大英帝国的范围内都有所表现,从而成为印度民族主义的另一个驱动力。

作为一个大帝国,从理论上讲,帝国臣民与英国公民的法律地位应该是一致的。所有帝国臣民,无论其肤色、信仰如何,在英国法律面前都是平等的,都享有与英国人一样平等的权利与义务。③ 但在事实上,专制统治又把印度人视为低于帝国内白种人的种族,必然会表现出许多歧视性。而且,这种把印度视为帝国内一个特殊区域的理论,又为所有白人自治领接受。两种矛盾的理论在整个帝国

---

① G. K. Gokhale to Sir William Wedderburn on the Morley-Minto Reforms, 3 December 1909. Ibid., pp. 11 – 12.
② Government of India to the Secretary of State on Further Reforms, 25 August 1911, p.35.
③ Zig Layton-Henry, *The Politics of Race in Britain* (London, 1984), p.11.

范围内多次发生冲突。

最能体现这种矛盾性的是印度对外移民问题。从19世纪40年代起,英印政府为了解决印度人口过多问题,向一些急需劳动力的英属殖民地以"契约劳工制"的方式输出印度人,于是出现印度人向海外大量移民的现象。这些印度人在海外的处境一直比较恶劣。19世纪末起,新获得自治权力的纳塔尔殖民地为了维护白种人的权利,对几乎与白人人数相等的印度人采取限制措施,严格限制他们获得经商执照,并向他们征收每年高达3镑的赋税。① 这一政策立即开了白人移民殖民地歧视印度移民的先例。1901年建立的澳大利亚联邦实行"白澳政策",限制有色人种入境,其针对的主要目标就是印度人。后来为了照顾印度人的情绪,澳大利亚又通过了一项似是而非的"放宽"移民限制的政策,允许有色移民入境,但他们必须通过一项欧洲语言测试,测试语种由澳大利亚政府指定。结果,政府经常要求印度移民考葡萄牙语或瑞典语,致使印度人无法通过考试而取得入境权。② 这种状况促使印度人要求,既然同为英帝国臣民,印度人在海外殖民地也应受到公正待遇。印度人在纳塔尔等地开展了大规模反歧视斗争,不但造就了后来的民族主义领袖甘地,而且使该问题成为涉及印度在帝国中地位的重大问题。印度民族主义者对此问题十分敏感,他们认为印度人理应享有与英国公民一样的自由与平等权力,因而强烈抗议印度人在非洲殖民地的待遇,要求英国政府出面干涉。③

---

① Thomas Melcalf, op. cit, p.217.
② Denis Judd & Peter Slinn, *The Evolution of Modern Commonwealth 1902—1980* (Macmillan, 1982), p.28.
③ Thomas Melcalf, op. cit, p.218.

英国政府却予以拒绝。一是为了尊重白人殖民地的自治权利而不愿干涉他们的内部事务;二是出于种族主义观念而认为没有必要干涉。正如寇松指出的:"印度人在非洲殖民地享有与白人殖民者绝对平等的权利是不可能的,因为这种平等在印度本土都不存在。"①其结果,纳塔尔对印度移民的歧视越演越烈。1910年新建立的南非联盟甚至连印度移民的居住权力都要限制。② 1911年,英国政府正式承认各白人自治领有权处理对内移民问题,也就等于明确承认自治领排斥印度人的权力。这使印度民族主义者十分失望,甘地就因英国不愿确认印度人在南非的平等权利,而对英国的公正深表怀疑,认为印度问题的解决不能只依赖于求助英国人,必须通过自助。③ 印度移民问题长期悬而未决,截至1921年,印度人还在为此事与自治领交涉,民族主义者萨斯特里(Srinivasa Sastri)指出,此事如何解决可以"判断印度的整体地位"。④ 该问题所体现的种族主义歧视促进了印度国内民族主义的发展。

第二个问题是童子军。英布战争使英国人深受震动,纷纷寻求各种方法振兴帝国种族,其中就有1908年由巴登-鲍威尔(Robert Baden-Powell)创建的童子军。童子军的目的在于培养帝国的年轻一代自律、自信,具备兄弟情谊和相互理解的精神,以便在需要的时候为他们自己的国家以及帝国效劳。⑤ 这一运动迅速传到白人自治领和印度。但是,该运动中所提倡的增强帝国种族的观念,使英国

---

① Thomas Melcalf, op. cit, p. 218.
② Ibid.
③ Denis Judd, *Empire The British Imperial Experience, from 1765 to Present* (Fontana, 1997), p. 230.
④ Denis Judd & Peter Slinn, op. cit, p. 54.
⑤ Thomas Melcalf, op. cit, p. 219.

政府不希望印度人开展童子军,因为后者属于土著种族,不同于白种人。巴登-鲍威尔本人也认为,印度人"不具备与白种人一样的观念和头脑"①,不适于开展这一运动。因此,印度政府对童子军活动采取不赞成态度。这一明显不把印度当作帝国内平等成员的做法使印度民族主义者非常不满。

最后是"帝国日"问题。1904年,热衷于使整个帝国紧密联系在一起的米思勋爵(Reginald Brabazon, 12th Earl of Meath)倡议将已故的维多利亚女王的生日定为"帝国日"(Empire Day),以培养帝国种族的爱国热情与责任感。② 这一倡议立即在白人自治领实行,但在印度却遇到了障碍。由于英国人很难把印度人视为"帝国种族"中的一员,故而印度政府有意淡化帝国日的概念,不强调印度人对英帝国的爱国热情,而只强调印度人对英王个人的忠诚。这种既认为印度是帝国的一个部分,又不承认印度人享有全部公民权的政策,促使印度民族主义者必须思考印度与帝国的关系。

上述歧视印度人的做法,从根本上来说,是英国对印度专制统治理论的体现。英国把印度置于一个附属的位置,因而不愿承认印度人在理论上享有的平等公民权。这种做法,在印度民族主义日益高涨、印度民族主义者日益接受西方的民主与平等观念的时代是难以容忍的。1907年,年轻的贾瓦哈拉尔·尼赫鲁(Jawaharial Nehru,独立后的印度首任总理)深刻地指出:"我们看到,我们周围事务的运行存在着一种确定的秩序——而且,这只对那些提供这种

---

① Thomas Melcalf, op.cit, p.220.
② Ibid., p.220.

秩序的人有利。"①歧视印度人的做法反而对民族主义起了推动作用。

综上所述,专制统治的调整与改革时期,印度民族主义仍是平静外表下的一股潜流,专制统治危机重重。

二、专制与自治

明托总督时期的改革以及哈丁时期的安抚政策,使印度在一战之前获得了短暂的平稳与安定,专制统治的框架在承认变革的前提下得到巩固。不过,这种稳定与平静随着战争的爆发而被打破。自此,在英国所坚持的对印专制统治与印度民族主义所要求的自治之间发生了激烈的冲突,导致印度在离心的道路上又向前迈进了一步。

一战爆发之时,印度各派别的领导人特别是民族主义者,都宣称"完全支持"捍卫帝国。② 数以百万计的印度军队在欧洲及中东战场上浴血奋战,对英国的胜利做出了显著的贡献。因此,印度的巩固也曾被英国政府认为是帝国巩固的成功一例。之所以会出现上述状况,一方面是印度政府安抚措施的结果,另一方面也是因为印度各派别的领导人(包括国大党的激进派)皆认为,与英国合作比对抗要获得更多。因为英国及其盟国宣称,他们将为维护所有民族决定自身命运的权利而战。印度人认为,如果他们保持对英国的支

---

① A. P. Thornton, *Imperialism Idea and Its Enemies A Study in British Power* (Macmillan, 1985), p.88.
② Stanley Wolpert, op.cit, p.289.

持,必将得到回报,获得这样的权力。① 但是,随着战争的进行,证明印度民族主义者的期望是十分天真的,而英国关于印度帝国已获得巩固的看法也是似是而非的。

战争使得暂时平息的民族主义运动再次获得了动力,而且其规模和深度皆超过以往。

导致民族主义再度兴起的原因有以下几个:首先是大战初期即导致的大量印度士兵伤亡令印度人深感震惊。1914年9月,德国巡洋舰"艾姆登号"(Emden)在孟加拉湾击沉一艘英国货轮,此后的两个月中又使当地的英国航运陷于瘫痪。这使得印度人对英帝国能否取胜产生动摇。其次,由于德国与印度中断了贸易往来,印度经济蒙受巨大损失。德国在战前是印度的第二大出口市场,1913——1914年,德国购买了价值1.75亿镑的印度商品,几乎相当于英国购买品的一半,再加上奥匈帝国的购买量,总价值达到2.4亿镑。与德国及奥匈帝国的贸易中断使印度的对外出口陷入最低潮。② 其三,为了保证作为帝国后方的印度的安全,印度政府通过了"印度领土防御法令"(the Defence of India Realms Act),规定了对煽动反政府者的审判及惩罚。根据这一法令,几百名民族主义者未经审判便遭驱逐或监禁。这一法令大大激怒了印度人。③ 最后,一直对英国人十分忠诚的穆斯林开始反对英印政府,这就为印度民族主义运动的统一与壮大提供了条件。英国与站在德奥一方、传统的伊斯兰国家土耳其交战,使得忠于信仰的印度穆斯林难以接受,因此发动了反

---

① Peter Heeks, op. cit, p.77.

② Stanley Wolpert, op. cit, p.290.

③ H. E. Hennessy, *Administrative History of British India 1757—1925* (Neeraj Publishing House, 1983), p.315.

对英国、维护宗教信仰的"基拉法"运动(the Khilafat Movement),并提出在印度建立自治政府的要求。① 穆斯林态度的改变使他们首次与印度教徒接近起来。

印度民族主义运动再度高涨,具体表现在以下几个方面。首先是分裂的印度各派别形成统一阵线。战前印度民族主义运动中存在着印度教徒和穆斯林、国大党中的温和派与激进派之间的分歧。印度教徒和穆斯林由于战争而在对英国态度上达成共识,所以从1915年起开始接触。1916年,双方达成"勒克瑙条约"(the Lucknow Pact),约定穆斯林支持国大党关于寻求在印度立即实现自治的目标;印度教徒支持穆斯林在各级议会中保持相应的比例。② 这一协定标志着印度教徒和穆斯林民族主义联盟的形成。该联盟持续多年,在印度争取自治的斗争中发挥了重要作用。另一方面,国大党中极端派与温和派重新统一。促使统一完成的是前英国著名激进主义者、后定居印度并加入国大党的安妮·贝桑特(Annie Besant)。贝桑特认为:"印度的儿子为了唤起自由而流血,女儿们为此留下了珍贵的眼泪,所以不能再喋喋不休地争吵了。"③ 由于她个人的影响力以及国大党两派皆认识到越是联合越是有可能获得政治上的成功,所以两派在1916年的年会上重归于好。其次,国大党发起了"自治运动"(Home Rule Movement),以争取印度的自治。1916年4月,提拉克在普那地区率先组织了"自治同盟";当年9月,贝桑特在

---

① Jim Masselos, *India Nationalism A History* (Publishers Private, Limited, 1991), p.140.
② Jim Masselos, *India Nationalism A History* (Publishers Private, Limited, 1991), p.141.
③ K.B.Keswani, op.cit, p.305.

马德拉斯又组织了另一个同盟。两位领导人互相合作,协同行动。自治同盟与以往国大党的行动的不同之处在于:它认为印度与帝国内其他民族平等的权利不是对它参战的回报,而是它与生俱来的权利;并应该通过群众的压力使英国政府确信这一事业的正义性,从而满足印度人的要求。① 为了达到说服英国政府的目的,自治同盟的成员到处奔走,用地方语和英语作演讲宣传,以发动足够多的支持者。这使得运动发展到一些国大党尚未触及的地区,也赢得了中产阶级之外的集团的支持。② 自治同盟的人数不断增长。提拉克的自治同盟人数从1916年的1 000人上升到1917年的1.4万人,又上升到1918年的3.8万人,贝桑特的组织也发展迅速。③ 自治同盟的作用在于它为20年代印度民族主义运动向大众运动发展动员了相当一部分力量,为民族运动的进一步发展铺平了道路。

印度的民族主义情绪于1917年达到一个新的高峰,此时印度总督已换了蔡姆斯福德勋爵(Frederic Thesiger, 1st Viscount Chelmsford),印度事务大臣也由蒙塔古(Edwin Samuel Montagu)担任。这时英国及其盟国在欧洲战场上正陷入最低谷,蒙塔古为了平息印度的危机局面,以争取印度的忠诚,稳定后方,决定满足印度民族主义的要求。劳合·乔治领导下的英国政府也认为,考虑到印度在战争中的贡献,应授予其自治政府,不过它仍应保持为英帝国的一个组成部分。④ 1917年8月20日,蒙塔古抛出一份历史性的宣言,称:

---

① Jim Masseios, op. cit, p.146.

② Ibid., p.148.

③ Ibid., p.147.

④ H. E. Hennessy, op. cit, p.134.

英王陛下政府的政策是,在印度政府各部门中加强与印度人的合作;同时,对于作为英帝国不可分割之一部分的印度,必须考虑其责任政府之逐渐实现,以及将逐步向自治机构发展。对此,印度政府也表示完全同意。①

该宣言中使用的"责任政府"一词具有深远意义,莫利-明托改革中的立法委员会仅仅是一个咨询机构,而责任政府则意味着行政机构对立法机构负责,因此立法机构就变成了英国模式的议会。这一宣言所包含的内容是前所未有的,它给印度以新的希望。印度民族主义者沙尔马(S. R. Sharma)认为:"该宣言在印度宪政史上写完了一章并开始书写新的一章。现在,仁慈专制已经终结,印度的自治权利得到确认,专制制度将让位于立宪政府。"②

不可否认,印度人要求的是立即的自治政府,而英国人则认为自治政府将逐渐授予印度。同时,以寇松为代表的相当一批人坚持认为,印度获得像澳大利亚、加拿大那样的自治政府是"最荒唐的梦想",应该待到遥远的将来、印度的政治统一获得新发展之时,才可以实行自治政府。③ 这预示着印度通向自治政府的路上还将有相当大的阻力,也反映了该宣言是英国出于战争需要而实行的权宜之计。

然而,印度毕竟借战争之机,在"蒙塔古宣言"的道路上走得更远。在对战争作决策的帝国战时内阁中,印度也和自治领一样获得

---

① Edwin S. Montagu, House of Commons, 20 August 1917. A. Berriedale Keith (ed.), *Speeches and Documents on Indian Policy 1750—1921 vol. II* (Humphrey Milford Oxford, 1922), p.133.
② K.B. Keswani, op.cit, p.307.
③ Thomas Melcalf, op.cit, p.225.

了一席之地。1918年7月,印度政府就长期未决的印度移民问题进行平等协商,结果印度人被允许可以自由地到自治领做短期访问。①不久,蒙塔古、蔡姆斯福德根据他们对印度的考察,提交了一份关于未来"印度政府法令"的报告,通称"蒙塔古-蔡姆斯福德报告"。该报告把原来在地方政府实行的责任制政府推广到省一级,并在省一级政府采取"二元制"方案②,即把教育、公共卫生及国内税收等部门的权力移交给各部的印度部长,而法律、治安、土地税和赈灾等部门仍由总督委员会负责;同时设立两院制的立法委员会,总共140名成员中有105名由选举产生,其中上院的60名成员中有34名由选举产生。这一报告大大扩充了印度人的参政权。而且,该报告还指出,"英属印度最终将获得与我们的自治领同等的地位"③,这是英国官方首次正式提到将"自治领地位"作为印度的发展目标。战后,印度也和各自治领一样参加了巴黎和会,并成为"凡尔赛和约"的签字国。凡此种种,说明印度在帝国内的地位得到了相当大的提高。

战争带给印度的,是民族主义的大发展,也使英国首次承认专制统治的基本原则可以变通。实际上,这表明专制统治的体系已经开始动摇,因而战争成了英国对印度专制统治的一个转折点。

具有历史意义的"蒙塔古宣言"并不意味着英国人打算就此终结对印度的专制统治,根据其精神制定的"二元制"方案本身也并没有使印度获得完全的自治;而且,专制统治思想在英国根深蒂固,使

---

① Imperial War Conference, 24 July 1918, *Speeches and Documents on Indian Policy 1750—1921*, p.135.
② Percival Spear, *The Oxford History of Modern India* (Oxford, 1977), p.343.
③ Report on Indian Constitutional Reforms by Edwin S, Montagu and Lord Chelmsford, 1918. *Speeches and Documents on Indian Policy 1750—1921*, pp.155-206.

得战后和平环境下推进印度的宪政改革步履维艰。

几十年专制统治的结果,使许多英国人虽然也赞成由于印度在战时的贡献,应该给予回报,但是又不愿意放弃英国对印度的统治。这一点可以从许多资深的英印官员身上看出来。马尔科姆·黑利(Malcolm Hailey),多年来一直在印度任职,曾任总督委员会成员及旁遮普和联合省省督。他完全同意,把印度知识分子当作一个仅能代表他们自己、仅能表达自身观点的阶层已不可能,因为战时的政治骚乱已把更多的阶层卷了进去。但是他始终对印度国大党抱有敌意,主张利用穆斯林来对付印度教徒,并且不愿意终止英国对印度的统治。对于黑利思想的矛盾性,其传记作者塞尔(John Cell)指出,这不是黑利一个人所有的,而是"他所效力的帝国的矛盾本质"。① 另一个资深的退休印度官员史密斯(Vincent Smith)也指出,旧有的伤口在流脓,不会因为目前肤浅的统一而消失。只要这块土地不得不处在英国的保护下,"纯粹是外国发明"的责任政府就不会在这里生根。② 由此可见,英国人对"蒙塔古-蔡姆斯福德报告"中的宪政改革内容并没有抱太大热情。

除了这种根深蒂固的专制思想外,英国人之所以不愿意让印度在宪政改革的道路上走得更远,还有其他一些理由。首先因为印度仍然是英国投资的最有价值的市场之一。1914年,印度吸纳了大约80亿英镑的英国投资。战后,咖啡、靛蓝工业仍有很大利润可赚,而黄麻工业几乎占了英国对印投资收入的90%。③ 其次,印度还提供

---

① John W. Cell, *Hailey: A Study in British Imperialism, 1872—1969* (Cambridge, 1992), p.213.

② Thomas Melcalf, op.cit, pp.227-228.

③ James Morris, *Farewell The Trumpets* (Harvest, 1978), p.277.

了相当数量的军队用于帝国防御。在20年代,印度有一支由5.7万英国人和14万印度人组成的军队①,这是一支很庞大的防御力量。其三,印度还为许多英国人提供了就业机会,而且占有这块东方领土本身就代表着难以表述的威望与能力。凡此种种,均使战后的英国人仍不愿意放弃印度。

因而,战争或蒙塔古-蔡姆斯福德改革中的宪政创新均未能改变英国人心中的印度问题的实质——牢牢地控制印度,使之成为英国霸权的基础。相对而言,宪政改革反而处在较不重要的位置之上。在这样的背景下,英印政府在印度民族主义者翘首以待的1919年连续做了三件触怒印度公众感情的事,也就不难理解了。

第一件事是1919年3月的"罗拉特法案"(the Rowlatt Act)。战争期间,根据"印度领土防御法令",印度政府享有一定的紧急权力,但是这种权力仅能延续到停战后的六个月。战后,英印政府借口苏俄密谋策动印度内部的叛乱而想尽量延长这一法令。为此,蔡姆斯福德任命了由英国法官罗拉特爵士为首的司法委员会负责调查这一问题。该委员会提出了更为严厉的镇压措施,提交给立法委员会。这一提案虽遭到民选的印度代表的反对,但仍被通过,称"罗拉特法案"。② 法案授权政府可以组织特别法庭审判嫌疑犯,而且不给当事人任何辩解的机会。该法案针对印度民族主义者的意图是十分明显的,其维护英国最高统治的意图也昭然若揭。连不久之后负责调查这一法案所引起骚乱的英国亨特委员会(the Hunter Committee)也承认:"在对印度采取授予自治政府大量措施的前夕,

---

① D. A. Low, op. cit, p.64.
② H. E. Hennessy, op. cit, p.135.

在它对赢得欧洲战争胜利上作了如此之大的贡献之后,通过这样一个法案是没有必要的。"其目的,不过是想给政府的权威披上一件合法的外衣而已。① 该法案遭到了整个印度的反对,印度政治家斥之为"无法无天的法律"②,各界抗议之声四起。

第二件事是同年4月的"阿姆利则惨案"。阿姆利则(Amritsar)城所在的旁遮普省是反对"罗拉特法案"的中心地区,愤怒的印度人多次袭击英国人。阿姆利则城的一名女传教士被杀,这成了惨案的导火索。13日,来自城市各部分的约2万名群众聚集在市中心的贾利安瓦拉广场上抗议示威,英国将军戴尔(Reginald Dyer)率军赶到,下令向手无寸铁的人群开火,10分钟之后射击结束,但已造成379人死亡、1200人受伤。③ 之后,戴尔将军又在英国女传教士被杀之处实行爬行令,规定所有路过的印度人必须爬行而过。阿姆利则惨案使印度举国愤怒,也使英国朝野震惊。这一事件发生之前,英国政府一般不愿意采取军事行动镇压印度民族主义运动,而且使用武力也与战后的和平环境以及英国对印度承担的道义责任不符,故而英国立即派出亨特委员会负责处理这一事件。为了平息印度人的愤怒,戴尔被免职,但他回国后却被上院欢呼为英雄,而且支持他的英国人为他募集了2.6万镑的资助款。④ 此外,相当一批英国人的态度以及戴尔本人的辩辞也耐人寻味。一个英国军官认为:"武力是一个亚洲人唯一尊敬的东西。"⑤旁遮普省督奥德怀尔(Michael

---

① H.G.Rawlinson, *The British Achievement in India* (Hodge, 1985), p.200.
② Peter Heekes.op.cit, p.84.
③ Percival Spear, op.cit, p.342.
④ Thomas Melcalf, op.cit, p.228.
⑤ Peter Townsend, *The Last Emperor Decline and Fall of the British Empire* (Weidenfeid & Nicolson: London, 1975), p.48.

O'Dwyer)为戴尔开脱说:"他实际上是在一个充满叛乱的城市中被隔绝了,而且犹豫将是致命的。"①戴尔本人则用学校校长的口吻谈道,印度人太"调皮"了,需要惩罚一下,"他们会认识到,他们不能再恶作剧了"②。在大多数英国官员心目中,印度这个学生还远远不能自我管理,英国的指导是不可缺少的。戴尔将军自始至终把自己视为站在秩序与混乱之间的中流砥柱。阿姆利则惨案清楚地显示,英国人仍然坚守其对印专制统治的阵地。

第三件事是"印度政府法案"。在"阿姆利则惨案"引起的抗议远未平息之时,英国又于当年年底推出"印度政府法案",把蒙塔古报告付诸实施。该法案仍坚持认为"印度还不够成熟",因此英印政府仍要对省级机构的事务加以干涉③,其所给予的自治权十分有限。该法案被印度国大党描述为"不充足的、不令人满意的,而且是令人失望的"④。尽管有许多反对意见,1920年还是根据这一法案进行了大选。英王乔治五世的叔叔康鲁特公爵(the Duke of Connaught)主持了改革后首届立法委员会的开幕,乔治五世致电给他,称:"今天,你在我的帝国内开始了'斯瓦拉吉',给予他们与其他自治领所享有的一样的自由,并使这种自由获得最广范围和最大机遇的发展。"⑤很显然,英国认为这样的改革在当时已经足够了。

上述事件表明,专制统治虽然在理论上趋于终结,但在实际中

---

① Thomas Melcalf, op. cit, p. 228.
② Ibid., p. 229.
③ Report of the Joint Select Committee on the Government of India Bill; 17 Noverber, 1919. B. A. Keith (ed.), *Speeches and Documents on India Policy 1750—1921 vol. II* (Oxford, 1922), p. 243.
④ K. B. Keswani, op. cit, p. 310.
⑤ John W. Cell, op. cit, p. 85.

却影响久远,不会轻易消失。英国的这种政策成了战后印度民族主义运动又一次高涨的主要原因。

导致印度民族主义高涨的原因还有以下几个:战后印度屡遭季风及流感的肆虐、十几万复员士兵难以安置、英国一手筹划瓜分土耳其的不平等条约及支持希腊与土耳其作战而触怒了印度穆斯林。更为重要的是,印度民族主义运动出现了一个新的领导人莫汉达斯·卡拉姆昌德·甘地(Mohandas Karamchand Gandhi)。

甘地出生于印度的一个商人家庭,早年曾留学英国攻读法律。1894年,他远赴南非担任律师。在南非,他深刻体会到了帝国内的种族歧视,因而投身于印度移民反对纳塔尔政府限制政策的斗争。在这一过程中,他不但赢得了极高的声誉,还发展、完善了独特的斗争方式——非暴力不抵抗,又称为"萨蒂亚格拉哈"(Satyagraha,印度语"坚持真理")。后来,甘地曾明确对此作了解释:"萨蒂亚格拉哈是纯粹的灵魂力量。真理是灵魂的实质。……灵魂充满了知识,它燃烧起爱的火焰。如果什么人因为无知而给我们带来痛苦,则我们可以通过爱来赢得他。"[1]1915年,甘地回到印度。1917年,他在农村地区组织了反对过高靛蓝税的斗争,因而在印度赢得了普遍的声誉,被尊为"圣雄"。1917年反"罗拉特法案"的斗争中,甘地投身其中,领导了多个地方的抗议斗争,声望卓著。1920年,国大党元老提拉克去世,这使得甘地成为印度民族运动的新领导人。

甘地原先十分信奉英国人的公平与正义,他曾在英布战争中承担英军的后勤工作,一战中又从事招募工作。但是阿姆利则惨案之

---

[1] M. K. Gandhi Explains Satyagraha, 2 September 1917. *Indian Nationalist Movement 1885—1947 Select Documents*, p.50.

后,甘地对英国深感幻灭,他把英印政府称为"魔鬼般"的政府。甘地的经历深刻地反映了因为英国坚守专制统治的阵地而促使印度民族主义又向前推进一大步的事实。

1920年,甘地领导的国大党在那格浦尔年会上通过了实行"不合作运动"的决议。这一决议标志着印度民族主义者抛弃了传统的与英印政府合作的做法,走上了与政府对抗的道路。不合作运动包括如下策略:抵制政府建立的法庭、学校和外国货物;放弃政府的头衔和荣誉职位;建立民族学校;军队和警察离开岗位;拒绝纳税及遵守政府法令,等等。①

运动声势十分浩大。莫提拉尔·尼赫鲁(Motilal Nehru)②、达斯(Chittaranjan Das)、帕特尔(Sardar Vallabhbhai Patel)等民族主义领导人率先辞去公职。为了抵制外货,甘地还推行手纺车运动,提倡印度人穿着自制的土布衣裳,他本人则从此以一片缠腰布围在腰间,这成为典型的甘地的形象出现。1921年的威尔士亲王来访,也遭到了印度的无声示威。为了对抗政府的镇压行动及遵循甘地的非暴力主旨,许多人自愿走进监狱,表明寻求印度自治的决心。贾瓦哈拉尔·尼赫鲁曾记述当时印度的状况说:"我们中许多为国大党计划工作的人,在整个1921年皆处于一种亢奋状态之中。我们都充满了激动、乐观和热情,我们感到了一个人在为一种事业而奋斗时的快乐。"③

需要指出的是,甘地领导的民族主义运动与以往不同之处在于,甘地主张印度各阶层的平等,他本人则致力于奔走全国各地的

---

① M.K.Gandhi on the Non-cooperation Strategy, 9 January 1921, p.54.
② 贾瓦哈拉尔·尼赫鲁的父亲。
③ Peter Heeks, op.cit, p.95.

乡村、城镇,发动所有能发动的人参加到"不合作运动"中去。因此,这次行动的涉及面之广是前所未有的。印度民族主义再也不只代表中产阶级知识分子的利益,工人、农民等也卷入其中,民族主义运动终于发展成为"大众民族主义"(the mass nationalism)。1921年底,甘地曾向总督递交最后通牒,宣称如果政府不终止镇压行动,他将发动"大众不服从运动"。[1] 这一前所未有的行动表明,印度的民族主义阵线已得到了足够的扩大,自战时的"自治联盟"以来,政治动员工作已告完成,印度民族主义在规模上趋于成熟。这一点是很重要的,因为英国专制统治赖以建立的基础便是印度的分裂,印度的统一则充分表明专制统治必将走向终结。

不过,1922年形势发生了逆转。当年2月,曹里曹拉(Chauri Chaura)地区发生了愤怒的群众烧死警察事件,忠于非暴力原则的甘地痛心疾首,宣布终止"不合作运动"。不久,政府以煽动罪逮捕甘地。此时,土耳其已经获得独立,印度穆斯林不再需要印度教徒的支持,两者的冲突又重新浮现。在这种情况下,印度战后初期的民族主义运动宣告失败。

在战后汹涌的民族主义浪潮中,一方面,英国人坚守专制统治阵地的立场并没有动摇。1921年,在蔡姆斯福德去职后,关于新任总督的人选问题,英王乔治五世特别指出:"最重要的是,他应是一个……决不会让英国的统治失望的人。"[2]新任总督里丁勋爵(Rufus Isaacs, 1st Marquess of Reading)坚决镇压印度的民族主义运动,他坚持认为:"印度的主要问题是居民中大部分人的贫困和悲惨遭遇。

---

[1] Peter Heeks, op. cit, p.95.
[2] Kenneth Rose, *King George V* (Macmillam 1983), p.350.

英国的统治还要持续很长时间,才能使印度获得和平与安宁。"他还认为,印度动乱的原因在于群众无知且没有文化,易受感情煽动。①

另一方面,战后的宪政改革已使印度走上了一条不归路,任何的后退都可能导致遍及全国的动荡,回到专制统治的旧路上已是完全不可能。印度的国际地位持续提高,1921年的帝国会议上,在关于印度向自治领移民的问题上,会议明确承认,"印度作为英帝国的一个平等成员的地位,和英属印度人不能合法地定居在帝国内其他部分的现状,是极不协调的"②。这一决议虽未最终解决问题,但却有助于提高印度地位。新任印度总督里丁虽坚持专制统治,却也必须把宪政改革视为己任,他的儿子说:"他的主要任务是引导广大的各民族居民沿着1919年印度政府法令所标志的道路迈出第一步。"③所以,尽管专制统治留下了重要遗产,向自治政府迈进的方向却是不可动摇的。

从印度民族主义的角度来看,尽管除了废除"罗拉特法案"之外的所有目标均告失败,但是这一时期却形成了现代印度发展上的一个心理分水岭。"殖民地"的精神状态被扫除了,民族主义者感到印度是成熟的民族国家了。④ 因此,这一时期也标志着印度民族主义在心理上趋于成熟。

专制与自治的较量虽暂告段落,但还远远没有结束。

---

① Lord Reading to Prime Minister Lloyd George on Gandhi, 4 May 1922, *Indian Nationalist Movement 1885—1947 Select Documents*, p.110.

② Max Beloff, *Dreams of Commonwealth 1921—1942* (Macmillan, 1989), p.30.

③ Denis Judd, *Lord Reading Rufus Isaas, First Marquees of Reading, Lord Chief Justice and Viceroy of India 1860—1935* (Weidenfeid & Nicoison: London, 1982), p.201.

④ Percival Spear, op.cit, p.342.

三、自治与独立

1922年之后,印度出现了短暂的平静,除了莫·尼赫鲁和达斯组建的一个以争取真正的宪政改革为目的的"斯瓦拉吉党"还在活动外,民族主义运动基本上趋于平息。但是,一个趋于成熟的印度民族已是不可动摇的事实。连保守的丘吉尔也极为精辟地预见到:"把民族机制引进印度的结果是,印度人在每一个阶段上都反对我们。"[1]

在这样的背景下,印度的宪政改革在缓慢地进行着。里丁勋爵就其思想而言,是有其支持宪政改革并同情印度民族主义者一面的,但是这并不意味着改革能够满足印度人的愿望。这表现在以下两个方面。

首先是印度机构的印度化问题困难重重。根据"二元制"方案,英印政府将吸纳一大批印度人进入行政机构,但是这一过程的具体操作却阻力巨大。1923年,一个皇家委员会来调查印度化问题,发现英国人对于由印度人来统治印度深表反感。里丁指出,"在欧洲人被告知统治印度这么多年之后",将与印度人合作甚至处于印度人的领导之下,"他们的种族意识将再度迸发"。[2] 次年,该委员会提出了一个进度缓慢的方案:在50年内使印度文官中的印度人占到一半以上,在25年内使警察力量中的印度人占到一半比例。[3] 而军队

---

[1] Max Beloff, op. cit, p.162.

[2] Denis Judd, *Lord Reading*, p.217.

[3] Ibid., p.218.

的印度化更有争议,因为印度军队的军官绝大多数是英国人,而且军队又是保障秩序和稳定的最终屏障,因此军队印度化的阻力更大。里丁曾提出军队分三个阶段印度化,至1955年完成这一过程,但遭到英国政府的完全否决。而且,英国政府不同意任何一个军事单位的完全印度化。另外,当里丁提出在八个军事单位中实行最初印度化试验的建议时,英国政府又把数目削减了一半。印度军队总司令罗林森(Henry Rawlinson, 1st Baron Rawlinson)对印度化持一种冷漠态度,他认为没有足够多的合格印度人可以进入军队。1928年,调查军队印度化的皇家委员会提出,至1952年可以使一半的印度军队印度化。①

如此缓慢的进程是很难使印度人满意的,连里丁也意识到了这一点,他指出:"我从来不能理解那些自我安慰的人,他们认为如果给了印度人完全的自治领地位,则英国军队将仍驻留印度,由印度而非国内的陆军部控制。谁能期待这样一种状态发生呢?"②

其次是"二元制"在实际实行过程中的走样。二元制被印度省督以完全不同的方式解释,他们认为省一级责任政府给他们比以往大得多的地方自治权,因此把二元制变成一个英国人在省级机构中享有更大权利的新发明,完全不顾"二元制"创立者所提倡的自由精神。比如,孟加拉省总督就利用该省的两大宗教集团的矛盾,抓住"二元制"的机会打破了印度教徒的权利而建立了一个英穆联合统治。这些对二元制的有意歪曲触怒了印度民族主义者。1923年,孟买和联合省的印度部长辞职以示抗议。1924年,英国任命了以马迪

---

① Denis Judd, *Lord Reading*, p.219.
② Ibid., p.219.

曼爵士(Sir Alexander Phillips Muddiman)为首的皇家委员会来调查1919年法案的运行情况。委员会中的印度成员认为所谓"二元制"不过是各省分为英国部长和印度部长两部分而已,后者处理一些前者移交的事务,各地的印度部长"并不拥有真正的职权,而且在许多省份,政府的两半部分(印度人和英国人)并不在联席会议上真正碰头",故要求彻底改变这种局面。① 但是,1925年9月,委员会中占绝大多数的英国人却提交一份报告,称"二元制"并未失败。结果,印度政府批准了这一个报告。② 以莫·尼赫鲁为首的斯瓦拉吉党人对此十分愤怒,强烈要求政府召开圆桌会议与印度人共商修改二元制的方案,政府未予理睬。

英国的这些举措实质上都是在承认印度将最终走向自治的前提下,又念念不忘维护其传统的专制统治权利。因此,这一时期印度虽然处于表面的平静之中,却注定要与英国再一次爆发冲突。1926年"贝尔福宣言"的发表也对印度民族主义起到了刺激作用,各自治领等于已获得独立,而曾与自治领并肩作战并且在战后享有同等地位的印度却仍在为"自治领地位"而奋斗,这种状况确实不公平。1926年,甘地再次崛起,重整国大党。这一切都为民族运动的再度爆发创造了条件。

1927年,调查改革状况的西蒙调查团的到来,成了印度民族主义运动再度兴起的一根导火索。根据1919年法案规定,法案满10年后将派一个调查团来调查改革工作,并为进一步推进改革、制定宪法做准备。1927年,英国保守党政府预见到同情印度的工党政府

---

① Denis Judd, *Lord Reading*, p.222.
② H.E. Hennessy, op.cit, pp.148-149.

不久要上台,因而特意提前两年派出以西蒙爵士(John Simon,1st Viscount Simon)为首的调查团来印度,以防工党政府对印度人的要求做出让步。这个决定印度未来命运的调查团的七名成员中,竟然没有一个印度人,这一构成激怒了印度各界。印度教教徒和穆斯林皆表示抗议,各派别联合发表声明不与调查团合作,"滚回去,西蒙!"的口号贴满印度大街小巷。有人在抗议集会上一针见血地指出:"它是对印度人民的故意侮辱,它不仅特意把印度人安排在一个低下的位置上,而且更恶劣的是,它否认他们有参与决定自己国家宪法的权利。"①国大党乘此机会再度领导了反对西蒙委员会的斗争,促使战后第二次民族主义运动兴起。

为了对抗西蒙委员会,国大党于1928年7月组成了一个以莫·尼赫鲁为首的委员会考虑印度宪法问题。此时,以莫·尼赫鲁及其子贾·尼赫鲁为首的一批国大党人已转向激进方向。该委员会通过一份报告,指出:"自治领地位"是印度的直接目标而非最终目标,并要求立即自治。② 当年年底,这一报告被国大党接受,会上,尼赫鲁更提出印度的最终目标为"独立"。③ 虽然这一决议尚未被所有人接受,但是已表明,印度民族主义又向前迈进一步。甘地还让会议通过了一项决议,即如果政府不在一年之内接受尼赫鲁报告,国大党将组织包括拒绝纳税在内的"非暴力不合作运动"。④ 这一最后通

---

① Bernard Porter, *The Lion's Share*, p.297.
② Report of the All-Parties Conference Committee on the Constitutional States of India, 10 August 1928. Sir Maurice Gwyer & A. Appadorai (ed.), *Speeches and Documents on the Indian Constitution 1921—1947 vol. I* (Oxford, 1957), p.221.
③ Pandit Motilal Nehru on Dominion Status vs. Complete Independence, 29 December 1928, p.221.
④ Peter Heeks, op.cit, p.107.

牒使1926年继任总督的欧文勋爵(Lord Irwin,即 Edward Wood, 1st Earl of Halifax)十分为难,为此他返回英国与内阁商议。此时正值工党政府上台,一直同情印度的麦克唐纳任首相,韦奇伍德·本(Wedgewood Benn)为印度事务大臣,这使印度人对于英国政府的态度重新燃起了希望。

英国国内,工党仅在议会中占微弱优势,反对印度获自治领地位的势力仍十分强大,保守党认为欧文不应在西蒙委员会的报告出来之前发表宣言。麦克唐纳当时不在英国,代理首相斯诺登(Philip Snowden)也延期对国大党做出答复。不过,工党国务大臣伯肯黑德勋爵(Lord Birkenhead,即 Frederick Edwin Smith, 1st Earl of Birkenhead)认为西蒙委员会的意见可能会与欧文准备抛出的宣言一致,因而支持欧文。结果,1929年10月,欧文发表宣言,该宣言包含两个主要内容:首先是确认1917年"蒙塔古宣言"中包含的"自治领"是印度宪政演进的最终目标;其次是其进展的方式是通过代表各种有关利益(包括印度王公)的圆桌会议来解决。

该宣言内容十分含糊,它并未解决国大党所要求的立即实现自治领地位的目标。而且,宣言发表之后,欧文和工党政府受到了英国国内反对势力的猛烈攻击,伯肯黑德无力"应付困难的形势"[1],两个月后,他公开宣称:"没有人能够告诉印度人,他们有可能在近期获得自治领地位。"[2]毫无疑问,"尼赫鲁报告"中所要求的立即自治的希望落空了。

失望的印度民族主义者们于当年年底在拉合尔召开国大党的

---

[1] Leo Amery, 7 November 1929. John Barnes & David Nicholson (ed.), *The Empire At Bay The Leo Amery Diary 1929—1945* (Hutchinson, 1988), p.53.
[2] Peter Heeks, op. cit, p.109.

年会。贾·尼赫鲁代表国大党宣布,鉴于立即实现自治领地位的要求被拒绝,印度人决定把立即"完全独立"作为目标。① 甘地领导的温和派鉴于英国政府的态度,也决定接受"完全独立"。1930 年 1 月 26 日,国大党宣布这一天为独立日,尼赫鲁致词称:"英印政府不但剥夺了印度人民的自由权,还把它自己建立在剥削大众的基础上,并已在经济、政治、文化和精神上毁灭了印度,所以印度必须割断与英国的联系并获得完全的独立。"② 致词突出地反映,由于英国的压制政策,印度走上了要求独立的道路。可以说,从 1930 年起,印度民族主义者与英印政府之间的冲突,已发展成为要求独立与维持带有专制体制残余的自治领地位之间的冲突。

1930 年初,国大党授权甘地发动第二次非暴力不合作运动。当时的形势对国大党十分有利,世界经济大危机已经袭击到了印度,印度农民在苦难中呻吟,而受危机打击极大的商人阶层也加入了反对英印政府的行列。许多地区发生农民拒绝交税的斗争;印度工会大会还要求在印度成立一个社会主义共和国。③ 在这样的背景下,甘地发起了所谓"食盐进军",拉开了第二次非暴力不合作运动的序幕。

食盐进军是一场象征性的活动,由于政府征收盐税过高,因而甘地决心带领 79 名门徒徒步行走两百多英里到海滨自制食盐,以示抗议。这一活动历时 26 天,甘地以这种圣徒般的行动引发了全国性

---

① Resolution on Complete Independence and the Round Table Conference Passed by the Lahore Session of the Indian National Congress, 31 December 1929, *Speeches and Documents on the Indian Constitution 1921—1947*, pp. 277 - 278.

② Pledge taken on Independence Days 26th January 1930, *Indian Nationalist Movements 1885—1947 Select Documents*, pp. 64 - 65.

③ K. B. Keswani, op. cit, p. 327.

的抗议活动,并使甘地赢得了欧洲人道主义者的普遍尊敬。其后掀起的民族运动浪潮声势浩大,在两战期间举世皆知。当时政府被迫通过十二项紧急法令,大约有600多万人被捕,印度监狱人满为患①,其规模之大由此可见一斑。

这次运动的结果,是1930年12月,按照"欧文宣言"的规定,召开了首届圆桌会议,由英国各党派及印度代表共同参加以讨论印度的前途问题。该会议的英方代表团由麦克唐纳首相率领的工党政府代表团、塞缪尔·霍尔(Samuel Hoare)率领的保守党代表团及里丁率领的自由党代表团组成,以确保会议的结果可以被各党派接受;而印度方面则由57名英属印度代表②和总督任命的16名王公代表组成。③ 会议的郑重程度是前所未有的,英王乔治五世指出,从来没有像现在这样:"英国和印度的政治家及印度土邦统治者在同一个地方,围绕着一张桌子来讨论印度将来的政府体制。"④从此之后,圆桌会议成为英、印双方商讨政治问题的一种常用方式。

但是,英国的这一姿态并不能说明,在自治领行将获得完全主权国家地位的前夕,英国对印度的传统看法有什么实质性改变。在以下几件事上,完全证明了英国的态度。

第一是西蒙委员会报告的滞后性。1930年6月,委员会提交了调查报告。该报告建议中央政府中官方指定的成员和非官方指定的、由印度人选举出来的成员比例不变;土邦王公和英属印度按联

---

① K.B.Keswani, op.cit, p.329.
② 国大党主要领导人因尚在监狱中而未参加此次会议。
③ K.B.Keswani, op.cit, p.328.
④ H.G.Rawlinson, op.cit, p.209.

邦制原则组成一个新的印度自治领。① 由于这一报告没有对印度将来的目标提出明确看法，中央政府又没有实行责任政府，因而遭到印度各方的强烈反对。

第二是印度政府和伦敦的许多英国人皆反对与印度民族主义者妥协。资深印度官员黑利1930年5月写信给欧文，指出：习惯于欧洲心理的人经常认为，妥协性的姿态能解决严重问题，但在当前的局势下，利他主义将会被看作是软弱。② 英国国内，保守党右翼坚决反对给印度自治领地位，反对势力又因两个报业巨头比弗布鲁克（Max Aitken, 1st Baron Beaverbrook）和罗瑟米尔（Harold Harmsworth, 1st Viscount Rothermere）及许多院外压力集团的支持而加强。③ 丘吉尔充当了反对派的急先锋，1931年，他指出："将我们的责任交付那些不成熟的印度政治家们将是一种倒退的行动，是一种胆小怯懦、背信弃义和令人羞耻的行为，这将给英国和印度都带来灾难性后果。"④他因这个问题而宣布辞职并脱离自由党。

第三是1931年欧文试图与民族主义者妥协而达成的"甘地-欧文协定"没有解决任何实质性问题。1931年初，鉴于当时国际形势日益严峻，欧文决定无条件释放被捕的国大党人，并与甘地进行谈判。3月，两个人达成协定，规定：立即释放所有政治犯；甘地答应终止非暴力不抵抗运动；政府撤销紧急法令并降低盐税；国大党参加

---

① Report of the Indian Statutory Commission (The Simon Commission), 1930. J. H. Betty (ed.), *English Historical Documents 1906—1939* (Routiedge and Kegan Paul Ltd., 1983), pp. 143-150.
② John W. Cell, op. cit, p. 171.
③ Max Beloff, *Dreams of Commonwealth*, p. 179.
④ George Woodcock, op. cit, p. 250.

第二届圆桌会议,等等。① 甘地作为国大党中的温和派,宣布立即终止非暴力不合作运动。而国大党中的激进派则相当不满,鲍斯(Subhas Chandra Bose)指出:"这一协定探讨了琐碎的、不必要的细节;却回避了斯瓦拉吉这一主要问题。"②连帝国主义者艾默里也承认:"这一协定远比我担心的令人满意。"③因此,几天之后,国大党激进派通过决议,其中寻求"完全独立"的目标保持不变。④

第四是圆桌会议没有预想的那样具有建设性。第一次圆桌会议于1931年1月结束。会议同意,在即将制定的新宪法中,确定行政机构对立法机构负责的原则,立法机构按联邦原则构成。会上,穆斯林代表提出要求采取防范措施,保护他们的公民权,这遭到了英属印度代表的反对;印度王公也要求英国提供保护。⑤ 这使会议难以达成一致意见。第二次圆桌会议于1931年9—12月召开。当时,工党政府已倒台,麦克唐纳组织了各党派联合政府,保守党的塞缪尔·霍尔接替了同情印度的工党的韦奇伍德·本为印度事务大臣,这使得会议在一种不利于印度的气氛中进行。国大党拒绝与会,只有甘地一个人参与了这次会议。会议整体表现出一种向后退的倾向。英国政府建议给印度教徒、穆斯林、锡克人、基督徒等不同团体以分别的代表权,这引起了印度各方的争议。鉴于印度人之间

---

① The Gandhi-Irwin Agreement, 5 March 1931, *Indian Nationalist Movement 1885—1947 Select Documents*, pp. 65 – 66.
② K. B. Keswani, op. cit, p. 328.
③ Leo Amery, 5 March 1931. John Barnes &- Nicholson David (ed.), op. cit, p. 151.
④ Resolution of the All-India Congress Committee on the Gandhi-Irwin Agreement, 27 – 28 March 1931. *Speeches and Documents on the Indian Constitution 1921—1947*, p. 232.
⑤ Indian Round Table Conference, First Session, November 1930 to January 1931. Nicholas Mansergh (ed.), *Documents and Speeches on British Commonwealth Affairs 1931—1932* (Oxford, 1983), pp. 206 – 223.

未能达成协定,麦克唐纳宣称:"英王陛下政府将不得不为你们解决代表权的问题,还要尽可能明智和公正地决定:宪法中应包含限制与平衡条款,以保护少数人不会受到多数人单独无限制地、专制地利用民族原则表达他们自己观点的危害。"①对此,甘地的追随者们一针见血地指出,这一问题是"政府故意推至前沿并加以扩大的,因为他们不想放弃权力"。② 英国政府仍想沿用传统的"分而治之"政策来控制印度。出于对会议的失望,甘地愤而退出。

在自治领已因《威斯敏斯特法案》而获得完全国家地位的同时,印度的民族主义运动仍需要艰苦的奋斗。造成这一局面主要是因为英国人不愿意放弃对印度的控制,而这正是长期专制统治造成的影响。丘吉尔1931年的一篇演讲最能说明问题,他说:"坚定地行使我们在印度的职责不仅是一个事业,也是一种象征。这是我们在当前困难情况下的试金石。如果我们不能在印度尽我们的职责,毫无疑问,我们就等于表明自己不配统治一个至今仍以这个小岛为中心的庞大帝国。"③丘吉尔把统治印度视为英国坚定地行使对整个附属领地的委任统治权的象征。显然,英国人自始至终都认为印度民族还需要英国的指导。这种根深蒂固的专制统治思想,使英国在印度宪政发展上的每一步都不愿意轻易放弃对印度的控制权。

然而,印度的离心过程并未因此而中断,相反,它仍在继续发展。甘地回到印度后,又发动了第二阶段的非暴力不合作运动,把斗争继续推进下去,其目标仍是坚定不移的"完全独立"。

---

① Indian Round Table Conference, Second Session, September-December 1931, Ibid., p.235.
② Peter Heeks, op.cit, p.115.
③ George Woodcock, op.cit, p.250.

纵观印度的离心过程,可以发现如下几个特点:第一,正是英国对印度专制统治本身创造了印度离心的根源。这套专制统治包含着两个基本立足点,一是坚持维护英国人的控制,二是兼顾发展印度的福利。因此,英国为印度带来的政治统一和发展印度文化、经济的措施创造了一个现代印度民族。而英国在加强专制统治的过程中又促进了印度民族主义运动的兴起。这一体制不可避免地创造了一个否定自身的对立物。第二,英国对印专制统治的理论基础决定了它必然包含着利己性和利他性、关注维护英国的最高主权与必须兼顾印度民族主义这两重矛盾性质。前一种性质是这一制度的根本,而后一性质则是这一制度的合法性所在。前一种性质使英国对印专制统治思想根深蒂固,即使在承认印度可以获得自治的情况下也仍然固守专制体系的遗产,对印度的发展持一种短视态度,致使印度的民族主义迅速发展为大众民族主义,并最终向"独立"的目标迈进。而后一种性质则促使英国不得不考虑印度民族主义与专制制度的相容,因而一步步地将民族主义者吸纳进统治框架之中,而且一再考虑民族主义者的合理要求并做出让步,这也促使印度民族主义向深远发展。在这种发展过程中,维持英国统治与满足民族主义者的要求之间的微妙平衡被打破,权力重心逐渐向后者转移。可以说,专制体制本身的矛盾性是印度发生离心现象的根本动因。第三,虽然在各自治领已获完全国家地位之时,印度仍然未获得"自治领地位",并仍在为"独立"而奋斗,但离心的方向是很明确的。它和自治领一样,是向着独立的民族国家发展的。自治领的民族主义在一战中趋于成熟,而印度则在20年代斗争中趋于成熟。印度民族的成熟表明其已经具备独立民族国家的基础;另一方面,英国在理论上也已经承认将来可以给印度"自治领地位",从白人自治领的经历来看,这一身份实际上只是通往完全独立国家的一个过渡阶段。在实践中,责任政府的实行已从地方逐渐向省一级发展,英国政府赞同的西蒙调查团报告和圆桌会议均建议不久之后在省一级废除"二元制"。从中可以看出,责任制政府在印度有个扩大过程,这正是白人自治领以前所经历过的。只是,英国把这一过程估计得太长,致使印度群情激愤。然而,无论从何种角度看,印度成为独立的民族国家只不过是一个时间问题。①

综上所述,印度与自治领一样,在英国巩固其统治并认为已达到目的的同时发生了离心过程,而且恰恰是英国的巩固措施成为印度离心的根源。

---

① 1935 年,英国正式授予印度"自治领"地位,并基本根据西蒙委员会报告制订了印度宪法。该宪法规定:印度为联邦国家,在省一级实行责任政府制,中央实行二元制,印度总督保留对外交、防御等领域的控制权。印度民族主义者对此并不满意,斗争仍在继续。

第五章　英国与附属殖民地

在英帝国的范围内,相对于走向成熟的自治领和飞速变化的印度,为数众多、分布广泛的附属殖民地的发展还十分缓慢和滞后。它们中的大多数是19世纪末被英国占领的地区,尚未来得及取得充足的发展;此外,一战对附属地区的冲击比对自治领、印度的影响也要小得多。因此,在20年代白人自治领已接近于完全独立、英国已承认印度将来可以获得自治领地位之时,许多附属殖民地还处于与母国政治、经济及其他联系最紧密的时候。[1] 正因为如此,英国对附属殖民地所采取的巩固措施,是一种广义的"双重委任托管制度"。

这一制度包含着如下两个要点:第一,比之英国对印度的统治,"双重委任托管制度"更强调尊重殖民地自身的发展路线与权利。卢加德勋爵对"双重委任"的定义是:人们普遍公认,并从理论上证明欧洲人的出现是正当的,社会和经济的发展是为了世界上其他地区,同样也是为了非洲。[2] 换言之,这一体系既维护英国的权威,又兼顾殖民地的福利。英国是殖民地利益的受托人,应该使用英国的

---

[1] Paul Kennedy, *Strategy and Diplomacy 1870—1945* (Fontana, 1984), p.208.
[2] [法]A.阿杜·博亨:《非洲通史》第七卷《殖民统治下的非洲1880—1935年》,中国对外翻译出版公司1991年版,第255页。

力量来发展殖民地。这是英国对附属领地统治的合法性所在。第二，一种文化上的和种族上的优越感，把非洲人视为尚未成熟的、需要英国人指导的儿童。英国人虽然在理论上同意，作为殖民地发展的受托者，他们应该为热带非洲最终获得自治政府作好监护工作，但同时也认为这是一个远景问题，正如1925—1929年任殖民大臣的艾默里指出的："附属领地跻身于较高的平等、自由的伙伴地位，这一前景即使不遭到全盘否决，也无论如何只存在于暗淡的、遥远的将来。"①因此，欧洲人的统治将长期延续下去。

然而，正是"双重委任托管制度"的这些基本理论和假设，孕育了附属殖民地民族主义的潜流，进而导致了英国人对统治理论的质疑与重新构建，这一切都预示着附属殖民地潜在的离心趋势。由于广大附属殖民地本身千差万别，因而它们以不同的方式冲击着"双重委任统治"的理论，其离心也呈现出不同的特征。

一、单一种族地区：民族主义萌芽

所谓单一种族地区，是指英国殖民者在总人口中所占比例极小，而几乎完全由土著种族构成的地区。本节所要探讨的单一种族殖民地，主要是指土著种族占优势的大部分非洲附属殖民地，它们不但在整个英帝国的附属殖民地中所占面积最大，而且其离心趋向更具有典型意义。在这些地区，英国一方面是推行政治上的统一，实行以间接统治制度为主的管理方法；另一方面又逐渐实行殖民地

---

① Bernard Porter, *The Lion's Share*, p.290.

发展战略，即通过英国政府的行为来促进殖民地在经济、社会等方面的全方位发展。这些措施虽然使英国对附属殖民地的统治得以巩固，但也在无形中成为这些殖民地离心的根源。这就为"双重委任托管制度"提出了第一个难题：如何对待附属殖民地可能出现的变动？

大多数非洲殖民地在被英国人占领之前，尚没有大面积区域性政权存在，只有一些分散的、规模较小的部落酋长政权，因而土著种族还根本谈不上具备民族意识，这也是它们能够在心理上接受英国殖民控制的原因之一。但是，英帝国的统治却打破了这种状况，使殖民地社会获得实质性变动。

英国的统治使殖民地形成统一区域，并形成区域意识。在19世纪末开始的欧洲列强瓜分殖民地的行动中，非洲地区为数众多的部落政权被明确合并为大约40个单独的区域，它们中的大多数都具备足够的资源以支撑其发展成为现代国家[1]，这就为这些地区向民族国家发展打下了最根本基础。在使上述殖民地实行区域统一的同时，英国还推行一整套行政管理制度。整齐划一的管理体制层层深入，不但强化了各殖民地的区域统一，而且通过各级酋长使整个殖民地在政治上也趋于一致，正如卢加德指出的，英国的统治使法律与秩序进入了"数以百万计的人口因内部冲突而纷争不息"的地区。[2] 此外，第一次世界大战中，英国为了弥补兵源的不足，实行强制性征兵，把许多以前只知道他们自己村子的人带入了战争，使他

---

[1] Ronald Oliver & Anthony Atmore, *Africa Since 1800* (Cambridge, 1994), p.125.
[2] E. A. Benians, Sir Jaines Butler & C, E, Carrington (ed.), *The Cambridge History of the British Empire vol. III The Empire—Commonwealth 1870—1914* (Cambridge, 1959), p.466.

们意识到还有更大的地域实体存在①,这加强了殖民地已经逐渐萌生的区域感。而且,英国的殖民地发展政策也对殖民地的地域统一起了很大作用。交通的发展使殖民地互通有无、加强联系,不但促进了当地的经济发展,也增强了区域意识。经济的进步又成为殖民地全方位发展的基础,比如在尼日利亚,当代学者卡尔兰(John M. Garland)就指出,英国的发展措施"为尼日利亚在整个殖民时代及以后的进一步发展奠定了框架"。②

如果说地域和政治上的统一可以看作是殖民地发展的骨骼的话,殖民地的交通畅通和经济发展则可以称为发展的血肉。但是,上述政策仅仅是使殖民地具备未来民族国家的躯壳,而殖民统治引起的当地社会结构的变化以及由此而带来的殖民地人民意识的变化,则使殖民地具备了未来民族国家的灵魂。

在殖民统治下,英国人废除了奴隶制,并实行宣扬人人平等的英国法律,使传统社会中的血统和门第观点受到很大冲击。而且,英国的统治又很注重个人才能和成就,这就为处于社会底层的非洲民众提供了向上升迁的机会,因而带来社会结构的极大变动。最显著的变化是受过教育的特殊阶层的出现,而且他们的人数和力量逐年增长。这些人又分为以下几个层次:第一层是受过较高教育的专业人才,他们大多到西方深造过;第二层是中低层中产阶级,他们包括教师、牧师、传教士、低级公务员、受过教育的工匠;第三层由初等

---

① Melvin E. Page, *Africa and the First World War* (Macmillan, 1987), p.111.
② John M. Garland, *The Colonial Office and Nigeria 1898—1914* (Macmillan, 1985), p.204.

学校的辍学者构成,他们包括职员、邮递员、商业助理、学徒等。①

这一阶层之出现,当然是英国殖民者推行英国式教育的结果。英国人出于商业贸易和生产的需要,必须要培养一批懂得西方知识(特别是懂得生产和贸易知识)的土著阶层。总体上说,英国向殖民地的土著种族推行英国式教育,可以分为如下两个阶段。

(一)一战之前,主要由英国的传教使团在殖民地从事教育工作,殖民地的民族主义情绪初步产生,英国的殖民政权在教育问题上没有起多大作用。

宗教团体在非洲地区建立乡村学校,使适龄的孩子能得到简单的教育,即读、写、算以及关于洗礼及入教的指示。这些学校相当简陋,被称为"丛林学校"。1912年,一个罗得西亚传教士描述道:"这些学校由一个六英寸高的青草篱笆组成,环绕着一棵大树、几根竿子、一些作为座位的树枝。"②教育虽然简单,但作用却很大。一方面,一些比较聪明的非洲学生还能得到更进一步的教育,以便将来能担任低级传教士和教师;另一方面,这种教育对非洲人的启蒙起了决定性的作用。

在殖民统治的早年,非洲土著反抗殖民政权的主要目的,只是想赶走欧洲人并恢复以前的状态。然而,基督教在非洲的传播却带来了新的变化,受过教会教育的非洲人不再用部落观念反对殖民政权,而开始用西方的方式来思考问题,并用西方的标准来评价殖民统治,从而成为最初的非洲民族主义者。1911年,在一个尼亚萨兰非洲人所写的反殖民统治的传单中,突出地表述了一种受过教育的

---

① Adu Doahen, *Ghana: Evolution and Change in the Nineteenth and Twenties Centimes* (Longman, 1975), p.105.
② Roland Oliver & Anthony Atmore, op.cit, p.146.

非洲人的激进看法。他写道：

> 尼亚萨兰的所有欧洲人都有许多错误。这存在着三个混合的团体——传教会、政府和公司或赚钱的人——它们都用同样的嘲弄的目光看待非洲人，并形成同样的统治形式。有时真令我们惊奇，这三个联合在一起的团体居然都来自欧洲，而且还都和基督教王国的名义联系在一起。……三个联合在一起的团体的生活总得来说太欺诈、太偷窃、太歪曲。它们不是说"给予"，而是说"拿走"。存在着许多对在《雅各书》第五章第四节中看到的那种上帝的纯正的法律的违背。①

我们从中可以看出，此人语言尚不流畅，观点也十分简单，但是，他已经开始根据从欧洲传来的《新约》的观点来评判他所遇到的欧洲人，这代表着殖民地社会中的新兴力量。

另外，非洲人所受的基督教教育使他们坚信，所有人在上帝面前都是平等的，因此他们能够像英国人一样成为优秀的殖民地公民，这使得受过教育的非洲人很自然地产生了进入殖民政权的要求。但是，殖民政权在吸收非洲人参与政权方面，却保持着相当严重的种族主义倾向。1910年，一名拉各斯（Lagos）殖民地的黑人督察员抱怨说："事实上，西非的有色人种发现他们不可能像白人那样提升得那么高、那么快，即使他的条件一样好或更好。"英国外交部尼日利亚司的官员斯特雷奇（Strachey）的答复是："西非殖民地是英国人的，而且只要这一事实存在，土著非洲人就不可能指望被任命到除了下属职位之外的其他位置上。"②此外，非洲人还发现，欧洲的

---

① Roland Oliver & Anthony Atmore, op. cit, p.150.
② John M. Garland, op. cit, p.48.

传教使团也是殖民体制的一部分,这些传教团体宣扬的是臣服与恭顺,目的在于为英国的殖民统治服务。① 即使在基督教社团内部,欧洲人也否定非洲人的平等性,竭力排斥非洲牧师。

在这种压制性的殖民统治下,一些受过教会教育的非洲人开始寻求建立非洲人的独立教会,奉行他们心目中真正的基督教信仰。1914年,在尼日利亚约鲁巴地区,受过教育的非洲人建立了一个"改革基督教的奥格波尼协会"(the Christian 'Reformed' Ogboni Society),以对抗欧洲人统治的教会。② 另外一些受过教育的非洲人则组成各种俱乐部和协会以示抗议。这类组织主要有:1897年成立于黄金海岸(Gold Coast)的"保护土著人权利协会";1910年在塞内加尔(Senegal)成立的"青年塞内加尔俱乐部";以及1905年和1912年在尼日利亚(Nigeria)先后成立的"人民联盟"和"反对奴隶制及保护土著人协会"。③ 这类组织虽为数不多,影响也不算大,但他们毫无疑问代表了一战前非洲殖民地民族主义的萌芽,并成为战后民族主义进一步发展的基础。

(二)一战之后,由传教团体主持的英国殖民地教育活动逐渐让位于由英国殖民政府负责的教育活动,政府行为开始在教育问题上占主导地位,殖民地的教育获得很大发展。

一战之后,英国人在殖民地发展问题上逐渐达成共识,开始注重通过政府行为开展殖民地教育。1919年,积极倡导殖民地发展的

---

① Basil Davidson, *Modern Africa A Social & Political History* (Longman.1994), p.25.
② A.D.Roberts (ed.), *The Cambridge History of Africa Vol.7 from 1905 to 1940* (Cambridge, 1986), p.405.
③ [法]A.阿杜·博亨:《非洲通史》第七卷《殖民统治下的非洲,1880—1935》,中国对外翻译出版公司1991年版,第118页。

格吉斯伯格爵士（Sir Frederick Gordon Guggisberg）就任黄金海岸的总督，他认为他在任期内的主要目标是"使黄金海岸的人民朝向更高文明状态的总体进步迈进，而这种进步的关键是教育"。该地区贸易和生产的发展以及生活水平的提高，使当地人对于更好的生活条件、医疗卫生、供水系统等都提出了更高的要求，而这又必然要求提高教育水准。① 为此，他制定了 15 条发展教育的原则，主要内容有：贯彻初等教育；政府资助大学的发展；尽可能提高教师的能力和资格；训练一部分非洲人充任学校监督，等等。② 1922 年，他还建立了四所商业和工业学校，教授最新的出口作物的种植方法。此外，他还建立幼儿园和培训学校，减少大学班级的规模，建立新的学院，在大学中鼓励教授当地历史和语言，提倡女孩接受教育。③

如果说格吉斯伯格的举措只是单个殖民地政府的行为的话，那么不久之后，教育问题也引起了殖民部的高度重视。1926 年，殖民次长奥姆斯比-戈尔（William Ormsby-Gore）在调查了非洲的教育问题后指出："即使对于一个偶尔到来的访问者，黄金海岸人民对教育的要求也是很令人震惊的。这一要求并不是新的。从 1900 年起黄金海岸殖民地就有大约 12 000 名儿童在学校，今天大约有 35 000 人在政府承认的正规学校内上学。"④他认为应大力加强师资培养，所以他召集西非和东非殖民地的总督到伦敦商讨这一问题。结果，在殖民部的坚持下，总督们采取更为积极的教育政策，通过与各种派

---

① Robert O. Collins (ed.), *Western Africa History vol. I Of African History: Text and Readings* (Markus Wiener Publishing, New York, 1994), pp. 225-226.

② G. B. Kay (ed.), *The Political Economy of Colonialism in Ghana Documents and Statistics 1900—1960* (Gregg Revivals, 1992), pp. 279-280.

③ Adu Boahen, op. cit, p. 114.

④ G. B. Kay (ed.), op. cit, p. 281.

别的基督教使团合作以及拨款给教会学校,来确保殖民地教育的效益。

这一教育政策导致非洲殖民地初等教育的质量大为提高:入学儿童的学习时间比以前增加了,他们至少要在学校待4年;每个殖民地都有政府委派的监督教育人员;很多学校拥有受过政府培训的教师并使用政府规定的大纲。更为重要的是,殖民地中学教育的数量与质量也在提高。这些中学毕业生开始有资格从事农业技师、园林师、零售店经理、中学校长、牧师以及地方政府官员等专业性较强的职业——以前只有欧洲人才有资格担任这些职位。① 而中学生中的佼佼者,又可以进一步到欧洲和美国接受高等教育,并取得担任医生、律师等较高职位的资格。因此,他们完全可以称为非洲的中产阶级知识分子。② 他们接受的是西方教育,所以非常推崇欧洲文明和欧洲人所倡导的公民自由。1925年,坦噶尼喀非洲籍文职人员协会主席奇姆庞德(Samuel Chimponde)极具代表性地宣称:"在非洲人看来,仿效欧洲人才是文明举动。"他们一回到国内,就要求获得与欧洲人一样的政治上的平等权利和经济事务中的均等机会,以及教育普及,承认非洲文化的传统和成就,在各行业中使用非洲人。③ 非洲知识分子所受的高等教育和他们的才能,使他们很自然地成为非洲民族主义的新力量。

非洲中产阶级知识分子的出现使委任统治制度陷入了两难境地:一方面,委任统治本身所倡导的发展殖民地理论,以及殖民统治

---

① Roland Oliver & Anthony Atmore, op.cit, p.157.
② Basil Davidson, op.cit, p.25.
③ [美]斯塔夫里亚诺斯:《全球分裂:第三世界的历史进程》,商务印书馆1995年版,第621页。

自身的需求,使英国人必须发展非洲的教育,并一再提高教育质量;另一方面,教育的结果又使英国人必须考虑如何满足日益增多的非洲知识分子想获得相应的政治权利的要求。

如果说战前英国排斥非洲人进入政权是出于种族主义因素,那么随着文化相对主义的盛行和宣称尊重土著种族权益的"间接统治"制度的实施与推广,"种族"因素已不可能再作为英国殖民当局不接纳非洲人的直接借口。但在实际上,"间接统治"制度却从另一个角度否决了非洲中产阶级知识分子的参政要求。

"间接统治"制度把维护土著种族的权利等同于维护当地的传统权威,强调非洲社会按照自身路线发展,而认为非洲知识分子的主张不具有代表性。卢加德早就指出:"欧洲化的非洲人……在仍然处于部落阶段的没有文化的居民中构成各种各样的少数团体"[1],他们的观点在非洲社会中不是主流,所以英国的殖民统治的侧重点还是维持大多数非洲居民所接纳的传统社会。因而,英国人试图使非洲知识分子与间接统治的框架相容。1925年,负责调查传教士学校问题的国际传教委员会秘书长奥尔德姆(J. H. Oldham)指出:"教育应该与不同民族的智力、才能、职业和传统相适应。……其目标在于使个人更适应他或她的生活条件。"[2]这一观点具有相当浓重的家长制色彩。生物学家哈克斯利(Julian Huxley)进一步说,间接统治旨在使非洲知识分子"最大可能地采用欧洲的有用技术,最少可能地采用欧洲的穿戴和思维方式;最少可能要求获得与欧洲人一样

---

[1] L. H. Gann & Peter Duignan (ed.), *The Colonialism in Africa 1870—1960 vol. I* (Cambridge, 1982), p.37.

[2] Andrew Roberts (ed.), *The Colonial Movement in Africa Essays on the Minds and Materials 1900—1940* (Cambridge, 1986), p.53.

的政治、社会或智力平等,最大可能延长种族之间的鸿沟"。① 结果,非洲中产阶级知识分子受到殖民政权的排斥,只能在政府和商业机构中担任较低的职位。由于不被白人主流社会承认,并且认为他们应该获得更大的回报,非洲知识分子们对殖民政权产生了普遍不满,要求变革现状的呼声高涨起来。

非洲中产阶级知识分子反对殖民政权的主要理论是西方的政治思想。他们认为,欧洲人能够保持民族独立的基础是因为他们已经组织成了国家,因此殖民地的人民只有组建一个个国家,才能获得自由。早在 1911 年,黄金海岸人阿胡马(Ahuma)就发表了《黄金海岸的民族与民族意识》一书。他号召非洲人珍视他们自己的遗产和历史,组建自己的国家。他说:"让我们互相帮助以发现一条走出最黑的非洲的道路,我们必须走出蒙昧的丛林,来到国家赖以建立的开阔之地。"②另一个理论源于美国黑人的泛非主义。泛非主义者认为,全世界具有非洲人血统的人必须联合起来,以争取自身的权力。这一思想对非洲知识分子争取独立起了很大作用,正如 1925 年时,黄金海岸的一位泛非主义思想家塞基伊(Kobina Sekyi)所指出的,非洲的进步"必须由非洲的非洲人来控制和指导"。③ 因此,中产阶级知识分子成了新的民族主义代言人,他们也赋予非洲民族主义以全新的内容。

在这样的背景下,民族主义运动率先在一些发展较快的西非殖

---

① Andrew Roberts (ed.), *The Colonial Movement in Africa Essays on the Minds and Materials 1900—1940* (Cambridge, 1986), p.61.
② Basil Davidson, *Africa in Modern History The Search for a New Society* (Penguin, 1978), pp.34-35.
③ Ibid., p.33.

民地展开。一个典型的地区是黄金海岸。1919年就任总督的格吉斯伯格制定了十年发展计划,共计投入资金2 500万英镑,用于发展当地的港口、铁路、公路、水供应、水电工程、公共建筑、城市建设、电报及电话事业,等等。① 在他的任期内,总共建造了3 338英里的新公路,且可可出口量占全世界的一半。② 另外,格吉斯伯格还推行了大量教育措施,凡此种种,使黄金海岸在两次世界大战期间成为各方面发展最快的殖民地之一,它的民族主义发展也居于非洲前列。此外,尼日利亚和塞拉利昂(Sierra Leone)的民族主义发展也较快。

这些地方的民族主义发展可以分为三种类型。第一种类型是组建大量民族主义的青年组织。青年组织数量最多的是黄金海岸和阿散蒂地区,到1930年,就有多达50个这类俱乐部和协会,其中大部分在1925—1930年间建立。1929年,丹凯(J. B. Danquah)把一些俱乐部和协会合并成了统一的青年大会运动。在塞拉利昂,华莱士·约翰逊(Wallace Johnson)建立了西非青年联盟。这些组织几乎包括了当时所有青年知识分子。他们提出了诸如提高教育质量、在立法和行政委员会中享有平等的成员权、废除种族歧视、允许非洲人担任较高级别的文官、改善殖民当局同非洲人的关系等要求。③

第二种类型是由民族主义者组建若干政党鼓动实行改革。1922年,尼日利亚获得了初步的代表制政府和立法委员会,以及出版、集会和结社的自由,这大大推进了尼日利亚民族主义。尼日利

---

① G. E. Melcalfe & Bungay Saffock (ed.), *Great Britain and Ghana Documents of Ghana History 1807—1957* (Richard Clay and Company, Ltd., 1964), p.511.
② Ibid., p.112.
③ [法]A. 阿杜·博亨:《非洲通史》第七卷《殖民统治下的非洲,1880—1935》,中国对外翻译出版公司1991年版,第509页。

亚人出版了《西非领航员》等刊物,还组建了一些民族主义政党①,其中最著名的是尼日利亚民族民主党。该党所声称的目标是:"保障作为英帝国联邦不可分割的一部分的尼日利亚殖民地和保护国人民的安全和福利",其纲领包括:某些发展较快的大城市完全实行自治;发展高等教育并在尼日利亚全境实行义务教育;使文职人员非洲化;在尼日利亚实行自由公正的贸易以及平等对待尼日利亚的商人和生产者。②

第三种类型是在各殖民地建立起民族主义政党的基础上,形成非洲人的政治联盟。早在1918年,黄金海岸的一位律师凯斯利·海福德(Casely Hayford)就建立了英属西非国民大会党(the National Congress of British West Africa),简称 NCBWA。1920年它又传入尼日利亚、塞拉利昂、冈比亚(Gambia),成为一个跨地区组织,一直存续到1930年。据统计,该团体的主要成员中有2/3在英国受过教育,其他人则至少在本土受过较高教育;一半以上的人是律师,另一半人则从事医生、教师、商人等职业。③ 该组织宣称:

> 大会的政策是严格维护并防止破坏英属西非各附属国同大英帝国的联系,毫不保留地维护帝国自由公民的一切权利和只要纳税就应享有代表权的基本原则……促进在英国国旗下的西非政治体制的发展……最终保证在其境内实现民有、民

---

① Henri Crimal, *Decolonization the British French, Dutch and Belgian Empires 1919—1963* (Westview Press, 1978), p.57.
② L. H. Gann & Peter Duignan (ed.), *Colonialism in Africa vol II The History and Politics of Colonialism 1914—1960* (Cambridge, 1982), p.380.
③ [法]A. 阿杜·博亨:《非洲通史》第七卷《殖民统治下的非洲,1880—1935》,中国对外翻译出版公司1991年版,第512页。

治、民享的政府,保证实现人人机会平等,为了人民而维护人民的土地。①

1920年首次会议上,该党总共通过了82条决议,涉及到行政和立法改革、教育问题、银行和船运、司法改革、卫生和医药改革、土地问题、自决权问题,等等。②

20年代下半期,当NCBWA开始衰落时,西非学生联合会(the West Africa Students' Union,简称WASU)于1925年在伦敦建立,继续执行泛非主义的路线。其创始人是原NCBWA的班科勒-布莱特医生(Dr Herbert Bankole-Bright)和尼日利亚人索兰科(Ladipo Solanke)。WASU的目标在于培养非洲人的民族意识和种族自豪感,向白人证明非洲人有自己的文化和历史,从而"改变白人对受过教育的非洲人的态度"。其创始人把它视为缔造"一个最终会导致……统一的非洲国家"的一个步骤。③

这些西非政治组织有三个共同之处:(1)坚持忠于英国,不想使殖民地脱离英国;(2)用欧洲的方式来组织他们的活动,"采用宪政的手段"斗争;(3)他们的最终目标是"呼吁当局采取措施在当地政府中推行自治"。④ 上述情况表明,无论在目的还是手段上,非洲知识分子都突破了间接统治为他们规定的行为方式的框架;而且,他们还进一步提出否定间接统治制度本身,这使他们成为殖民地社会中与英国人、传统酋长竞争的第三支力量。凡此种种,说明非洲知

---

① [法]A.阿杜·博亨:《非洲通史》第七卷《殖民统治下的非洲,1880—1935》,中国对外翻译出版公司1991年版,第314页。
② Adu Boahen, op.cit, p.127.
③ Ibid., p.133.
④ 黄金海岸政治家海福德语。Henri Crimal, op.cit, p.56.

识阶层是间接统治的对立物。

然而,上述行动的效果十分有限,当代冈比亚历史学家朗利(Langley)指出,这些早期西非政治家"只是一些怀有极其有限的政治目标的合作主义者",他们想做的是调和殖民体系和他们自己的利益,因此很难达到大众民族主义阶段。① 尽管如此,非洲的民族主义运动还是取得了一定成果,其中最为突出的就是黄金海岸的宪政改革。1925年,总督格吉斯伯格颁行了一部新宪法,该宪法正式承认非洲人有权根据选举原则选出自己的代表,同时规定:增加立法委员会中的非官方成员人数。② 不过,与此同时,宪法也规定了严格的选举和被选举资格,还赋予总督在立法和行政方面的全权,包括可以拒绝立法委员会通过的法律,而1927年的《土著行政条例》则再次确定了传统权威的地位。③ 这表明非洲人争取民族权利的斗争,仍有很遥远的路要走。

回顾非洲民族主义的发展,可以看出,其兴起原因和斗争方式与印度的民族主义发展有若干相似之处。英国的殖民统治使一个个非洲殖民地具备了民族国家的基础,而英国的发展与教育政策则创造了民族主义的代言人——非洲中产阶级知识分子。间接统治制度中维持传统非洲社会与排斥受过教育的非洲人的一面,使得非洲知识分子与英国殖民当局产生冲突,推动了非洲民族主义的发展,而且非洲人的要求同样也是获得参政权和通向民族国家的自治政府。所有这一切,使20世纪二三十年代的非洲附属殖民地表现出

---

① Basil Davison, *Africa in Modern History*, p.180.
② 张顺洪:《大英帝国的瓦解——英国的非殖民化和香港问题》,社会科学文献出版社1997年版,第137页。
③ Adu Boahen, op.cit, p.116.

一种潜在的离心趋势。不过,非洲知识分子的要求与所取得的成果大致上只类似于19世纪末的印度人,非洲附属殖民地在离心的道路上才仅仅迈出了第一步。

二、多元社会:种族问题

肯尼亚等东非殖民地与其它非洲殖民地的不同之处在于,这一地区有相对较多的白人移民,还有大量印度移民存在,这形成了一种多元社会的局面。因此,这一地区的问题不同于其他殖民地,它是以赤裸裸的种族冲突形式表现出来的。多元社会的种族冲突给委任统治制度提出了第二个难题:委任统治宣称兼顾英国和殖民地的利益,但如果这两者之间发生冲突,英国该如何协调?

肯尼亚的种族问题之所以突出,主要是因为有大量英国移民存在。该地区土地肥沃广阔,适合从事农业耕作,因此吸引了大量移民。早在20世纪初,一些殖民官员和白人移民就有独占该地区以发财致富的意图,当时的总督艾里奥特爵士(Sir Charles Eliot)明确说过:"英国行政官员竭力鼓励移民尽可能多地攫取肯尼亚高地的土地。"[①]英国移民企图全面控制这些殖民地,建立"白人国家",这表现在两个方面。

第一,英国移民试图在经济上控制肯尼亚,并排斥非洲土著和印度移民的经济权利。1902年,英国移民成立了一个种植园和农场

---

① [法]A. 阿杜·博亨:《非洲通史》第七卷《殖民统治下的非洲,1880—1935》,中国对外翻译出版公司1991年版,第131页。

主协会，要求将肯尼亚最肥沃的高地地区保留给他们使用，并限制非洲人和印度人拥有土地的权力。总督艾里奥特爵士批准了协会的请求，规定不准印度人居住在高地地区。此后，每一任肯尼亚的总督都延续了这一政策。① 1908 年，白人移民当局颁布了旨在剥夺非洲人土地的法案。1915 年，殖民当局又颁布了另一个土地法案，进一步加强对非洲人土地的剥夺。该法案规定，英王对肯尼亚土地享有最高权力，非洲人虽然可以使用给他们保留的土地，但是他们只是"英王的佃户"，土地所有权归英王所有。而且，法令还授权总督，如果认为合适，可以切去保留地中的一块。1916 年，白人立法委员会制定了关于非洲人逃亡的法案，把对非洲人的控制推向顶峰。该法案规定任何离开欧洲"雇主"的非洲工人或佃户一经捕获，可以不经司法机关或调查机构的审判就处以逃亡罪，罚款 150 先令或监禁六个月。② 1917 年，总督贝尔菲尔德（Henry Belfield）公开承认，政府的意图是"通过在保留地施加人道的和适当控制的压力，迫使非洲人走出保留地，作为单个的或与其家人一起定居的居民在欧洲人的农场上工作"③，意即使非洲人成为欧洲农场主的劳动力。

一战后，白人移民对非洲人的限制变本加厉。1918 年，白人殖民政府提出《定居土著法令》（the Resident Native Ordinance），想迫使非洲土著至少每年在移民的土地上工作六个月。1919 年，肯尼亚组建了一个白人选民的代表制政府，当选的爱德华·诺斯爵士（Sir

---

① [法]A. 阿杜·博亨：《非洲通史》第七卷《殖民统治下的非洲，1880—1935》，中国对外翻译出版公司 1991 年版，第 131 页。
② Endre Sik, *The History of Black Africa* (Akademini Kiado, Budapest, 1966), vol. II, p.55.
③ Ibid., pp.55 - 56.

Edward Northey)批准了上述法令,强迫非洲人充当白人的劳动力,并进一步指出欧洲人的利益在全国范围内必须是"至高的"。[①] 1920年,当局又通过了非洲人必须佩带通行证的"土著人登记法令"及拨出南迪保留地的大部分用作战后安置白人士兵的"士兵安置计划",使得占人口少数的白人在经济上完全占据了统治地位。到20世纪20年代初时,白人移民已牢固掌握了肯尼亚的商品作物生产,非洲人和印度人被排除在主导性的经济生活之外。

第二,在政治上,白人移民也竭力排斥非洲人和印度人获得平等的政治权利,并要求建立以白人移民为主的责任政府。

早在1905年,总督艾里奥特爵士就代表肯尼亚白人移民明确宣称:"我们的政策与立法是企图创建一个白人殖民地。"[②]一战后,在肯尼亚政府中,移民的地位大为加强,9 000名欧洲人可以选举立法委员会30个席位中的11个,2.5万名印度人可以选举2个议员,非洲土著则没有选举权。[③] 与此同时,白人在内罗毕(Nairobi)、蒙巴萨(Mombasa)等各大城市都建立起严密的警察制度,保护移民的人身安全和大约2 000个欧洲农场的财产安全。这一时期,非洲人因违反禁止迁移的法律而受审的案例显著增多。而欧洲农场上的非洲工人被农场主"惩罚"致死的丑闻也时有发生,但量刑一般都很轻。[④] 此外,英国移民希望在东非建立白人责任制政府的呼声更加高涨。

而在当时的英国本土,因战争原因一部分极端帝国主义者再次

[①] T. O. Lloyd, *The British Empire 1588—1995* (Oxford, 1996), p.305.
[②] [英]布莱恩·拉平:《帝国斜阳》,上海人民出版社1996年版,第481页。
[③] Andrew Roberts (ed.), *The Cambridge History of Africa*, p.677.
[④] Dagmar Engels & Shula Marks (ed.), *Contesting Colonial Hegemony State and Society in Africa and India* (British Academic, 1994), pp.256 - 260.

崛起,尤其是米尔纳于1919年成为殖民大臣后,非常支持东非白人移民建立一个自治政府,以期东非能对帝国的经济做出贡献。英国移民得到英国国内帝国主义者的支持后,在德拉米尔勋爵(Lord Delamere,即 Hugh Cholmondeley, 3rd Baron Delamere)领导下,明确向英国政府提出,他们想创造一个英属南非的翻版,建立东非白人自治领,把责任政府单独控制在白人手中。他们还要求保障欧洲人持久的社会和经济霸权。

由于白人移民的上述措施,肯尼亚的问题必然是激烈的种族冲突,这与单一种族地区是完全不同的。

的确,随着白人逐渐建立起霸权,肯尼亚的很多土著部落都开始发动反对殖民统治的起义,虽然这还不是现代意义上的民族主义斗争,但都带有民族主义斗争的萌芽。这其中规模较大的有肯尼亚西部卢奥人的反基督教会运动,他们建立起独立教会,其信徒发展到超过一万人。1913年,肯尼亚还出现了蒙博萨教崇拜运动,主要是借助部落宗教的力量反对西方基督教。这一教派创始人认为"基督教是腐朽的……所有欧洲人都是你们的仇人,这样的时间已经不远了,那时他们将从我们国家消失"[1]。殖民政权对上述运动的镇压又加剧了当地的种族冲突。

战后,种族冲突更趋尖锐化。殖民当局一再颁布法令裁定,既然肯尼亚是一个殖民地,非洲人就不能像欧洲人一样拥有土地。这招致肯尼亚人的极端不满,反抗运动主要由严重缺少土地的肯尼亚基库尤族(Kikuyu)发动。1921年,一个在政府机构里工作的基库尤

---

[1] [法]A.阿杜·博亨:《非洲通史》第七卷《殖民统治下的非洲,1880—1935》,中国对外翻译出版公司1991年版,第133页。

人哈里·图库(Harry Thuku)组织了基库尤人联合会,抗议政府的压制。他宣称:"我,哈里·图库,比你们欧洲人更伟大,我甚至比这个国家中的酋长们更伟大。……给你们哪怕是最少一点点帮助的,既不是欧洲人也不是酋长,我根本不想要他们在基库尤国家内存在。"①1922年,他被政府解职并被捕。一群基库尤人聚集在内罗毕市抗议,遭到警察枪击,25名非洲人被杀,图库被放逐到遥远的北部边境。但是,政治结社却很快在基库尤人中传播开来,20年代晚期,肯雅塔(Jomo Kenyatta)②组建了基库尤中央联盟(the Kikuyu Central Association),领导土著反抗殖民当局。

激烈的种族冲突使英国在当地的宗教团体也介入了进去。由于基督教信仰的基础是平等,因而在多元社会中,一些坚持基督教信仰的宗教团体往往会选择支持土著的福利,而否决帝国主义者所宣扬的白人至上的信条。他们认为,英国政府才是代表非洲人利益的受托者,把政治权利交给白人少数团体是对这一委托责任的背叛。③ 因此,英国在肯尼亚的传教使团自觉地承担起捍卫"土著"利益的责任,向英国政府请愿,成为土著利益的代言人。这些有影响的宗教团体得到了英国国内一些著名人道主义者的支持,比如前尼日利亚总督卢加德就坚决反对白人移民的特权。

而当地的印度人也对英国人试图独霸东非表示不满。1921年,欧洲人的总数约为一万,印度移民的人数比之多了一倍,并且他们主要是新近移民。此时在印度本土,正爆发规模宏大的第一次非暴力不合作运动,反英情绪十分强烈。因而,印度移民强烈要求获得

---

① Basil Davidson, *Africa in Modern History*, p.160.
② 肯尼独立后的首任总统。
③ Judith M. Brown & Wm. Roger Louis, op. cit, p.196.

同欧洲人平等及在地方立法委员会共同投票的权利,废除居住区和商业区的种族隔离,允许印度人进入白人高地。① 为了和欧洲移民竞争,印度移民决定争取非洲人。1927年,印度民族运动领袖尼赫鲁指出:"印度人应与非洲人合作,并且尽可能帮助他们。"②来自肯尼亚印度移民的抗议引起英国人对当地种族冲突的极大关注。

肯尼亚的种族冲突为委任统治制度制造了另一个难题:如果作为受托人一方的英国人和作为委托者一方的土著发生冲突的话,英国应该选择支持哪一方。这样的局面就引发了二三十年代关于土著权利与白人霸权的持久争论。

二三十年代,肯尼亚问题引发了英国各界的多次激烈争论,先后经过三个阶段的反复,英国政府三次表态,才最终确立英国人对土著权利看法的基调。

争论的第一个阶段是1923—1924年,肯尼亚种族冲突的事态迫使英国结束在这一问题上长期保持的暧昧态度,初次明确表态,也首次明确承认土著权利至上的原则。

1923年,迫不及待的肯尼亚白人移民在惠特利(Wheatley)准将的领导下,密谋绑架现总督而拥立主张在肯尼亚建立白人自治政府的德拉米尔勋爵为地区长官。惠特利一战后移民肯尼亚,他是个极端的帝国主义者,认为必须在肯尼亚建立"一个真正的、绅士的家园"。③ 密谋虽然被挫败,但使英国政府深感事态严重,因而不得不

---

① Denis Judd & Peter Slinn, *The Evolution of Modern Commonwealth 1902—1980* (Macmillan, 1982), pp. 43-44.

② Max Beloff, *Dreams of Commonwealth 1921—42*, p. 215.

③ R. J. Cain & A. G. Hopkins, *British Imperialism: Crisis and Expansion, 1914—1990* (Longman, 1993), p. 223.

考虑结束在这个问题上一贯实行的缄默态度,对委任统治和土著利益之间的冲突明确表态。当时,随着战后英国确立了对附属领地统治的委任管理原则,土著的权利得到空前的肯定,人们在理论上同意:英国殖民统治的最终目标与合法性所在就是发展附属领地的福利,而不是英国统治的长治久安。连极端帝国主义分子艾默里也承认:"我们在附属殖民地管理的目标……是使帝国的每个殖民地在时机成熟、条件允许的情况下,获得完全控制自己事务和发展自身命运的权利。"①单方面迁就英国移民的意愿显然是不可能的了。

所以,为了体现委任统治制度的原则,同时,也为了防止印度人和非洲人联合起来而出现不利于欧洲人的局面,英国政府决定对这个问题给予明确的答复。1923 年,英国保守党政府抛出了《德文希尔公爵宣言》②(Devonshire Declaration),声称:"肯尼亚主要是一块非洲领土,英王陛下政府认为非常有必要表明自身观点,即非洲人的利益必须是主要的,而且在任何与移民种族的利益冲突中,这些利益应该占优势。"③

这一宣言不仅把非洲人在非洲享有最高权利的信条作为英国在非洲推行委任统治制度的根本原则,而且实际上等于拒绝让欧洲移民建立责任政府。因为根据土著最高权利的信条,与土著有利害冲突的英国移民是不能代表非洲人利益的,也就不能行使对非洲殖民地的委任统治权利。所以,这一宣言虽然达到了限制印度移民权

---

① E. A. Brett, *Colonialism and Development in East Africa The Politics of Economics Change, 1919—1939* (Gregg Revivals, 1992), p.42.
② 德文希尔公爵为 1923 年保守党政府的殖民大臣。
③ S. E. M. Pheko, *South Africa: Betrayal of a Colonised People* (Billing and Sons Limited, 1990), p.54.

利的目的,但无疑也阻止了肯尼亚英国移民建立白人国家的意图。次年,短期执政的工党政府继续了这一路线,争论的第一个阶段以初步确立土著最高权利的信条而告终。

争论的第二个阶段是从 1925 年至 1930 年,不甘心的肯尼亚英国移民得到英国国内极端帝国主义者的支持后,坚持要求自治政府,这再度引起英国国内对这一问题的关注,致使英国政府的第二次表态。

《德文希尔公爵宣言》之后,英国移民并没有放弃寻求政治权利。这主要有两个原因:其一,宣言公布的次年,南罗得西亚的英国移民获得了责任制政府,不过,南罗得西亚白人对黑人的比例仅仅是 1∶25,而在肯尼亚是 1∶250,而且那里还没有印度人的复杂问题,此外,罗得西亚的英国移民在公司统治时期就已经获得了地方一级的责任政府。① 虽然有上述这些特别因素存在,罗得西亚的事例还是给了肯尼亚白人巨大的鼓舞。其二,20 年代时,白人的实力又有了进一步增长,他们耕种的土地增加了三四倍,人口增加到 1.6 万人。肯尼亚殖民政府还给英国移民诸多帮助,农业部公开支持欧洲人的农场,把拨给非洲农户的款项削减了一半。② 另外,为了补偿移民因《德文希尔公爵宣言》而丧失的最高权力,1929 年,政府认可他们在新建立的市镇和地区委员会中行使自治权。③

1925—1929 年,极端帝国主义者艾默里出任殖民大臣,这就给移民要求责任政府提供了新的契机。艾默里一直致力于建立一个

---

① Denis Judd & Peter Slinn, op.cit, p.45.
② Andrew Roberts (ed.), *The Cambridge History of Africa*, pp.679-680.
③ Ibid., pp.679-681.

统一的东非白人自治领,其中包括肯尼亚、乌干达和坦噶尼喀。1925年,艾默里提名爱德华·格里格爵士(Sir Edward Grigg)为肯尼亚总督人选,后者既非殖民地文职官员,也非军事人员,他之所以得到提名,是因为他极力支持当地英国移民的政治意图,并筹划了一个与艾默里一致的东非联合计划。然而,保守党政府不敢轻易废除《德文希尔公爵宣言》规定的土著最高主权原则,因此任命了由爱德华·希尔顿·扬爵士(Sir Edward Hilton Young)领导的委员会去调查这一问题。

委员会中的两个成员具有印度背景,另一个是当地的传教士,因此他们更注重印度移民和当地传教使团的利益和观点,主张推行与土著人合作的政策,而无视殖民部在东非殖民地实行更紧密联合的计划和欧洲移民要求责任政府的呼声。1929年,委员会根据上述考虑向英国政府提交了报告,该报告虽然遭到艾默里的反对,但保守党政府不久之后就下台了,这使得艾默里的方案搁浅。

工党政府上台后,前费边主义者西德尼·韦伯(Sydney Webb)即现在的帕斯菲尔德勋爵就任殖民大臣。在极端帝国主义者的要求下,他又派出一个以威尔逊为首的委员会负责调查。威尔逊委员会认为,除非做出保证以使政府相信移民不会歧视土著人,否则不能支持东非的更紧密联合。同时,委员会认为印度人只是想获得与欧洲人一样的特权,并不真正关注非洲人的利益,故而也不支持印度人。印度总督欧文担心该报告会引起印度民族主义者的反对,因而建议成立一个包括印度人在内的秘密委员会讨论东非的前途问题。为此,英国内阁进行了三次讨论,东非印度人也派代表来到伦敦,要求承认印度人在帝国内的完全公民权。以韦伯为首的殖民部认为,无论是支持英国移民还是印度人,都违背了委任托管制度的原则。① 工党政府于 1930 年抛出一份黑皮书,仍然坚持《德文希尔公爵宣言》的路线,拒绝将英国政府作为非洲人利益受托者的责任转交给欧洲移民。该黑皮书再一次强调,英国政府的目标"在肯尼亚和在其他地方一样……是建立代表选民的政府,人民中的每一个部分都在其中找得到有效而恰当的代言人",而这一点,假如"只有不到人口百分之一的人"有选举权,那是根本做不到的。② 工党以对土著最高权利的再次确认结束了第二阶段的争论。

争论的第三个阶段是 1931 年,白人移民和英国的极端帝国主义者建立自治政府的意图最终被挫败,英国政府完全确立了"土著权利至上"的路线。

工党黑皮书抛出后,英国移民十分愤怒,他们上书英国政府说:"英帝国理应主要关注英国种族的臣民的利益,其后才能依次关注其他英国臣民、被保护的种族以及其他国家的民族。……让文明的英国人服从于异族的发展——后者的进一步发展能力尚未明确显示出来,似乎是违背自然法的。"③这点出了问题的实质,即英国在移民和土著居民之间发生冲突时,究竟应该支持哪一方。

英国国内的争论也十分激烈,不支持白人移民的人坚守阵地,卢加德坚决反对"肯尼亚自治政府的扩张"。④ 而以艾默里为首的帝国主义者则持有明确的种族主义观念,认为必须在东非建立白人责任政府,他对有人建议让"令人不愉快的黑人出现在上院委员会的

---

① John Barnes & David Nicholson (ed.), *The Empire At Bay The Leo Amery Diary, 1929—1945* (Hutchinson, 1988), pp.139 - 141.
② [英]布莱恩·拉平:《帝国斜阳》,上海人民出版社 1996 年版,第 484 页.
③ L.E. Gann & Peter Duigman (ed.), *Colonialism in Africa vol. II*, p.67.
④ John Barnes & David Nicholson (ed.), op.cit, p.138.

面前陈述事实深感震惊",认为这是在"浪费时间"。①

最终,韦伯建议成立一个联合委员会,在两种要求之间做出折中,他告诉首相麦克唐纳:"我已经尽我的可能提交了一份可行的改革方案——但不能确定它将如何运行,我已准备好将最后的决定交给联合委员会。"②两院选举出来的联合委员会花了几乎一年的时间来考虑东非更紧密联合的问题,委员会中保守党占多数,包括艾默里和他的前任殖民次长奥姆斯比-戈尔,他们提出:非土著人口的利益同样不应从属于非洲土著人的多数利益。但是,由于30年代的经济危机,英国自顾无暇,艾默里的东非更紧密联合方案终告破灭。

而且,委员会的报告再次强调土著最高权利信条如下:"占压倒性多数的当地人口的利益不应从属于另一种族的少数人的利益,无论后者有多么重要。"③虽然整个30年代关于白人国家的争论都未中止,但是无论如何,白人国家终究难以形成,土著权利至上的信条也难以动摇。

像肯尼亚这样的多元社会地区在英帝国内毕竟是少数,其种族冲突也不具有典型性。但是,肯尼亚种族冲突的结果却是至关重要的,它表明即使在白人移民占有重要地位的地区,土著种族的权利也不可动摇。英国政府在这场冲突中不得不承认土著种族在附属领地上的最高权利,虽然是受到很多特殊因素的制约,但却对帝国未来的发展走向定下了一个基调。因此,它本身就是土著种族的巨大胜利。从这层意义上讲,肯尼亚的事例比之其他非洲殖民地更具

---

① John Barnes & David Nicholson (ed.), op. cit, p.143.
② Maragaret Cole (ed.), *Beatrice Webb's Diaries 1924—1932* (Longmans, Green and Co LTD, 1951), p.229.
③ S.E.M.Pheko, op.cit, p.55.

重要性,它无疑会增强非洲人的自信心,从而成为附属领地离心的潜在动力。

三、宪政演进的典范:埃及与锡兰

当大多数附属殖民地的民族主义斗争仍旧处于萌芽阶段时,埃及和锡兰的宪政演进却取得了突破性的进展。虽然这两个地区在整个英帝国内只占很小一部分,但它们取得一定程度政治独立权的事实却是附属领地离心的顶峰。同时,它们也为委任统治制度制造了第三个难题:如果附属殖民地在政治、经济和社会等诸方面皆已经达到了相当程度的成熟,英国应该如何对待?

从19世纪后半叶起,埃及虽然在名义上仍然是土耳其帝国的臣属,但是英国的势力逐渐向埃及渗透,并排斥了原先控制埃及的法国,实际上掌握了埃及。在对埃及的统治上,英国采取的方法十分类似于在印度采取的统治方式,一方面实行一些兼顾埃及人利益的措施,另一方面又坚决维护英国的统治。但是,英国顾及埃及利益的做法几乎没有起到实际作用,其统治时期充斥着英国与埃及人的冲突,导致埃及反英情绪逐步高涨,并趋于成熟。

20世纪初,英国在埃及政府的顾问,即埃及的实际统治者克罗默勋爵(Lord Cromer,即Evelyn Baring, 1st Earl of Cromer)在当地推行棉花单一作物生产,限制埃及人生产其他作物,引起当地人的严重不满。1906年,几名英国人到埃及的丹沙微(Denshawai)地区打猎,与当地的村民发生冲突,引发后者的暴动。英国殖民当局予以镇压,英国人处死四名暴动领袖,并对其他暴动者实行严厉处罚,这激起了埃及人的愤怒。英国的财政顾问科比特（Corbett）指出，埃及"因为不满而沸腾"，"在年纪较大的埃及人当中，不满是如此普遍，如此深刻"。① 不过，另一方面，克罗默也采取了一些有利于埃及人的政策，特别是当他即将离任时，他任命了一名埃及人担任教育部长，以缓和当地人的反抗情绪。

1907年，戈斯特（John Eldon Gorst）接替克罗默，英埃关系此时已变得非常紧张。一个英国的水利工程师指出，英国对埃及实行监督是明智的，但任命太多的英国官员是不明智的，因为这会阻碍埃及人的晋升，从而导致后者的不满。② 为此，戈斯特采取了一些选举权改革措施，试图调和英国人与埃及人的关系，但收效甚微。1909年，埃及首相布特洛斯·加利（Boutros Ghali）被暗杀，凶手是一名穆斯林。加利曾和戈斯特合作改革立法委员会制度，受到各方面欢迎。但是，他是一个埃及科普特人（即基督教徒），因而被穆斯林杀死，这导致了埃及宗教之间的微妙平衡被破坏。③ 武装穆斯林的力量在迅速增长，反英情绪非常强烈。其后的几年中，埃及充满了动荡。1910年，曾在英布战争中任英军总司令的基钦纳接替戈斯特，他治下的特征，一方面是严厉的镇压措施，另一方面是代表制的长足进步。首先，他通过了严厉控制报纸和学校的法案，以压制埃及的民族主义情绪。而后在1913年，他又颁布了一部宪法，允许地方政府拥有相当大的自治权，同时允许地方代表公开讨论政事。这些措施被视为埃及通向自治政府的具有重要意义的一步，也使埃及民

---

① William M. Welsh, *No Country for a Gentleman British Rule in Egypt 1883—1907* (Greenwood Press, 1988), p.140.
② Ibid., p.139.
③ 科普特人是埃及的基督教徒。

族主义的代表萨阿德·扎格鲁尔(Saad Zaghloul)愿意与英国人合作。①

1914年战争爆发时,埃及在理论上仍然是土耳其素丹的臣属,因此它自动成了英国的"外敌"。如何规定埃及的地位对英国政府而言成了当务之急。经过一番犹豫,英国决定宣布埃及为保护国。②同年,为了安抚埃及人,英国人许诺在战后考虑建立埃及的自治政府,但实际上,这种许诺是迫于战争压力的权宜之计,英国人并不想放弃对埃及的控制。1917年,米尔纳明确指出:"将来,埃及会和印度或尼日利亚一样,成为英帝国的一部分。"③

1919年巴黎和会上,英国没有兑现他们对埃及的许诺,仍然坚持埃及为英国的保护国,因此埃及发生了大规模的反英斗争,民族主义者扎格鲁尔领导了这次斗争,但被英国政府逮捕流放。1921年双方进行谈判,英国表示可以承认埃及名义上的独立,但英国保留许多特权。埃及首相不敢做出让步承诺,担心扎格鲁尔派中的极端分子会反对。英国代表寇松认为,在"许多他准备坚持的要点上无法一致"④,双方谈判破裂,埃及的反英浪潮更趋激烈,并且发生武装反抗,许多英国士兵被杀。1922年,在埃及民族主义运动的强大压力下,英国政府被迫承认埃及的有限独立,即埃及在政治上获得"独立",但是英国保持对埃及外交、军事防御以及外籍侨民事务的支配

---

① Kenneth Kirkwood, *Britain and Africa* (Chatto & Windus, London, 1965), p.34.
② John Alfred, *Great Britain: Empire and Commonwealth 1886—1935* (London, 1936), p.722.
③ John Gallagher, *The Decline, Revival and Fall of the British Empire* (Cambridge, 1982), p.93.
④ John Alfred, op.cit, p.727.

权,并保持英国在苏伊士运河的驻军以及对苏丹的控制权。① 埃及因此成为第二大英帝国内第一个获得"独立"的国家。

从表面上看来,埃及获得"独立"的原因与印度十分相似,但埃及与印度毕竟不同。埃及在被英国控制之前,早已经形成了完备的国家结构,其自身文化也保持着相当大的独立性,民族主义情绪由来已久,19世纪后期就已爆发过大规模的民族主义运动,并已经提出了"埃及是埃及人的埃及"的口号。② 这使得埃及在英帝国中具有相对较高的成熟度,因此埃及人从一开始起就对英国的统治持一种排斥态度,一旦双方发生冲突,事态就会不断升级。正如后来的一位驻埃及专员指出:"英国人未能利用1882年至1922年这四十年的时间在埃及缔造一个强有力的文化地位,这是我们不合逻辑的帝国历史的最特别现象。"③而且,英国兼顾埃及利益的做法并没有使埃及人感恩戴德,相反,这种政策维持了一个反对英国殖民统治的埃及民族主义阶层,民族主义的发展最终导致英国殖民控制的初步终结。另外,埃及在法律地位上毕竟只是个保护国,英国对它的控制要比对印度宽松得多,它之取得"独立"相对于印度也要容易得多。所以,尽管埃及战后的民族主义运动的声势不可谓不大,但在总体上并未动摇英国在附属领地中至高无上的地位和巩固的表象。

与埃及情况十分相似的是一战后划归英国托管的伊拉克。伊拉克一直在进行反英斗争,1927年,在费萨尔国王(Faisal I of Iraq)

---

① Palme Dutt, *The Crisis of Britain and British Empire* (International. Publisher. 1953), p.188.
② 1882年,埃及曾爆发过由埃及军官阿拉比领导的规模庞大的民族主义斗争,后被镇压。
③ Max Beloff, *Dreams of Commonwealth*, p.44.

的领导下宣布"独立"。不过,英国与伊拉克还是签订了一份条约,规定在伊拉克保留英国的全部军事基地。① 伊拉克正式划归英国管理的时间十分短暂,对英国的依附程度相对而言较轻,因此它获得有限"独立"比埃及要更容易一些。

和上述这两个地区相比,锡兰作为完全意义上的"直辖殖民地"其宪政演进就更具有突出意义了。锡兰作为较早被英国占领的地区,其最突出的特征就是它在附属领地中的成熟程度,这表现在如下几个方面。

第一,锡兰岛上很早就形成了统一的政权。1505 年,锡兰首次遭到来自西方殖民者——葡萄牙人的侵略,当时岛上存在着三个由土著(僧伽罗人和泰米尔人)建立的地区性政权。1795 年,英国取得对锡兰的统治权,1802 年锡兰成为英国的"直辖殖民地",由殖民部管理。为了实行更有效的统治,1833 年,英国的卡梅隆委员会提交报告,要求在整个岛上实行行政统一,合并三个土著政权。根据该报告建议,建立了以科伦坡城为中心的锡兰当局,这是该岛历史上第一个集权政府。当年,英国在锡兰设立行政委员会和立法委员会作为总督的咨询机构。② 因此,从 19 世纪中期起,锡兰就形成了区域政治的统一。

第二,锡兰在英国的统治下取得了相对充足的发展。从 19 世纪起英国当局就允许基督教传教使团进入锡兰,他们在岛上南部地区建立了以英语为教学媒体的学校,从而为锡兰培养了一批受过西方

---

① Palme Dutts op. cit, p.189.
② G. C. Mendis, *Ceylon under the British*, 转引自张顺洪《大英帝国的瓦解——英国的非殖民化和香港问题》,社会科学文献出版社 1987 年版,第 131 页。

教育的知识分子阶层。① 像其他英属殖民地一样,锡兰的知识阶层也成为民族主义斗争的主力军。而且,从 20 世纪起,特别是第一次世界大战后,锡兰在经济上和社会上获得长足进步。1920—1930 年,锡兰政府直属的学校从 919 所上升到 1 490 所;1930 年,在校生人数为 539 755 名,几乎是锡兰学龄人口的一半。必须指出的是,政府的重点在于提高当地语教育,受教育的对象是 5—14 岁的锡兰人,教育的目的在于"给予在非常有限的范围内生活的社团以基本的指导"。② 这无疑加强了锡兰人对自身民族特性的认同。

第三,锡兰的民族主义发展也较为迅速。20 世纪早期,在锡兰兴起了佛教徒领导的禁酒运动,并在 1903—1905 年首次达到高潮。禁酒运动的目的在于通过宣扬佛教禁酒而重新确定佛教的价值观。佛教徒竭力批判基督教文化,并进一步批判作为基督教政府的英国政府和锡兰当局。③ 这一运动在很大程度上促发了全岛的民族主义觉醒。第一次世界大战加剧了民族主义情绪,禁酒运动也再次达到高潮。1915 年,岛上的穆斯林教徒和佛教徒发生冲突。当时处于战争中的英国正在极力争取中东穆斯林国家的支持,因此锡兰当局认为佛教徒是蓄意挑起争端,制造反英事件。佛教徒领袖立刻遭到逮捕,一些僧伽罗人未经审判就被处死。于是,这一冲突很快超越宗教界限,它促使佛教徒开始支持西方化的中产阶级知识分子。在这一事件中还崛起了一批具有全岛影响力的民族主义领导人,包括后来锡兰独立后的首任总理森纳纳亚克(Don Stephen Senanayake)。④

---

① Judith M. Brown & Wm. Roger Louis, op. cit, p.449.
② K. M. De Silva, *A History of Sri Lanka* (Oxford, 1981), p.413.
③ Ibid., pp.374 - 375.
④ W. Howard Wriggins, *Ceylon: Dilemmas of a New Nation* (Pinecone, 1960), p.82.

这些变化,都使民族主义运动的基础大为扩展。

第四,锡兰民族主义者一直致力于争取立法委员会的改革,争取锡兰人担任更高的职位,并取得了相当大的成就——这是锡兰离心问题上的最重要一点。早在20世纪初,锡兰民族主义者就提出了宪政改革的要求。英国殖民部对此持一种推诿态度,而锡兰总督麦克勒姆(Henry McCallum)也坚决反对。这使锡兰人非常愤怒,民族主义者开始行动起来。1908年,《锡兰清晨领导者报》指出:"没有首先发动民众,仅仅希望获得政治特权是毫无用处的。"①在锡兰人民的抗议下,1912年,英国对锡兰立法委员会进行了改革,约占全岛人口4%的受过西方教育、有一定财产的锡兰人首次获得了选举权。②一战中,在印度宪政演进的鼓舞下,锡兰人也成立了国民大会党等政党和组织,旨在"通过宪政方法"及"通过现存政府和管理体系的一系列改革",来"为锡兰人民确保责任政府以及英帝国内的自治成员的地位"。③凡此种种,表明第一次世界大战后,锡兰已经和印度一样提出了自治的要求,它在离心道路上的步伐迈得很大。

在锡兰民族主义运动的压力下,1920年,英国政府同意进行新的宪政改革,增加立法委员会中非官方成员的数量。不过,这一宪法实行按种族划分的集团代表制和地域代表制并行的选举制度,使锡兰的僧加罗人(Sinhalese)和泰米尔人(Tamil)都不满。僧伽罗人认为集团代表制妨碍了统一的锡兰的形成,而泰米尔人和其他一些少数团体,则认为地域代表制使他们受制于占人口多数的僧伽罗

---

① K. M. De Silva, op. cit, p.379.
② W. Howard Wriggins, op. cit, p.82.
③ K. M. De Silva. op. cit, pp.387 - 388.

人。英国的选举制分化了统一的锡兰民族主义运动。① 锡兰人对 1920 年改革很不满。1923 年当地爆发了 2 万人参加的反抗殖民当局的大罢工。迫于锡兰人民的压力,当局再次进行宪政改革,立法委员会中首次形成非官方代表占多数的局面,选举制度仍分为教派选区和地域选区两种形式。这样做的目的在于使英国人仍然可以通过左右由政府任命的立法委员会成员和由少数民族选举出来的成员,来控制立法委员会的多数派。所以,改革后的锡兰立法委员会还不是行政机构对民选立法机构负责的责任政府。② 另外,此次改革仍有总督握有立法实权的规定,政府可以通过立法以确保"岛上的和平、秩序和良好的政府"。③ 锡兰人对这个宪法依然不满意,争取宪政改革的斗争仍未停息。

上述迹象表明,锡兰无论在社会上还是政治上都已相当成熟。锡兰之所以能取得如此成就,关键在于它作为英帝国内最古老的殖民地之一,其发展程度并不逊于印度,但地位又没有印度重要,英国对它的控制要相对松得多。因而可以说,锡兰的成熟是英国长期统治的结果,也是它必须面对的一个难题。

鉴于锡兰的实际状况,英国政府采取了现实主义的态度,日益认可授予锡兰责任政府。1926 年 11 月,锡兰官员克利福德爵士(Sir Hugh Charles Clifford)电告英国政府,1923 年宪法制定之后,建立责任政府就是必然的、符合逻辑的步骤了。④ 1927 年,锡兰政府告知锡兰国民大会党:"有理由确信,英王陛下政府在过去 15 年中连续给

---

① W. Howard Wriggins, op. cit, pp. 83 - 84.
② Judith M, Brown &. Wm. Roger Louis, ap, cit, p. 455.
③ Henri Crimal, op. cit, p. 54.
④ Judith M. Brown &. Wm. Roger Louis op. cit, p. 417.

予宪政改革措施,并且有支持 1929 年进一步宪政改革的希望……而且打算在将来的某一天以任何可行的和必须的速度实施这一过程。"①至此,帝国中的一个非白人成员将过渡到责任政府已是显而易见的事了。

1927—1928 年,英国政府任命了以多诺莫尔勋爵(6th Earl of Donoughmore,即 Richard W. J. Hely-Hutchinson)为首的皇家委员会调查在锡兰建立更合理的代表制问题。该委员会提交的报告首先针对岛上不同的种族问题——这是英国人是否授予锡兰自治政府的最大疑虑。报告指出,鉴于锡兰由不同种族的居民构成,因此,其"最佳利益应被视为这个国家民族中的特殊部分的福利的同义词",亦即少数民族权利要受到保护。但是,委员会并不赞成集团代表制。他们指出:"只要集团选举制和它的分解性影响仍然是宪法中的一个显著特征,就没有希望使居民中的不同部分团结在一起,以形成他们共同的亲缘关系,并承认对国家的共同责任。"所以,他们建议废除集团代表制。为了消除少数民族的恐惧,他们建议在立法委员会中再任命 12 个代表为未被代表的团体发声②,这为锡兰获得责任政府扫除了最大的障碍。同时,委员会认为锡兰获得完全责任政府的时机还未成熟,因为"从较低的阶段上升到较高的阶段实际上是不可能的"。他们建议引进更为广泛的选举权,以让锡兰领导人能更多地聆听居民的要求。他们建议实行 21 岁以上男子和 30 岁以上妇女的普选权——殖民大臣韦伯又改为妇女只要年满 21 岁就可以获得选举权。此外,由于锡兰没有有效的政党,委员会又建

---

① Judith M. Brown & Wm. Roger Louis op. cit, p. 419.
② W. Howard Wriggins, op. cit, p. 85.

议创立一个国家会议取代旧的立法委员会,它不但具有立法功能,还具有行政功能。①

1931年,根据多诺莫尔委员会的报告,锡兰又通过了一部"多诺莫尔宪法"。新建立的国家会议取代了旧的立法委员会,它和总督分享立法权。而在行政权力上,政治事务由总督和国家会议分别处理。国家会议不同于英国的内阁,它包含七个不同的委员会,这七个委员会的成员由全体选民通过秘密投票选出,每个委员会自行选举自己的主席,并分别对国家会议负责。总督在行政上保留两项权利:可以宣布国家会议颁行的措施不能实施,然后再通过他自己的动议来实行;他也可以在这个国家中宣布紧急状态,收回已交给国家会议处理的事务。②

多诺莫尔宪法虽然并未立即授予锡兰完全的责任政府,并给了总督许多限制权,但由此而建立起来的政府却具备了自治制度的大部分特征。民主机制被引进到一个非白人地区,可以说锡兰先印度一步在中央政府一级得到了一个半自治政府体制。因此,多诺莫尔报告的影响是划时代的,它被视为英国"20世纪殖民地事务上最重要的政府文件"。③

该宪法招致一些英国人的不满,但并未动摇英国政府采取现实主义路线的决心。另一方面,锡兰民族主义者也没有满足于这一宪法,而是期待着完全的责任政府,甚至是独立。1931年前后,锡兰人中的反英宣传很多,有人指出:"锡兰必须百分之一百地割断与英国

---

① W. Howard Wriggins, op. cit, p. 86.
② Ernest Barker, *The Ideas and Ideals of the British Empires* (Cambridge, 1941), pp. 142 – 143.
③ K M. De Silva. op. cit, p. 421.

的联系。"①这表明锡兰在离心的道路上还要走下去。

锡兰的宪政演进速度之快在广大附属领地内是罕见的,它的事例第一次向附属领地显示,土著种族获得完全责任政府的时日并不久远了。虽然英国统治者一再宣称土著种族尚不能实行自治,但委任统治制度所宣扬的最终目标——使土著地区自己管理自己,已经近在眼前。锡兰的演进甚至对印度的民族主义斗争也造成巨大影响,其在帝国内的影响力可见一斑。

四、从种族主义到多种族联邦观念的兴起

随着附属殖民地民族主义的发展,英国殖民统治的主导思想也发生了相应的变更。在处理帝国内不同种族的关系问题上,曾占据重要地位的文化相对主义受到英国人的质疑与批判,一种新型的多种族联邦思想应运而生。多种族联邦思想的初步形成,标志着英国开始真正放弃用家长式的眼光来看待附属殖民地,因此,这一观念在实际上构成了对委任统治制度基础理论的冲击与否定。

19世纪末,英国对附属领地的主导看法是种族主义。随着英布战争后英国重新强调帝国建设中的道德性以及英国人对土著了解的加深,种族主义开始让位于更强调土著权益的文化相对主义。②但是,尽管文化相对主义比种族主义前进了一步,却也导致了一个副产品:在处理整个帝国种族关系的问题上,种族隔离思想和实践

---

① T. Y. Wright, *Ceylon in my Time 1899—1949* (The Colombo A Pothecarids' Co, LTD, 1951), pp.161-162.
② 详见本文第一章第二节。

得以产生和应用。

随着文化相对主义的盛行,很多英国人开始怀疑帝国内实际存在的种族混合关系,转而赞成美国南部实行的种族隔离制度。戏剧评论家阿彻(Archer)认为,种族混居会导致"白人被黑人吞噬和淹没","它所引起的不仅是时常出现的疼痛,而且有损于身体的效率和集体的健康",[1]因此他倡导实行种族隔离。阿彻的主张适逢南非联盟建立,由于南非存在着占人口3/4的非洲土著,所以为了加强白人的统治,许多英国人都赞成在南非实行种族隔离。1907年,谢尔本伯爵明确指出:"在这里,两个条顿种族起源的民族如此普遍地混居在一起……他们之间的融合只是个时间问题",而当地土著却是异类。[2] 这一意图遭到当地非洲人的激烈反对,他们向英王爱德华七世请愿抗议,但在英国殖民当局和布尔人的联合行动下,南非地区还是建立了种族隔离制度,黑人被完全排除出政权。1910年,南非联盟的首届议会中,议员们明确指出:"这里必须是一个白人国家。"[3]

南非建立过程中,出现了后来转为"圆桌会议派"的米尔纳幼稚园班子,他们十分赞成在整个帝国范围内实施种族隔离。其代表人物柯蒂斯把南非视为新约帝国种族关系模式的实验室,认为种族隔离有助于消弭这一地区乃至整个帝国的种族冲突。他指出,种族隔离的目标"在于维持与每种不同水平的文明最为接近的法律、权利和机构",而最佳政策便是"在帝国所有范围内,在每一种族和文化范围内实行隔离。在这些地域范围内每个种族可以被授予自治政

---

[1] Paul B. Rich, *Race and Empire in British Politics* (Cambridge, 1986), p.53.
[2] S.E.M. Pheko, op.cit, p.20.
[3] Ibid., p.26.

府,他们在其境内实行,既不损害他们自己,又不损害帝国内的其他成员。对于那些不能被授予这种较高权利的低等种族,则由居住在此地的白人团体代为实行"。①

而间接统治制度在非洲殖民地的推广,又加剧了种族隔离思想。这一制度本来就包含着实质上的种族隔离。正如尼日利亚殖民官员坦普尔指出的,间接统治使"土著统治阶层"以及它的政治、司法、行政机构"仍保持为真实的、有生命力的力量,而不沦为稀奇古怪的、有趣的装饰";欧洲人应待在幕后,以"帮助土著发展他们自己能发展的文明"。毫无疑问,间接统治暗含着隔离土著社会,使之按自身路线发展。② 并且,这一体制又被认为是符合人道的,正如卢加德指出的,除了在英国统治下,没有任何殖民体制能使"非洲人享受如此自由和不偏不倚的公正待遇"③。因此,间接统治制度无疑增加了种族隔离的合理性。

国联托管原则的确定,又加强了种族隔离的合法性。第一次世界大战后不久,南非政治家史末资完整地论述了种族隔离政策与委任统治制度之间的关系以及种族隔离的必要性。史末资认为,欧洲人深入非洲大陆具有合理性,如果"没有大规模的欧洲移民在这块土地上,非洲大众将不会有变化"。④ 同时,他还认为,必须通过种族隔离才能达到上述目的,因为"白人和黑人这两种相异因素生活在一起,会导致很不愉快的社会后果:种族混杂、彼此的道德下降、种族仇恨和冲突以及许多其他形式的社会罪恶。在种族、肤色和文化

---

① Paul B. Rich, op. cit, p.58.
② Basil Davidson, *Africa in Modern History*, p.94.
③ Ibid., p.51.
④ E. A. Brett, op. cit, p.47.

这些重大事情上,居住隔离和平行的机构能对居民双方都做到公正"①。

然而,帝国内非白人地区的迅速发展,却使种族隔离的思想日益受到挑战。自1909年起,印度在莫利-明托改革之后能否获得自治政府,以及如果它获得自治政府,则它在帝国体系内能否享有与白人自治地区一样的平等地位,这些问题引起英国公众的争议。其结果,导致了另一种关于帝国种族关系的全新概念——多种族联邦思想的兴起。

最早在实质上探讨多种族联邦观念的,恰恰是种族隔离的最初倡导者——从米尔纳幼稚园转换而来的"圆桌会议派"。他们主张英国和白人自治领能够联合成一个更紧密的整体,对于这个整体,他们称之为"英联邦",以显示它所具有的自由性特色。在英国,自责任政府建立以来,人们就一直在探讨有朝一日自治地区成熟后,应与英国建立一个自愿的、松散的共同体。圆桌会议派在继承前人观念的基础上,首次完整地提出了英联邦的概念。但是,帝国内的非欧洲种族(特别是印度)的宪政演进,是英国所面临的新问题,这迫使他们不得不考虑印度在他们主张的"英联邦"中的地位问题。

种族隔离制度在印度这一非欧种族问题上遇到了障碍。种族隔离所针对的是众多发展程度较低的土著地区,而印度的发展程度有目共睹,它不仅有自身的民族主义组织国大党的存在,而且"莫利-明托"改革又使印度人获得了相当程度的参政权,其宪政演进的速度在帝国内非白人地区中名列前茅。连圆桌会议派也对印度人的权利和印度中产阶级知识分子表示认同,当时的一期《圆桌会议》杂

---

① E. A. Brett, op. cit, p.46.

志指出,印度人中有不少"受过较高的教育,有思想、有竞争力"。①因此,从1912年起,圆桌会议派的成员就开始明确主张让印度出席帝国议会,承认印度在非白人帝国中享有特殊地位。

后来圆桌会议派又把对印度地位的承认提高到协调整个帝国关系的高度。菲利普·克尔指出:"如果我们能在印度缔造一个自治政府,一个责任自治领……并且它通过投票表决仍保留在英帝国内,则我们将解决目前世界上面临的最大困难。"世界未来进步的关键在于"我们是否能发现一种体系,使不同种族在互通有无中和平友好地生活在一起"。克尔相信,"通过重建英帝国的宪政大厦",英帝国"能够解决黑种人、黄种人和白种人之间的冲突"。②后来,柯蒂斯也写信给印度总督蔡姆斯福德,指出在英联邦的两种不同地区间——自治地区和非自治地区——享有"平等权利"问题的必要性。③ 上述观念的提出,表明在印度问题上,种族隔离思想因其局限性而开始被突破,一种平等的、伙伴关系的新型帝国种族关系理论逐渐萌芽。

圆桌会议派把英联邦的范围向印度推广时,坚信的是英国政治机制的优越性和普适性。该派的齐默恩(Alfred Zimmern)指出:"自由和自治政府对于所有人都有好处,无论他是白人还是黑人,这是维多利亚时代旧自由主义的信条之一。"④该派的主要理论家柯蒂斯,也已开始根据政治机构而非种族来看待英国人的优越性。不过,这种理论的提出必然使英国的殖民统治思想陷入一种矛盾,即如果承认英国式机构的普适性的话,以文化和种族差异为基础的文

---

①② Paul B. Rich, op. cit, p.59.
③ Ibid., p.60.
④ Ibid., p.63.

化相对主义以及种族隔离制度就失去了存在的合理性。因此,虽然圆桌会议派是种族隔离的倡导者,但却在实际中率先提出了创新性的种族关系理论。

英帝国在一战期间和战后的各方面发展,恰恰有利于多种族联邦思想的进一步发展。战争期间,各自治领的政治家创造了一种新型的、英国与自治领之间的更为松散的结合,他们借用圆桌会议派的"英联邦"提法,把自治领与英国间更自愿、更自由也更接近于主权国家的结合称为"英联邦"。另一方面,印度在战争中获得与自治领一同协商帝国事务权利的事实,以及英国对印度将来可以获得英联邦内自治领地位的许诺,使英联邦的范围有了进一步扩大之势,也使一个多种族联邦的前景首次明确显现出来。[①] 因此,关于未来帝国(联邦)的走向问题,引起了英国各界的关注。

战后对这一问题探讨最多的,是逐渐崛起的工党。1918年,工党的西德尼·韦伯建立了一个"帝国问题咨询委员会"(the Advisory Committee on Imperial Questions),延揽了一批知识分子分析和探讨帝国事务。工党领导人在战前普遍对帝国主义持一种批判态度,在战后则在坚持上述路线的基础上,又进一步向多种族联邦的方向迈进。当年,工党公布了他们的新党纲《工党与新的社会秩序》,热烈地支持具有自由主义特色的多种族联邦观念,并主张沿着"地方自治"和"全面自治"的方向,维护和发展"我们称之为大英帝国的所有种族、所有肤色、所有宗教和所有程度各异的文明的伟大联邦"。[②] 工党的主张是具有先导意义的,它完全突破了圆桌会议派的英联邦

[①] Bernard Porter, *The Lion's Share*, p.288.
[②] Paul B. Rich, p.77.

范围——白人地区和印度,首次把英联邦的概念运用于整个附属领地。1920年,当印度实行"二元制"后,英帝国内部的种族关系问题再次引起英国各界的激烈争论,工党的乔塞亚斯·韦奇伍德(Josias Wedgewood)在下院明确阐述工党的态度如下:"摆在我们面前的,实实在在是这样一个问题:是英帝国转换为一个遍布世界的纯粹的白人联邦,其公民权仅限于白种人? 还是采取一种更广泛的计划,将所有能被吸纳的并且愿意被吸纳的种族全部吸纳入英联邦? ……工党支持更广泛的帝国观念。"① 至此,在工党的倡议下,多种族联邦的观念正式开始形成。鉴于工党在一战后逐渐取代自由党而成为英国的两大执政党之一,因此工党的主张在这一时期起过很大作用。

此外,由于战后舆论空前强调英国对土著地区所承担的责任,英联邦的观念开始受到了各界的普遍重视。英联邦的拥护者把联邦解释为一个超越种族划分的概念,并认为英国机制的普适性将消除种族因素在殖民地造成的冲突,因此英联邦是解决英帝国内部问题的良方。1923年的帝国会议,标志着英帝国与白人自治领之间的紧密联合最终成为泡影,这使得英国政治家开始倾向于通过英联邦的方式来维系英国与自治领的关系,联邦的观念得到了更多人的支持。

联邦观点兴起的同时,文化相对主义以及由此而衍生出来的间接统治制度、委任统治制度以及种族隔离思想也相应地衰落了。对文化相对主义的批判主要来自一群政治评论家,代表人物有诺曼·利斯(Norman Leys)、麦格雷戈·罗斯(McGregor Ross)、W. M. 麦克

---

① Bernard Porter, *The Lion's Share*, p. 288.

米兰(W. M. Macmillan)及西德尼·奥利维尔(Sydney Olivier)等人,他们聚集在工党建立的帝国问题咨询委员会中,其观点主要有以下三点:

第一,他们对委任托管制度的作用表示怀疑。利斯认为,双重委任托管制度宣称非洲人和白人移民的利益可以很好地融合在一起,实际上却不然。非洲人被剥夺了土地,沦为无权的佃户和流动劳动力,这都违反了双重委任制度的主旨。利斯要求,殖民部必须坚持土著人福利至上的信条。这些批评意见对于东非白人国家计划的破产有很大影响。

第二,他们认为间接统治阻碍了殖民地经济和社会的发展。间接统治制度要求殖民政权负责"保护"和"维持"土著的习惯和原则,但是殖民政权几乎没做什么来消除贫穷、无知和疾病。因此,间接统治已经不能够适应殖民地发展的新任务。解决这些问题的唯一方法是投入更多资金来发展当地的教育和技术,促进当地经济的自我发展。[1]

第三,他们认为种族隔离制度是不合理的。他们指出,种族隔离的拥护者从来都不能解释,处于隔离制度下的非洲人能指望从隔离中得到什么样的未来。西德尼·奥利维尔尖锐地说:"对于这种社会理论的支持者来说,不幸的是,非洲生活的总体趋势走上了另一条道路。非洲的第二代基督教徒处在他们没有控制权的世俗与宗教的权威控制下,总有一天会表现出难以驾驭的特性。"[2]因此,种族隔离很难持久。

---

[1] Judith M. Brown & Wm Roger Louis, op. cit, pp. 194 – 195.
[2] Paul B. Rich, op. cit, p. 75.

另外,无论从经济角度还是社会角度来说,战后的英国都觉得没有继续实行种族隔离的必要了。战后,殖民地对英国经济的支撑作用,使很多英国人都认为应该充分利用帝国的资源。这当然包括殖民地的人力资源。1922 年,调查非洲问题的费尔普斯-斯托克斯委员会(Phelps-Stokes Commission),主张训练黑人从事农业劳动以支撑英国的经济发展,也就是把黑人劳动纳入白人的经济体系之中,而实行种族隔离会阻碍帝国经济体系的形成。① 此外,随着人类学的发展,英国人对土著种族的了解也在进一步加深,这有助于削弱英国人对帝国内种族冲突的恐惧。凡此种种,让多种族联邦的观念变得更容易被大家接受。

随着自治领在离心的道路上越走越远,多种族联邦的概念在实践中又得到了进一步发展。1926 年的《贝尔福宣言》(Balfour Declaration of 1926)正式承认了各自治领与英国享有平等的权利,这时的英帝国-英联邦是一个双层结构的特殊实体:一层是由主权国家结合在一起的英联邦,另一层仍然是一个帝国。在这样的背景下,英国处理非自治地区与自治地区的关系时,自觉地扩展了联邦的范围。20 年代末,英国继续承认印度将来可以获得自治领地位,而自治领地位是走向英联邦的必由之路。在 1930 年的帝国会议上,殖民帝国以整体的身份,与各自治领共同作为平等成员出席了会议(尽管是由英国代表他们参加的)。② 1931 年,锡兰获得半责任政府制度,可以说是多种族联邦从观念转化为实践的一个重要先兆。毫无疑问,这一切都预示着联邦的观念已经在无形中深入人心,英联

---

① Paul B. Rich, op. cit, p.67.
② Max Beloff, *Dreams of Commonwealth, 1921—1942*, p.206.

邦必将向多种族成员的方向发展。当时执政的工党政府明确表示将致力于把"帝国"发展成为"一个真正的自治制度和社会主义人民的英联邦"①。

总的来说,一战之后,文化相对主义开始衰落,英国社会对土著统治的主导思想开始了向多种族联邦思想的初步转型。尽管这一观点尚未完全成熟,但它在理论上承认了附属领地与自治地区一样具有向民族国家发展的合理性,承认了附属领地和白人自治地区享有一样的平等权利。这无疑使委任统治制度的理论基础发生动摇,是附属领地离心趋势的重要先兆。

虽然附属领地情况各异,但是和自治领以及印度一样,它们的离心也呈现出以下三个特征:第一,英国的巩固措施具有明显的创造殖民地民族和民族主义的功能。英国的殖民统治(包括政治统治、经济发展和文化教育)带来了殖民地地域上的统一和对统一的心理认同;更为重要的是,殖民统治也带来了社会结构的变迁,创造了一个民族主义的代言人——土著知识阶层。第二,英国的巩固措施矛盾百出,间接统治曾因其克服了印度式统治中土著人无权的弊端而受到各方赞誉,由此发展而来的委任统治制度更是明确维护土著种族的利益。但在实践中,间接统治的所谓维护土著权利是指维持土著地区传统的社会结构,它拒绝考虑殖民地可能出现的变更,无视知识阶层的要求,导致了殖民政权与土著知识分子之间的冲突。尽管当时这一冲突尚未形成印度那样的规模,却预示着殖民地民族主义将向纵深发展。另外,委任统治的原则又使英国人不可避免地在多元种族殖民地陷入两难境地:维护移民的利益就必然会破

---

① Paul B. Rich, op. cit, p.79.

坏委任统治的原则,而维持委任统治原则又必然会动摇英国人的最高权威。其结果是,在各方的压力下,土著权利得到维护,英国统治的矛盾性暴露无遗。此时,英国社会中多种族联邦观念的兴起,则在实质上动摇了委任统治的理论基础。第三,附属殖民地的离心趋势也同样是走向民族国家的。非洲的民族主义尽管只处在初始阶段,但其政治组织的目标是很明确的——要求在英帝国内获得参政权和责任政府。众所周知,责任政府只是通向民族国家的前奏,附属领地的发展只不过是早期自治地区和印度发展的重演。埃及的有限独立更是清楚地表明了这种方向。如果说埃及是一个保护国,它的发展只是特例的话,则锡兰作为附属领地中发展最为迅速的一个,率先获得半责任政府就完全说明了一切问题。多种族联邦观念从一个侧面表明英国对附属领地最终走向民族国家的承认。凡此种种说明,和对自治领及印度的巩固一样,英国对附属领地的政策导致了附属领地表现出潜在的离心趋势,可以说,正是对附属领地的巩固促进了它们的离心。

第六章　英帝国的困境与新方向

从 1906 年英国自由党上台开始,虽然英国政治家殚精竭虑维护帝国,但最后的效果并不如意,巩固与扩张政策反而导致了英帝国的离心倾向,1926 年的贝尔福报告(Balfour Report)承认了加拿大、南非、澳大利亚、新西兰、爱尔兰等地在内政方面的自主权,1931 年的威斯敏斯特法案(Statute of Westminster)以法律的形式确认了贝尔福报告。根据威斯敏斯特法案,英国议会制定的任何法律对所有自治领均无约束力,除非该自治领自动要求和同意。威斯敏斯特法案标志着英帝国走入一个新的阶段,英帝国向英联邦的转变拉开了序幕。到 20 世纪 30 年代,英帝国面临着更多的问题,这些问题最终使得英帝国发生了重大变化。

一、大萧条及其影响

1929 年 10 月开始的经济危机证明美国的股市繁荣不过是一场巨大的泡沫,伴随着泡沫的破灭,经济繁荣不再。美国的经济危机很快波及全球,各主要资本主义国家都出现了经济的萧条、失业的剧增与社会的不满。国内问题最终引发了国际局势的动荡,新的国际势力开始挑战原先的国际格局。

经济的萧条与国际格局的调整很快促发了英国在经济、军事、政治上的全面危机。首先,大萧条摧毁了英国的工业优势,这主要表现在传统工业与新兴工业两个方面。

历史学家与经济学家大都认为从1870年左右开始,英国的工业经济出现了严重衰退。最近的研究证明这一衰退趋势与英国的经济结构有紧密联系,英国传统工业的效率低下是这一衰退的主要原因。[①] 以棉纺织业为代表的轻工业与采煤为代表的重工业是英国传统工业的主要代表,但是它们遭到了日益严峻的挑战。首先,英国遭到竞争对手的挑战。随着工业革命的扩散,美国与德国经济的崛起使得英国拙于应付(例如,以鲁尔为代表的德国采煤业对英国的采煤业构成了强有力的挑战),日本在东亚也开始挑战英国的经济优势。其次,英国也开始面临一些不发达国家的经济挑战。第一次世界大战促进了不发达国家以棉纺织为代表的轻工业的发展,大萧条推动了不发达国家轻工业的继续发展。由于国际贸易量大大缩减,许多不发达国家开始推行进口替代战略,并很快实行贸易保护主义政策。不发达国家的轻工业与英国的轻工业表现出的竞争性,令英国传统工业的出口遭到严峻挑战。

在新兴工业中,英国的竞争力也不如人意。以第二次工业革命为依托,英国发展了以机器、化学产品、电器产品、汽车、飞机等为代表的重工业。但是,第二次工业革命的弄潮儿不是英国,而是美国与德国。重工业发展的重要条件是工业与资本的紧密结合,为适应

---

① Barry Supple, "Fear of Failing: Economic History and the Decline of Britain", in Peter Clarke and Clive Trebilcock eds., *Understanding Decline: Perceptions and Realities of British Economic Performance*, Cambridge, 1997, pp.9−29.

这一趋势，美、德出现了以托拉斯、康采恩为代表的规模庞大的金融寡头，而英国由于北部工业与南部资本的分离，工业与金融的组合程度明显不如美、德，其重工业的发展与二者相比也是大大不如。在错过了历史的列车之后，英国在新兴工业的竞争中处于下风，大萧条使工业竞争更为激烈，英国竞争力的弱势使得英国新兴工业面临不利的局面。

大萧条也削弱了英国的金融霸权。在《大国的兴衰》中，保罗·肯尼迪(Paul Kennedy)令人信服地指出，历史上所有的大国都是在军事扩张与经济压力下跌落的，没有一个大国能摆脱这一规律①，他在其他著述中进一步阐释了这一结论。② 但是肯尼迪的最大弱点在于他对帝国的理解近乎天真。汤姆林森清楚地指出，仅仅着眼于大国本身是无法理解帝国的，也注定无法准确地理解历史。③ 实际上，英国的力量不仅仅在于自身，还在于它的帝国，甚至在全世界。研究英帝国的学者非常喜欢探讨英帝国和英镑区的关系，而英镑区把英帝国的世界性展现无遗。实际上，从英格兰银行成立伊始，英国

---

① Paul Kennedy, *The Rise and Fall of the Great Powers: Economic Change and Military Conflict from 1500 to 2000*, New York, 1987. 这本书在国内已经有了翻译本，保罗·肯尼迪著，王保存等译：《大国的兴衰》，求实出版社 1988 年版。
② Paul Kennedy, "Strategy versus Finance in Twentieth — Century Great Britain", International History Review, Vol. 3, No. 1, (Jan. 1981), pp. 44—61; Paul Kennedy, *The Realities Behind Diplomacy: Background Influences on British External Policy, 1865—1980*, London, 1981, pp. 285—312.
③ B. R. Tomlinson, "The Contraction of England: National Decline and Loss of Empire", *Journal of Imperial and Commonwealth History*, Vol. 11, No. 1, (Oct. 1982), pp. 58—72. 对肯尼迪的批评还可参阅路易斯教授和罗宾逊教授的文章，W. R. Louis and R. E. Robinson, "The Imperialism of Decolonization", *Journal of Imperial and Commonwealth History*, Vol. 22, No. 3, (Sept. 1994), pp. 462—511.

就在吸收全世界的资源和财富。① 英国的金融革命使得伦敦成为"世界银行",随后的工业革命又使英国成为"世界工厂",世界工厂既是金融革命的结果,反过来又加强了英国世界银行的地位。虽然1870年后英国丧失了世界工厂的地位,但是金融的首要地位非但没有被削弱反而加强了。正如凯恩教授和霍普金斯教授指出的,英国工业的衰落与服务业的欣欣向荣构成了鲜明的对比。② 欧洲、美国当然也包括英国殖民地的资源都由英国来支配,英国是名副其实的世界经济管家。一个如日中天的英国吸收了全世界的财富与资源,由此撑起了一个庞大的、永不日落的英帝国。但是,英国世界银行的地位在于良好的投资环境、货币的自由兑换,一句话,就是世界经济的自由化。没有这一自由流通,英国就无法让客户放心地把钞票存在英国银行。第一次世界大战破坏了这一格局,一个自由的经济世界不再存在。同时,第一次世界大战后,英镑遭到了一个强有力的对手的挑战——美元逐渐成为坚挺的世界货币,美元的全球霸权开始"小荷已露尖尖角"。20年代经济繁荣的最大受益者不是英国而是美国,伴随着这一经济繁荣,英镑和美元的地位发生了深刻变化。大萧条对英镑而言是雪上加霜,因为英镑的世界地位是由英镑和黄金直接挂钩建立起来的,其他货币都是与英镑关联的。大萧条中外国人大量抛售英镑,英镑告急,英国的黄金储备也很快告罄。1931年的麦克米伦报告(Macmillan Report)揭示了传统金融商的无

---

① B. R. Tomlinson, "The Contraction of England: National Decline and Loss of Empire", *Journal of Imperial and Commonwealth History*, Vol.11, No.1, (Oct.1982), pp.58—72.

② P. J. Cain and A. G. Hopkins, "Gentlemanly Capitalism and British Expansion Overseas: II: New Imperialism, 1850—1945", *Economic History Review*, 2nd Ser., Vol.40, No.1, (Feb.1987), pp.1—26.

能为力,银行家告诉首相说,"我们处在悬崖的边缘"①,英镑最终无法维持原先的中间人地位。1931年9月21日,麦克唐纳政府最终放弃了金本位制。金本位制的终结实际上是英镑地位的一个注脚,世界出现了两个金融中心,纽约成为与伦敦相抗衡的力量,世界财富开始更大的分流。

其次,大萧条促发了英国的防务危机。30年代英国殖民地风起云涌的民族主义运动是英帝国史学者最熟悉的话题,民族主义也被认为是英帝国解体的主要原因之一。② 但值得注意的是,英国的许多政治家对殖民地似乎缺乏兴趣。由于殖民地数量繁多,英国人自己对许多殖民地也并不很了解,在讨论涉及殖民地问题时,一些议员往往喜欢到会场外面透透气。③ 实际上,远不是殖民地的民族主义者,而是世界舞台上的新兴强国吸引着英国政治家的注意力。

德国与日本受大萧条的影响最大。大萧条标志着两国经济发展的黄金时代的终结,经济的恶化与失业的威胁使得两国政府面临信任危机。由于政府无法提出有效措施解决危机,两国政治都出现了向右转的倾向,顺应这一趋式,由希特勒领导的纳粹党与日本的法西斯势力逐渐主宰了两国政府。到30年代,希特勒崛起的脚步声清晰可闻,当然还有德国的盟友——意大利,意大利在非洲

---

① A.J.P. Taylor, *English History, 1914—1945*, Oxford, 1965, p.288.
② Henri Grimal, *Decolonization: the British, French, Dutch and Belgian Empires* 1919—1963, Boulder, 1978; Bipan Chandra et al eds., *India's Struggle for Independence*, New York, 1989; D.A. Low, *Eclipse of Empire*, Cambridge, 1991.
③ John Gallagher, *The Decline, Revival and Fall of the British Empire*, Cambridge, 1982, pp.121—122.

的侵略很快对英国的非洲殖民地造成了杀伤力。① 在远东,一个军事寡头集团攫取了日本的权柄,很快吹响侵略的号角,其对中国的渗透与侵略逐渐引起英国的警觉。②

德意日的崛起使得英国的防务出现全面危机。英国政府非常清楚英国无法在欧洲和远东同时作战,"常识就是我们不能同时与日本和德国进行战争并取得胜利"③。为了稳定亚洲,只能牺牲欧洲;或者为了稳定欧洲,就必须牺牲亚洲。因而在30年代,英国的防务战略形成了恶性循环:稳住德国就必须对日本采取容忍的态度,而戒备日本又必须对德国的侵略采取放任的态度。这种顾此失彼的困境使英国几无所得。为了维持英国在欧洲的有利局面,外交大臣西蒙(John Simon)对日本在远东的侵略持消极态度,甚至认为可以半认可"满洲国"的存在。④ 在欧洲,英国对德国采取绥靖政策,30年代接连三任首相麦克唐纳、鲍德温(Stanley Baldwin)和张伯伦都奉行绥靖政策,随着局势趋于紧张,绥靖政策也达到无以复加的地步。防务困境是许多英国政治家对希特勒退让的深层原因。在与希特勒第一次会面后,张伯伦给一个朋友写信说,"我的印象是,当

---

① 恩克鲁玛在自传中认为埃塞俄比亚的陷落是非洲自由的沉沦,因而自己有义务来拯救非洲的自由。Kwame Nkrumah, *The Autobiography of Kwame Nkrumah*, New York, 1957, pp.ix—x, 27.
② Lampson to Simpson, 24 August 1933, in W. R. Louis, *Ends of British Imperialism*, London and New York, 2006, pp.295—297.
③ Memorandum by Fisher, 19 April 1934, recited in W. R. Louis, *Ends of British Imperialism*, London and New York, 2006, p.304; L. J. Butler, *Britain and Empire: Adjusting to a Post—Imperial World*, London, 2002, pp.25—26; S. R. Ashton and S. E. Stockwell eds., Imperial Policy and Colonial Practice 1925—1945(下面缩写为 IPCP), Vol.I, London, 1996, p.xxxv.
④ Memorandum by Chamberlain and Simon, 16 Oct.1934, recited in W. R. Louis, *Ends of British Imperialism*, London and New York, 2006, p.306.

这个人做出许诺时,是可以相信的。"①张伯伦的外交大臣哈利法克斯(Edward Wood, 1st Earl of Halifax)认为希特勒是"欧洲的甘地"②,实际上,这种幼稚的判断在更大程度上只是对现实的无奈。为了解决防务的难题,英国政府甚至试图引诱意大利,对其在埃塞俄比亚的侵略采取纵容态度。虽然有历史学家认为英国的帝国负担影响了其欧洲防卫政策③,但这种看法太过保守,实际情况是,英国在30年代的防务危机是全面的。

面对强大的敌人,英国却不能形成一个有效的同盟。在德意日的威胁下,丘吉尔却悲哀地发现英国与法国的联盟出现了裂痕。虽然丘吉尔很欣赏一战时期的英俄联盟,但30年代的英国政府认为苏联是英帝国的重大威胁,在1937年的防务计划中,防卫苏联仍然是其重要的防务内容。④ 英国政府在英美联盟问题上也无所作为,而这主要归结于英国政府首脑对美国的不信任。麦克唐纳首相认为美国就像一个"有大把零花钱的大款学生",但是除了炫耀财富外不

---

① Norman Moss, *Nineteen Weeks: America, Britain, and the Fateful Summer of* 1940, Boston, 2003, p.40.
② Roy Jenkins, *Nine Men of Power*, New York, 1974, p.149.
③ Michael Howard, *The Continental Commitment: the Dilemma of British Defence Policy in the Era of the Two World Wars*, London, 1972, p.138; L. J. Butler, *Britain and Empire: Adjusting to A Post－imperial World*, London, 2002, p. 24; Anthony Clayton, "Deceptive Might: Imperial Defence and Security, 1900－1968", In *The Oxford History of the British Empire, IV: the Twentieth Century*, Oxford, 1998, p.284.
④ Anthony Clayton, "Deceptive Might: Imperial Defence and Security, 1900－1968", In*The Oxford History of the British Empire, IV: the Twentieth Century*, Oxford, 1998, p.283; L. J. Butler, *Britain and Empire: Adjusting to a Post－imperial World*, London, 2002, p.26; N. H. Gibbs, *Grand Strategy, I: Rearmament Policy*, London, 1976, pp.410－418.

肯做任何事情。① 张伯伦认为依赖美国这样一个无赖是不可想象的②,"什么都不要依靠美国总是最好和最安全的方法"③。

到头来,虽然英国的政治家已经殚精竭虑,却仍然无计可施。正如巴特勒(L. J. Butler)所言,防务成为英国政府的"阿喀琉斯之踵"。④

第三,大萧条激化了英国的社会与政治危机,失业成为英国最大的社会问题。在大萧条之前,英国就面临着失业的严峻挑战。1929年7月2日,在乔治五世的讲话中,国王认为"最重要的事情就是有效地处理失业问题"。⑤ 资深议员斯内尔(Harry Snell)也认为失业"在我们的考虑中处于最显著的位置……"⑥。麦克唐纳首相把失业作为自己政府的两大任务之一,他的解决方法是促进贸易。他同时呼吁全国团结起来,"把我们更多地看作是国家的议会而较少是互相斗争的、分裂的团体";"把我们的主意聚到一个池子里",这对整个国家都有"实质性的利益"。⑦

麦克唐纳促进贸易的解决方法很快证明是不现实的。伴随着大萧条的爆发,国际贸易大受影响。美国等发达国家大大缩减了进口需求,不发达国家也缩减了对英国产品的进口。英国的失业人群开始飙升,1930年7月,失业人数超过两百万,预计到1931年达到

---

① David Marquand, *Ramsay Macdonald*, London, 1977, p.467.
② Piers Brendon, *The Dark Valley: A Panorama of the 1930s*, London, 2000, p.521.
③ Keith Grahame Feiling, *The Life of Neville Chamberlain*, London, 1946, p.325.
④ L. J. Butler, *Britain and Empire: Adjusting to a Post-imperial World*, London, 2002, p.24.
⑤ Parliamentary Debates(Commons), Vol.229, cols.47—49.
⑥ Ibid., cols.51—53.
⑦ Ibid., col.65.

三百万。① 失业的情况越来越严重,而英国政府却苦无良方,"我们什么也没有做,而且我们也做不了什么。"② 梅委员会(May Committee)坚持认为失业救济应该从收入里面支出,但是失业救济将增加政府的财政赤字,而解决财政赤字又要求削减失业救济。这一拙劣的方案使得凯恩斯称梅委员会报告是"我不幸读过的最愚蠢的文件"③。预算的平衡仍然是财政部的灵丹妙药,在这一思想的指导下,许多人逐渐认为失业救济是巨大的浪费,因而削减救济的声音逐渐占了上风。但反对的声音也依然强大,九位大臣宁愿辞职也不接受削减失业救济的方案。工党的分裂瓦解了工党政府,麦克唐纳随后建立了国民政府,但是信奉自由放任政策的斯诺登(Philip Snowden)仍然执掌财政部。斯诺登很快通过了缩减政府开支的方案,所有国家支出的项目都被削减了,内阁大臣、法官、军人、失业者的收入都削减了10%,警察削减了5%,教师是15%。

削减开支的方案招致了强烈的抗议。不久,大西洋上的一艘军舰官兵拒绝服役以示抗议。许多知识分子也更为左倾,其中包括西德尼·韦伯与斯特雷奇(John Strachey)。共产主义的影响扩大了,许多中产阶级都开始服膺共产主义的理想。左派组织了直指伦敦的"饥饿进军(Hunger Marches)"运动,这一运动很快发展成为"播种器",途经各地时人们为其建立粥棚并安排他们住宿在当地学校。而以莫斯利(Oswald Mosley)为代表的极端分子却把德国式的纳粹道路当作解决问题的出路。

英国的这些内部问题消耗了英国政府的大部分精力,也使得英

---

① A. J. P. Taylor, *English History*, 1914—45, Oxford, 1965, p. 284.
② Ibid., p. 287.
③ Ibid., p. 288.

国政府很难有充分精力去处理外部事务。

最后,英国的全面危机加剧了英国对帝国的依赖。英帝国史研究的始祖西利(John Robert Seeley)在《英格兰的扩张》中提出,为了应付外国的挑战,一个以英国为核心的英帝国是一个可能的出路。① 20世纪初的殖民大臣约瑟夫·张伯伦也主张把发展殖民地作为应对外国竞争的一个重要措施,通过加强英国与殖民地的联系,实现英帝国内部在政治、经济、军事与外交上的紧密联系,从而继续维持英国的地位与影响。在30年代面临全面危机时,更大程度地依赖帝国解决英国问题的思想再次潜入英国政治家的头脑之中。

首先,依靠英帝国来解决英国的失业问题。面对严重的失业,以斯内尔为首的议员建议发展自治领与殖民地,为那些希望到自治领和殖民地寻求发展机会的移民提供帮助。② 殖民大臣艾默里更是把发展英帝国的思想落实为政策,艾默里看到世界的发展对英国越来越不利,为应付美国与苏联的挑战,他认为最有效的方法就是"英帝国有效结合到一起并开发它们的资源"。③ 在他的努力下,英国政府最后批准了1929年的殖民地发展法案(Colonial Development Act),并把向自治领与殖民地移民作为缓解英国失业与社会不满的重要出路。

其次,利用帝国维持英国的经济与贸易优势。从维多利亚女王时代以来,自由贸易政策一直是英国的指导方针。即便英国工业从19世纪80年代以来遭遇了挑战,但由于以金融业为支柱的无形资

---

① Sir John Seeley, *The Expansion of England*, Chicago, 1971.
② Parliamentary Debates(Commons), Vol.229, cols.51—53.
③ Bernard Porter, *The Lion's Share: A Short History of British Imperialism* 1850—1983, London and New York, 1984, p.266.

产的扩张,英国金融贸易在20世纪初期仍然占据主导地位。大萧条宣告了英国金融霸权的终结。在1932年的渥太华会议(Ottawa Conference)上,英国政府同自治领与殖民地正式建立了排他性的帝国特惠制(Imperial Preference)。与帝国特惠体系相联系的是英镑区。通过帝国特惠制与英镑区,英国希望继续维持自己的贸易与金融优势。

第三,利用帝国维持英国的防务优势地位。这从新加坡海军基地的建设与对中国的新态度可以看出。在1921—1922年的华盛顿会议上,为了争取美国的支持,英国放弃了英日同盟,但美国却没有对英国做出任何承诺。这样,英国在远东丧失了一个同盟,却没有得到任何补偿。① 华盛顿会议后,日本很快成为一个不确定因素。1921年海军部提出在远东殖民地建设一个巨大的基地堡垒②。由于悉尼位置太偏远,香港在危险面前太脆弱,英国最后选择了新加坡。但是海军部的主张受到财政的限制,20年代新加坡海军基地的建设断断续续,1924—1926年缩减了规模,1928年重新开始,1929年又慢了下来,1931年,麦克唐纳领导的工党政府更是停止了新加坡海军基地的建设。日本在远东的扩张使英国的利益无法保障,英国侨民更是遭到了日本的凌辱,英国的自治领澳大利亚和新西兰也因为英国政府不重视远东防务而大为不满。为了维护英国的利益并加强英国在自治领与帝国的影响力,英国政府终于决定加速建设新加

---

① 关于放弃英日同盟是英国总战略必然结果的观点,参阅 W. R. Louis, *British Strategy in the Far East* 1919—1939, Oxford, 1971, pp.79—108.
② Anthony Clayton, "Deceptive Might: Imperial Defence and Security, 1900—1968", In *The Oxford History of the British Empire, IV: the Twentieth Century*, Oxford, 1998, p.283; John Gallagher, *The Decline, Revival and Fall of the British Empire*, Cambridge, 1982, pp.127—128.

坡海军基地。① 同时,面对日本在东亚的扩张,英国开始对中国采取了一些友好措施。30年代的驻华大使兰普森(Miles Lampson, 1st Baron Killearn)坚决支持对日本实行强硬政策②,军方也认为绥靖日本的结果只能是丧失海洋霸权。③ 在外交部和军方的压力下,英国的天平逐渐向中国倾斜。在中国民族主义者的要求下,英国于1930年把威海卫归还给中国④;英国同意修订不平等条约,愿意看到中国成为一个繁荣的国家。⑤

最后,利用帝国问题绥靖德意日。张伯伦认为英国可以通过割让殖民地以满足德意的欲望。因而,在欧洲进行慕尼黑阴谋的同时,张伯伦在非洲殖民地也推行慕尼黑政策。为了抚慰德国,张伯伦提议恢复德国在多哥和喀麦隆的殖民地,同时再为德国建立一个新的殖民地。为此英国与法国放弃多哥与喀麦隆,英国再割让尼日利亚的一部分,比利时放弃北部刚果的一部分,葡萄牙放弃北部安哥拉的一部分(但可以从英国的坦噶尼喀获得一部分补偿)。⑥ 这一计划之所以失败是因为希特勒拒绝了张伯伦的建议,希特勒宣称,

---

① Minute by Sir M. Hankey to Mr. MacDonald Urging that the National Government take the Question of the Defence of Singapore more Seriously, PREM 1/152, ff 6－9, 5 April 1933, in S. R. Ashton and A. J. Stockwell, IPCP, Vol. I, pp. 64－66; L. J. Butler, *Britain and Empire: Adjusting to a Post－imperial World*, London, 2002, p. 24.
② W. R. Louis, *Ends of British Imperialism*, London and New York, 2006, pp. 295, 297.
③ N. H. Gibbs, *Grand Strategy, I: Rearmament Policy*, London, 1976, pp. 409－438.
④ 寇松批评贝尔福放弃威海卫是对帝国的背叛,W. R. Louis, *British Strategy in the Far East 1919－1939*, Oxford, 1971, p. 107.
⑤ W. R. Louis, *Ends of British Imperialism*, London and New York, 2006, pp. 312－313.
⑥ "Germany: the Next Steps towards a General Settlement: the Colonial Question", Minutes of Cabinet Committee on Foreign Policy, 24 January 1938, CAB 27/623, FP21 (36)2, in S. R. Ashton and A. J. Stockwell, IPCP, Vol. I, pp. 136－149.

他宁愿要匈牙利也不要非洲的殖民地,随后,德国的军队就开进了维也纳。① 张伯伦的计划是用殖民地做交易,但也透露出这样的讯息:非洲殖民地其实是微不足道的。这一密谋削弱了英国在殖民地的威望,这让殖民地的民族主义者更为清醒,其追求独立的斗争也更为坚决。

二、帝国的危机

就在英国对帝国依赖日盛的情况下,帝国却开始变得越来越桀骜不驯,殖民地的斗争也进入了一个新的阶段,这主要因为如下几个方面。

首先,威斯敏斯特法案为殖民地要求独立的斗争树立了榜样。殖民地的发展程度虽然大不相同,但内部却存在着多米诺骨牌式效应。首先获得自治与独立的国家会对后来者产生深远影响。英国政府可以想当然地认为殖民地处于不同的发展阶段,但殖民地民族主义者追求平等的要求与英国政府的这种想法并不相同。威斯敏斯特法案正是这样的例子。为了更好地维护英国对自治领的控制,英国决定通过授予自治领独立的形式来获得对自治领影响的实质。但是,这一法案在客观上加速了其他殖民地要求独立的斗争,正如著名的英帝国史专家菲尔德豪斯所言,这一法案确认的自治原则正

---

① Michael Dennis Callahan, *A Sacred Trust: the League of Nations and Africa*, 1929—46, Portland, 2004, pp.13—14.

是英帝国解体的根源。① 此后,其他殖民地也纷纷要求获得同样的自治权利。

其次,大萧条削弱了宗主国与殖民地经济互补的格局。在大萧条中,英国为了弥补财政赤字,大大缩减了进口数量,并鼓励本国农业的生产。② 同时,那些主要依赖初级产品出口的殖民地也受到极大的震荡。大萧条让初级产品的需求在数量上大为减少,价格上大幅下降,这自然使得殖民地的购买力随之下降,各殖民地开始执行进口替代的发展战略,印度、埃及等都是典型的例子。宗主国与殖民地的这种经济新方向令原先工业世界与农业世界的互补格局不复存在,而这一互补性经济格局的瓦解是民族主义无法阻遏的一个重要原因。③

再次,新一代民族主义者开始跃居政治舞台。大萧条之前,殖民者在殖民地拥有自己的合作者,这些合作者充分利用外来势力壮大自己,对殖民者的不满使他们成为殖民地最早的、温和的民族主义者,但是他们对殖民者的不满总是限制在一定的范围内,反西方的思潮是被压制的,毕竟,这一合作机制也是他们获利的基础。④ 大

---

① D. K. Fieldhouse, *Colonialism* 1870—1945: *An Introduction*, London, 1981, pp. 19—22.

② R. F. Holland, "The End of an Imperial Economy: Anglo—Canadian Disengagement in the 1930s", Journal of Imperial and Commonwealth History, Vol. 11, No. 2, (Jan. 1983), pp. 159—174. Or in Andrew Porter and Robert Holland eds., *Theory and Practice in the History of European Expansion Overseas: Essays in Honour of Ronald Robinson*, London, 1988.

③ R. F. Holland, *European Decolonization* 1918—1981: *An Introductory Survey*, New York, 1985, pp. 11—15.

④ Ronald Robinson, "Non—European Foundations of European Imperialism: Sketch for a Theory of Collaboration", in R. Owen and B. Sutcliffe eds., *Studies in the Theory of Imperialism*, London, 1972, pp. 118—140.

萧条恶化了殖民地的经济与社会状况，而英国对缓解殖民地的经济困境几乎无能为力。按照安东尼·洛(D. A. Low)的观点，不能满足被统治者的要求是民族主义兴起的主要原因。[1] 经济的萧条与社会的动荡使得那些温和的民族主义者地位开始下降，张伯伦对非洲殖民地的任意瓜分令殖民地的民族主义者更为清醒。新一代民族主义者开始兴起，他们与原先的民族主义者大为不同，对殖民者的反对也更为坚决，尼赫鲁与纳赛尔都是这一新兴民族主义者的代表。[2] 殖民地的反抗斗争走到了一个新的阶段。

由于英帝国是一个庞杂的体系，不同殖民地的发展程度大不相同，斗争矛头也有重大差别，英国对这些殖民地也自然采取不同的态度。因此，需要对殖民地进行分类式的解读。

第一种类型是以政治斗争为主的殖民地。

在英国的殖民地中，英国政府认为某些殖民地是"先进"的，因为它们的经济、社会、政治发展程度比较高，印度、埃及等正是这类殖民地的主要代表，它们斗争的内容主要在政治方面。

（一）印度

在印度逐渐失去经济价值的时候，英国却越来越发现印度在军事方面的价值。在第一次世界大战中，大量印度士兵站在英国一边对敌国作战。战争结束后，印度的军队很快成为维持英帝国的重要依靠力量，而且印度士兵驻防的费用由印度政府维持，这是英国在

---

[1] D. A. Low, *Eclipse of Empire*, Cambridge, 1991.
[2] P. J. Vatikiotis, *Nasser and His Generation*, New York, 1978, pp.47—64.

国内社会福利开支大幅上升之时,仍然能够维持一个庞大帝国而未在本国国内激起强烈抗议的重要原因。在 30 年代,纵观整个英帝国,无处不见印度士兵的身影,军事意义使得英国并不情愿放弃印度。

在主观上,英国不肯授予印度独立还有种族歧视的原因。正如一些学者发现的,种族因素是维持英帝国的一根主要支柱。① 英国虽然授予加拿大、南非、爱尔兰、澳大利亚、新西兰自治的权力,但这些都是以白人为主的殖民地。英国政治家并不认为其他人种,例如印度人可以自治。在英国人眼里,印度社会是腐朽的、不理性的,总之,印度不适于自治,只有英国人才能保护印度的穷人,才能保证印度不爆发种族战争。在印度,白种人与深肤色人种的差异被特意强调,英国人居住的地方与印度人远远隔开,形成一个白人城,他们的住所是那种特殊的别墅②,英国政府与媒体对跨种族的通婚也持敌视态度。③

由于英国不肯做出政治妥协,印度的民族主义者越来越不满,到 30 年代,民族主义者的斗争如火如荼。

许多历史学家认为,民族主义是英帝国解体的主要原因,但是在此需要对殖民地的民族主义加以说明。民族主义原本是一个西方概念,它与西欧的民族国家紧密相连,民族、国家、社会、文化具有

---

① Dane Kennedy, *Britain and Empire* 1880—1945, London, 2002, pp.62—63; Judith M. Brown, "India", in *The Oxford History of the British Empire, IV: the Twentieth Century*, Oxford, 1998, pp.425—426.
② Bungalow 源自印地语的 Bengali,在此特指那些白人居住的独立别墅。Judith M. Brown, "India", in *The Oxford History of the British Empire, IV: the Twentieth Century*, Oxford, 1998, pp.425—426.
③ Dane Kennedy, *Britain and Empire* 1880—1945, London, 2002, pp.62—63.

很大的公约性。英法百年战争期间,法国的民族主义兴起,这一民族主义主要来源于爱国主义,而且是一种简单的本土主义、区域主义。拿破仑战争期间,民族主义在德国的费希特那里找到了自己的旗手。费希特是普鲁士人,他对普鲁士的态度是哀其不幸、怒其不争,在费希特眼里,民族主义就是一种理想,就是为郁闷的普鲁士寻找一个强大的政治屋顶①,国王可以是这个政治屋顶的化身,但是政治屋顶远大于国王,它更完美无瑕,更神圣不可侵犯。

殖民地的民族主义者吸收了这一舶来品,也努力建设自己的政治屋顶,但是他们有时可能过度强调了政治方面而忽视了别的内容。非洲第一个独立国家加纳的领导人恩克鲁玛(Kwame Nkrumah)宣称,"第一目标是获得政治独立";"自己管理自己,甚至是坏的管理,也比别人统治你来的更好"。②这一功利性目标使得殖民地的民族主义缺乏有机性而更多的是松散的结合。印度的民族主义者尼赫鲁是这样解释民族主义的:"民族主义本质上是一种反对的感情,它以对其他国家群体的仇恨和愤怒为营养并深化,特别在一个臣服的国家反对外国统治者的时候更是如此。"③尼赫鲁的解释表明殖民地民族主义本质上是反殖民主义的大联合,一旦英国准备放手,反殖民主义的目标消失后,这个联合体就可能分崩离析,内部的矛盾可能剧烈到要求建立分离国家的程度,例如巴基斯坦和加纳北部的少数族裔、尼日利亚的比弗拉地区等。

---

① [英]盖尔纳著,韩红译:《民族与民族主义》,中央编译出版社2002年版,第57—58页。
② Kwame Nkrumah, *The Autobiography of Kwame Nkrumah*, New York, 1957, pp. ix—x.
③ Jawaharlal Nehru, *Towards Freedom: An Autobiography of Jawaharlal Nehru*, New York, 1941, p. 74.

印度的这种民族主义与国大党(Indian National Congress)紧密相联。国大党刚出现的时候是一个非常温和的政治组织,强调与殖民政府进行合作,并在这一合作中寻求利益。虽然1905年的提拉克表现出激进主义立场,但温和态度仍然是主流,提拉克在出狱后也很快转变为温和派。① 这一温和立场的根源在于,直到此时,国大党仍然是一个精英组织,它在民间的影响太微弱了。② 以至于英国的政治家宣称英国才是印度穷苦大众的保护人,放弃帝国的责任就是"把我们的孩子"交给"屠杀和混乱"。③

国大党性质的改变要归功于甘地。伍德科克认为,如果非要找出一个人为英帝国的解体负责,那么这个人就是甘地。④ 但是英帝国太庞杂了,在不同的阶段,英国政府有不同的考虑,对不同的殖民地,英国政府也有不同的策略。从这一角度而言,艾德礼、艾登、麦克米伦等英国首相起的作用也许更大。但是就印度而言,伍德科克的话倒是有一定道理。甘地最突出的成就在于他使得国大党走向大众,走向社会下层。20年代和30年代,国大党政治家在全国的巡回访问和演讲是史无前例的,国大党开始向大众民族主义转变,一个原本分散的、以地域认同为主的概念开始向政治概念转变,一个以国大党为核心的印度民族浮出了水面。⑤

---

① Brian Lapping, *End of Empire*, New York, 1985, p.36.
② Jawaharlal Nehru, *Towards Freedom: An Autobiography of Jawaharlal Nehru*, New York, 1941, p.232.
③ Bernard Porter, *The Lion's Share: A Short History of British Imperialism*, 1850—1983, London and New York, 1984, p.300.
④ George Woodcock, *Who Killed the British Empire*, London, 1974, p.330.
⑤ Judith M. Brown, "India", in *The Oxford History of the British Empire, IV: the Twentieth Century*, Oxford, 1998, pp.440—442.

国大党的成就与甘地的非暴力不合作（Nonviolent Resistance）运动紧密相连。甘地虽然接受了英国的教育，却并没有吸收西方的基督文明，印度宗教对他有神秘的吸引力，他也并不主张吸收西方的物质文明，他喜欢的是手摇纺车。他在英国获得律师资格后回到印度，但是似乎找不到谋生的门路。在亲人的推荐下，他到南非寻求机遇。在南非，为了抗议白人对印度人的不公平待遇，他领导南非的印度人起来抗争。他的策略是和平主义的：你打我左脸，我把右脸转过去再让你打；你说我有罪，我就进监狱，承认我有罪，要求判最重的刑，但是我不会屈服于你的"罪恶的法律"。不诉诸暴力，但是又拒绝合作，这就是甘地的策略。这一策略反映了甘地是一个有深刻洞见的高明的政治家，他知道英国统治的软肋，他试图激怒英国人，不被激怒，英国人就不会行动；但是非暴力抵抗又会感动英国人，使他们心中善良的一面表现出来。正如安东尼·洛所言，甘地的策略只能适用于英国殖民地，在其他国家的殖民地，他可能早就被枪杀了。[1] 甘地的策略在南非非常成功，这令他声名鹊起，受到了印度国大党的注意，在国大党领袖的推荐下，他在党内地位迅速抬升，并很快主导了国大党。他把在南非的策略应用到印度，再次使英国手忙脚乱。一个简单的循环出现了：甘地不合作，然后进监狱，接着放出来，然后继续不合作……循环往复，使宗主国与殖民地的斗争变得好像是小孩子做游戏。

与甘地一起斗争的还有尼赫鲁、帕特尔（Sardar Vallabhbhai Patel）等人。尼赫鲁是甘地忠诚的信徒，也是甘地的接班人。他从

---

[1] D. A. Low, *Eclipse of Empire*, Cambridge, 1991, p.12.

英国著名的哈罗公学毕业后,进入剑桥大学的三一学院接受高等教育。回到印度后,他很快证明自己是一个天生的领导人。尼赫鲁的崛起也很迅速,这与其激进态度有重要关系,他比甘地更倾向于对抗,回到印度后,他大部分的时间在监狱里面度过,由此赢得了越来越多人的支持,这反映出国大党内外对非暴力斗争的有效性日趋怀疑。尼赫鲁虽然非常尊敬甘地,但是对甘地的手摇纺车并不感兴趣,因为他明白依靠手摇纺车并不能让印度强大,他在英国接受的高等教育使他更愿意接受西方的物质文明。[①] 因而,在对甘地的敬意背后,是尼赫鲁与甘地的背离。

帕特尔是国大党中仅次于甘地与尼赫鲁的第三号人物,也是国大党中的鹰派。帕特尔是一个现实主义者,意志坚定,为达目的不择手段,他认为为了印度的独立,斗争是最有效的手段。在国大党领导层中,他最早认识到巴基斯坦的分裂是印度独立的代价,最早劝说同僚们接受巴基斯坦分离的现实。

甘地的非暴力不合作策略让英国人非常为难。印度太重要了,特别是在欧洲和远东都很不太平的情况下更是如此,英国人不愿意让印度独立。但另一方面,英国又自诩与法国、葡萄牙等专制的殖民统治不同,英国不愿撕下面纱对印度进行赤裸裸的镇压,这样将使得自己与欧洲大陆的殖民主义者没有什么区别。国大党领导的抗英活动正考验着英国统治的实力与决心。

---

① Jawaharlal Nehru, *Towards Freedom: An Autobiography of Jawaharlal Nehru*, New York, 1941, p.75.

(二) 埃及

凯恩和霍普金斯教授认为,英国对埃及的控制是经济因素的结果。① 罗宾逊教授宣称英国对埃及的统治是埃及合作体系失败的结果。② 所有这些解释都未能触及问题的本质。实际上,国家的战略安全在政府的利益格局中地位显赫,③英国对埃及的控制在很大程度上就是战略安全考虑的结果。

埃及处于英帝国一个关键的位置上,苏伊士运河开通之后,它就是英国皇家海军的交通枢纽,埃及也便成为英国战略家无时无刻不关注的对象。但埃及并不是一个完整意义上的殖民地,除了一个很短的时间外,埃及大部分时候在名义上都是独立的。纳赛尔(Gamal Abdel Nasser)和英国外交大臣艾登会谈时,曾说很高兴英国曾经统治过埃及;艾登马上纠正说,"不是统治,也许,是建议吧。"④但是,直到1956年,埃及从来没有获得过对苏伊士运河区的

---

① P. J. Cain and A. G. Hopkins, "Gentlemanly Capitalism and British Expansion Overseas: I: the Old System, 1688—1850", *Economic History Review*, 2nd Ser. Vol. 39, No. 4, (Nov. 1986), pp. 501—525; "Gentlemanly Capitalism and British Expansion Overseas: II: New Imperialism, 1850—1945", *Economic History Review*, 2nd Ser., Vol. 40, No. 1, (Feb. 1987), pp. 1—26.
② Ronald Robinson, "Non—European Foundations of European Imperialism: Sketch forA Theory of Collaboration", in R. Owen and B. Sutcliffe eds., *Studies in the Theory of Imperialism*, London, 1972, pp. 118—140.
③ 研究国际关系的一些学者对政府的这一属性特别敏感(虽然他们在具体内容上也有争论)。这一观点的典型代表如下。[英]爱德华·卡尔著,秦亚青译:《20年危机:国际关系研究导论》,世界知识出版社,2005年版;[美]汉斯·摩根索著,卢明华等译:《国际纵横策论:争强权,求和平》,上海译文出版社,1995年版;[美]肯尼思·华尔兹著,信强译:《国际政治理论》,上海人民出版社,2003年版;[美]约翰·米尔斯海默著,王义桅、唐小松译:《大国政治的悲剧》,上海人民出版社,2003年版。
④ Keith Kyle, *Suez*, New York, 1991, p. 60.

管辖权。

埃及民族主义的代表是华夫脱党(Waft Party)。第一次世界大战后,埃及民族主义者要求出席巴黎和会,但这一要求被英国人拒绝。埃及的民族主义者大受刺激,很快组织起反对英国统治的斗争,他们把自己称作华夫脱党,华夫脱在埃及语中就是派出代表的意思。埃及的最高军事长官艾伦比(Edmund Allenby)将军认为英国应该对埃及做出一定的让步。在他的推动下,1922年2月,英国宣布终止埃及的保护国地位,撤出英国的行政人员,默认了埃及的独立。但与此同时,英国保留了四项权力:防卫帝国的通道苏伊士运河;不允许任何国家染指埃及;保护在埃及的外国人利益;控制苏丹的行政管理。①

英国政府从华夫脱党的动员能力中看到了埃及的巨大不满,它很快发现把英国直接暴露在埃及民族主义面前是很不明智的,因为"每一个埃及人在内心深处……都是一个华夫脱党人"②。寻找制衡华夫脱党的政治力量成了英国的当务之急,英国政府很快选中了埃及国王福阿德(Ahmad Fuad Pasha)。英国驻埃大使兰普森在报告中说:"虽然福阿德国王有很多错误,但他在自己的王国依然很有影响力,我们可以通过他获得目标,因为我们直接行动是很难获得这

---

① "Anglo-Egyptian Treaty Negotiations": Cabinet Memorandum by Mr. Eden, 8 June 1936, FO 371/20110, no 5401, CP 156 (36), in S. R. Ashton and A. J. Stockwell, IPCP, Vol. I, pp. 75—80.

② Minute by Lindsay, 16 March 1929, recited in John Darwin, "Imperialism in Decline? Tendencies in British Imperial Policy between the Wars", *Historical Journal*, Vol. 23, No. 3, (Sep. 1980), p. 669.

些目标的。"①对国王来说,在华夫脱党风起云涌的运动中,自己的权力有被取代的危险。如果没有英国政府的支持,国王对埃及的统治虽然并非不可能,但至少也非常艰难。② 鉴于此,国王也倾向与英国合作来对抗华夫脱党。

这样,在大萧条之前,埃及形成了英国、华夫脱党、国王三角权力结构。国王与华夫脱党互相制衡,英国成为仲裁人,通过维持二者间的平衡,得以继续控制埃及。1926 年,在华夫脱党选举获胜,权力大增的时候,劳合·乔治劝说华夫脱党的领袖扎格鲁尔(Zaghlul Pasha)放弃了部分权力。1934 年,国王坚持任命自己的人担任首相,但英国觉得国王权势的膨胀不利于平衡,于是兰普森要求国王任用华夫脱党的人担任首相,并威胁说,如果国王不听劝告,英国将不再支持福阿德。于是,国王不得不任命一名华夫脱党成员为首相。③

大萧条恶化了埃及的经济状况,许多社会问题随之呈现。开罗爆发了学生运动,实际上,这一学生运动不过是埃及思潮的一个出气孔,它表现的是埃及对西方的反对。④ 在否定西方文化与价值的

---

① Lampson to Sir S. Hoare, 1 August 1935, recited in John Darwin, "Imperialism in Decline? Tendencies in British Imperial Policy between the Wars", *Historical Journal*, Vol.23, No.3, (Sep.1980), p.671.
② Minute by J Murray, 13 June 1929, recited in John Darwin, "Imperialism in Decline? Tendencies in British Imperial Policy between the Wars", *Historical Journal*, Vol.23, No.3, (Sep.1980), p.671.
③ Lampson's Diary, 18 April 1935. recited in John Darwin, "Imperialism in Decline? Tendencies in British Imperial Policy between the Wars", *Historical Journal*, Vol.23, No.3, (Sep.1980), p.671.
④ P.J. Vatikiotis, *The History of Egypt: from Muhammad Ali to Sadat*, Baltimore, 1980, pp.317—342.

氛围中,一些更为激进的民族主义者开始出现,而且能够动员群众。穆斯林兄弟会(Muslim Brotherhood)成立于1928年,其创立者哈桑·班纳(Hasan Ahmed Abdel Rahman Muhammed al-Banna)称,他的目标是建立一个摒弃西方文化的纯粹穆斯林国家,一切欧洲的文化价值,无论是立宪制度还是自由主义,都应从埃及的个人生活和公共生活中予以根除。① 青年埃及协会(Young Egypt Party)成立于1933年,他们组织成半军事性质的"绿衫党(Green Shirts)",进行反对欧洲文化和价值观的示威活动。

这些新的政治力量很快威胁到原来的政治平衡,华夫脱党与国王都感受到了威胁,英国也意识到危机的到来。

(三) 锡兰、缅甸、巴勒斯坦

锡兰的经济严重依赖对英国的出口,这一外向型经济使得锡兰的民族主义者比较温和。1919年成立的锡兰国大党(Ceylon National Congress)是一个精英组织,表现出强烈的保守色彩。与印度国大党相反,锡兰的国大党并不注重在民间寻找根基,也没有出现印度式的大众民族主义。② 锡兰国大党的竞争者是由庞南巴拉姆(G. G. Ponnambalam)领导的泰米尔人组织,他提出在国家委员会中,50%的席位应该为少数民族保留。③ 与泰米尔人的不满并存的还有印度人问题,在锡兰经济发展过程中,大量南部印度人到锡兰寻找工作,但他们仍然维持着与印度的密切关系,也把挣的钱汇到

---

① 雷钰、苏瑞林:《中东国家通史——埃及卷》,商务印书馆2003年版,第267页。
② S.R. Ashton, "Ceylon", in *The Oxford History of the British Empire, IV: the Twentieth Century*, Oxford, 1998, p.454.
③ Ibid., p.458.

国内。1929年的大萧条也影响了锡兰的经济,为了维持自己的政治优势,国大党也开始向英国要求更大的权力。

缅甸的民族主义与佛教复兴紧密相连。1906年,一个受过西方教育的精英集团建立了青年佛教协会(Young Men's Buddhist Association),志在恢复缅甸的文化和宗教。① 1920年,青年佛教协会改名为佛教协会总理事会(General Council of Buddhist Association),激进派取代了原先的保守派,新的组织变得更为激进。第一次世界大战影响了缅甸的农业,农民与地主高利贷者(他们几乎清一色是印度人)的矛盾开始激化。佛教协会总理事会的成员奥塔玛(U. Ottama)组织农民抗议英国的统治。虽然他领导的抗议活动很快被镇压了,但其影响深远,后来的许多宗教领袖都声称奥塔玛是他们的政治导师。1929年开始的大萧条恶化了农民的处境②,而英国显然对恢复缅甸的经济无能为力。1930年缅甸爆发了由沙耶山(Saya San)领导的千年王国运动(Millenarian Movement),沙耶山也是佛教协会总理事会的成员,他发展的丛林游击战争,让英国很头疼,最终花了一年多的时间才控制住局面。同时,缅甸的民族主义运动加剧了缅甸和印度之间的矛盾。在缅甸的农业中,印度人是主要的高利贷者,对缅甸的农业有很大的控制权,因而经济的恶化也使得缅甸人对印度人充满了敌意,1930年和1938年仰光的种族冲突表现了这一点。

巴勒斯坦也属于这一类殖民地,这里的犹太移民不断增加,以

---

① 霍兰认为这一组织成立于1916年,把时间弄错了,R. F. Holland, *European Decolonization 1918—1981: An Introductory Survey*, New York, 1985, p.9.

② A. J. Stockwell, "Imperialism and Nationalism in South—East Asia", in *The Oxford History of the British Empire, IV: the Twentieth Century*, Oxford, 1998, p.465.

致有了建国的资本。1917年的《贝尔福宣言》(Balfour Declaration)称:"英国政府很愿意在巴勒斯坦为犹太人建立一个民族之家,并运用所有的能力来实现这一目标。"但是很谨慎地在后面加上一句:"很明显,无论什么都不能危害到居住在巴勒斯坦的非犹太人团体的内政和宗教权利。"①其后的英国政策虽然有所改变,但大体支持犹太移民。在两次大战之间,犹太人从原先的8.3万人上升到了44.4万人,占到了巴勒斯坦总人口的1/3。② 起初,阿拉伯人很愿意把土地卖给犹太人,因为他们出的价钱高,但是在犹太人的财富和土地急剧上升之后,阿拉伯人感到了巨大的威胁。同时,犹太农场主与工业家在招募工人的时候,也更愿意把工作机会给予刚刚移民过来的犹太穷人。犹太人口与财富的增长再配上种族区别对待,巴勒斯坦逐渐成了政治火山口,并酿成了1928—1929年的社会动乱,阿拉伯人和犹太人互相杀害,彼此进行报复。虽然丘吉尔把这里的动乱称为老鼠的战争,但巴勒斯坦的战略地位却迫使英国政府不得不出面干预,派兵维持巴勒斯坦的秩序。

第二种类型是处于经济与社会困境中的殖民地。

在印度、埃及等地掀起独立斗争狂潮的时候,那些在英国看来比较"落后"的殖民地由于经济与社会状况的恶化也表现得极不平静,但它们的斗争内容主要在经济而非政治方面。

20世纪30年代以前,英国殖民地广泛流行间接统治(Indirect Rule),这一统治制度的创始人是卢加德勋爵。卢加德在担任尼日利

---

① 关于这一文件全文,参阅 J. H. Wiener, *Great Britain: Foreign Policy and the span of Empire* 1689—1971, IV, New York, 1972, p.2924.
② W. R. Louis, *Ends of British Imperialism*, London and New York, 2006, p.394.

亚的总督时，发现依靠北部的酋长来协助管理殖民地能更好地维持秩序，随后，他根据自己在尼日利亚的统治经验，总结出一套殖民统治方式，并创造出"间接统治"的原则。① 卢加德的经验被广泛推广，他也由此获得极大声誉，从1922年到1936年，一直担任国联托管委员会（Mandates Commission）主席。

根据卢加德的观点，英国的统治与殖民地追求经济与社会进步的理想是相容的，殖民统治的合理性就在于它可以促进当地经济与社会发展。但"间接统治"的执行却很难达到卢加德的目标，因为其内核是与这一目标背道而驰的。间接统治有两个原则：

一是尽量减少对当地社会的政治干预，利用传统的政治精英来维持秩序并巩固统治权威，如卢加德所说：间接统治的"目标……是通过协助司法会议，使每一个埃米尔或主要的首领成为其人民的有效统治者"②。

二是尽量减少英国政府的开支。正如历史学者塞尔所指出的，这一统治制度虽然效率不高，也很少取得政治进步，但代价很低。③

因而，间接统治的广泛推广不仅没有促进殖民地经济与社会的发展，相反，它更多地是维持殖民地的现状。殖民地的社会问题长期得不到解决，落后与不发达就如疾病缠身，相伴始终。这种情况在西印度与非洲表现得特别明显，也充分暴露出间接统治的缺陷。

西印度群岛是英国最早的殖民地，曾几何时，靠着奴隶劳动、种

---

① Dane Kennedy, *Britain and Empire* 1880－1945, London, 2002, pp.63－65.
② Sir F. D. Lugard, *The Dual Mandate in British Tropical Africa*, London, 1923, p.200.
③ John W. Cell, "Colonial Rule", in *The Oxford History of the British Empire, IV: the Twentieth Century*, Oxford, 1998, p.242.罗宾逊教授的合作理论也可以从这种间接统治中寻到蛛丝马迹。

植园的发展与蔗糖的出口,西印度是英国最富庶的殖民地。可惜好景不长,在英国政府禁止奴隶贸易后,种植园经济开始解体,西印度从此繁荣不再,而且一直萧条到了 20 世纪。关于西印度衰落的原因,学界有众多的解释,但是本文认为,西印度的永久衰败一方面是国际产品替代的结果,另一方面是由帝国的间接统治制度造成的。

当蔗糖成为欧洲人须臾不可离的食物时,精明的商人察觉到寻找替代品的必要,他们很快发现用甜菜炼制砂糖更能获利,于是甜菜种植业勃然兴起,欧洲本土很快成为砂糖的另一产地。在与甜菜的竞争中,蔗糖很快败下阵来,这一失败造成了西印度的永久衰败。对此,英国政府漠然视之。首先,西印度对解决英国的经济和失业问题基本上已是无足轻重;其次,英国已经不把美国视为潜在的敌人[1],因此西印度在防务上的地位也就可有可无。1929 年的大萧条很快波及到西印度殖民地,也把长期被忽视的问题充分显示出来。大萧条中,欧洲各国和美国都加强了对进口的限制,英国也加强了对国内农业(包括甜菜)的补贴。国际贸易保护主义对严重依赖出口的西印度是致命的打击。雇主为了获利,纷纷裁减工人并降低工人工资,失业与半失业成为 30 年代西印度的主要特色。就业的困难因为其他原因而加剧,一方面,由于死亡率下降,西印度人口有明显增长;另一方面,在大萧条中,为了保护本国的就业率,西印度的邻国都限制外来移民并遣返短期的外来工人,美国更是禁止西印度的移民,这些移民不得不回到西印度,这使本来就很恶劣的就业局面变得更加严峻。工人阶级的不满已经到了临界点。

---

[1] "Summary on Defence Policy": Memorandum by Sir M. Hankey, CAB 63/38, MO (26) 1, ff 3—7, 18—41, January 1926, in S. R. Ashton and A. J. Stockwell, IPCP, Vol. I, p.43.

黑人反对白人的斗争也到了一个新的阶段。在一战中,西印度士兵被区别对待,派去干危险和低级的工作,这引起了西印度黑人的不满,"他们既不把我们看作基督徒也不把我们看作英国的公民,而是看作西印度的黑鬼"。[1] 20和30年代是暴风雨来临的年代,大量的黑人组织开始出现,其中最著名的是加维(Marcus Mosiah Garvey)领导的全球黑人进步协会(Universal Negro Improvement Association),这一组织的口号是:"黑人与非洲传统的美丽与尊严"。[2] 1935年意大利对埃塞俄比亚的侵略给黑人反对白人的斗争火上浇油,黑人的不满延伸为对整个白人的不满。

　　与这两股不满并存的还有中产阶级要求获得平等地位的政治要求。西印度的中产阶级来自经济领域,他们包括黑人、黄种人以及一些地位低下的白人。他们不满西印度作为英国皇家殖民地的地位,因为这意味着更多的职位是预留给白人的,他们希望英国可以给予西印度更多的自治权,并允许西印度殖民地逐步走向自治。英国认为应该对殖民地的精英做出一定的让步,1922年的伍德报告(Wood Report)建议在西印度引进选举原则,在立法会议中引进选举的非官方议员[3],但伍德认为授予西印度责任制政府的主张无疑

---

[1] Howard Johnson, "The British Caribbean from Demobilization to Constitutional Decolonization", in *The Oxford History of the British Empire*, IV: *the Twentieth Century*, Oxford, 1998, p.599.

[2] Ibid., p.600.

[3] 在英国众多殖民地中,行政委员会与立法委员会是殖民当局的两套重要班子,在这两套班子中,有一部分人员是英国殖民政府(或者是总督)指定的,被称为官方委员或者官方议员,又有人称为当然委员或者当然议员,还有一部分是选举产生的,一些学者把他们称为非官方委员或者非官方议员,也有人称他们为选举成员。

是荒唐的。① 中产阶级的不满也没有得到抚慰。

经济萧条使30年代的西印度成为帝国的贫民窟,社会不满酿就了广泛的政治动荡,1934—1939年的工人抗议活动达到了史无前例的程度。1934年2月,英属洪都拉斯的工人揭开了抗议活动的序幕;7月份,在特立尼达的产糖区,也爆发了工人的抗议活动;9月,在英属圭亚那爆发了糖业工人的抗议活动;1935年,在圣基茨、特立尼达、牙买加、英属圭亚那、圣文森特、圣卢西亚等地都爆发了各式各样的抗议活动。1937年特立尼达与巴巴多斯的动荡以及1938年牙买加的动乱已经超越了地区性质而演变成为全国性的抗议活动。② 英国政府已无法回避西印度的问题。

在间接统治制度下,英国的非洲殖民地同样出现了经济与社会状况的恶化,最终也爆发了政治动荡。在艾默里的努力下,1929年的殖民地发展法案决定给予殖民地一定的财政支持,但大萧条使英国政府重新审视这一法案。财政部认为省钱而不是花钱才是解决英国经济萧条的主要办法,因而实际上结束了这一法案。英国不肯伸出援手,使得非洲殖民地的经济形势更为恶化,社会不满也更为明显。在大萧条中,一方面,各个主要国家都限制了进口;另一方面,初级产品的价格大幅下降不可避免地导致生产者的不满。同时,雇主为了获利,裁减工人的数量的同时,降低工人本来就很微薄的工资。此外,英国在非洲殖民地缩减政府规模,辞退了大量雇员,

---

① 关于伍德报告的内容,参阅 Ann Spackman ed., *Constitutional Development of the West Indies, 1922—1968: A Selection from the Major Documents*, Barbados, 1975, pp.76—89.

② Howard Johnson, "The British Caribbean from Demobilization to Constitutional Decolonization", in *The Oxford History of the British Empire, IV: the Twentieth Century*, Oxford, 1998, pp.604—605.

而这些被辞退的雇员大部分是担任低级员工的非洲人。

大萧条恶化了西非的农业出口,也恶化了农民的处境。1937年开始,为了获得尽可能多的利润,西非13个大出口公司决定压低可可的价格从而把中间商排除出局。可可价格的下降引起了生产者的不满,西非的可可农认为价格的下降是人为造成的,他们把矛头指向主要的可可出口公司,并强烈要求提高可可的价格。农民索要高价的斗争得到中间商的支持;同时,农民的斗争也得到了酋长的支持,因为不少酋长本人就是中间商。为防止大规模的骚乱,总督觉得明智的做法是站在农民一边,因而要求出口公司提高可可的价格。

在可可农抗议的同时,西非的民族主义也蓬勃发展。西非的民族主义从20年代开始兴起,其中受过西方教育的非洲人起了关键作用,例如1926年在伦敦成立的西非学生联合会(the West Africa Students' Union)。西非民族主义的主要代表人物是阿齐克韦(Nnamdi Azikiwe)和约翰逊(I. T. A. Wallace-Johnson)。阿齐克韦曾在美国求学,毕业后任教于美国,1933年他回到西非后,在黄金海岸担任一家日报的编辑,1937年阿齐克韦创办了《西非领航员日报》(West African Pilot),这一日报获得了巨大成功,他很快成为西非民族主义的旗手。[1] 约翰逊出生于塞拉利昂的一个克列奥家庭[2],在教会学校接受教育,是尼日利亚工会(Nigerian Workers' Union)的创

---

[1] Andrew Dunlop Roberts, *The Cambridge History of Africa*, VII, Cambridge, 1986, p.236.
[2] 克列奥人即殖民地的土生白人,克列奥人世代居住在殖民地,积聚了较多的土地与财富,是当地地主集团的核心,也有一部分克列奥人从事律师、医生和教师职业,成为殖民地第一批知识分子。虽然他们在名义上也是白人的一分子,但不能享受白人的所有特权,只能在行政、军队和教会中担任中下级职务。

办人之一,1930年参加了第一届黑人工会国际联盟(International Trade Union Conference of Negro Workers),之后到莫斯科学习,成为西非马克思主义的主要传播者之一。① 他们两人很快把斗争的矛头指向英国的殖民统治,在他们创办的西非青年联盟(West African Youth League)中,民族主义者把攻击的矛头指向西方,黄金海岸殖民政府最终以煽动罪对他们进行审判,但由于证据不足无罪开释,其后阿齐克韦去了尼日利亚,约翰逊去了塞拉利昂。② 1935年意大利对埃塞俄比亚的侵略刺激了西非民族主义的发展,作为非洲最后一块净土,埃塞俄比亚是非洲自由的象征,可是英国却纵容意大利对其进行侵略,这令民族主义者非常失望,在他们眼里,侵略埃塞俄比亚揭露了"欧洲的虚伪并展现了白人深层的野蛮"。③

在东非与中非,白人移民是问题的核心。英国政府曾在1923年的德文希尔宣言中宣布土著人利益至上。④ 1931年,为了限制白人移民的野心,英国政府反对建立东非联邦。但是既然英国政府并不愿意投入财力发展殖民地,又不准备在政治上对殖民地做大的调整,这一政策的效果也就十分有限。在现实中,英国无法阻挡野心勃勃又贪婪的白人移民对土地和资源的掠夺,尽管英国政府希望总督能限制罗得西亚和肯尼亚白人的野心,但总督很快就成为白人定

---

① Andrew Dunlop Roberts, *The Cambridge History of Africa*, VII, Cambridge, 1986, p.450.
② Ibid., pp.450—451.
③ Ibid., p.593.
④ Government White Paper on Kenya Defining the Concept of Responsibility for African, 1923, in J.H.Wiener, *Great Britain: Foreign Policy and the Span of Empire* 1689—1971, IV, New York, 1972, pp.2998—3000; Devonshire White Paper, in Robert O. Collins, *Eastern African History*, New York, 1990, pp.153—156.

居者的"俘虏"。白人定居者以开发为由,掠夺了大量的土地,同时在白人的工厂与农场中,将工人的工资压得极低,大萧条更激化了工人阶级和白人定居者的矛盾。同时,土著人的不满由于种族歧视而加剧,在社会生活中,白人和土著人区别非常明显,白人定居者和土著人的住所绝不混同,种族之间的通婚更是严厉禁止。

白人的压迫使得以黑人为主的工人生活极为恶劣,在几乎不足以糊口的工资与可恨的种族歧视双重压迫下,罗得西亚的铜矿工人爆发了大规模的罢工。白人的贪婪催生了黑人民族主义。为了巩固和扩大白人定居者的利益,中非的白人移民要求建立一个包括南北罗德西亚的联邦,这引起土著人的担心,他们担心联邦会使黑人落入如狼似虎的白人手里,由此而催生了中非最早的民族主义。1934年,南罗得西亚非洲国民大会(African National Congress)成立,这一黑人组织要求获得更大的自治权。

在其他的"落后"殖民地,也出现了程度不等的经济恶化、社会不满与政治动荡。

三、英国的应对策略

在殖民地斗争风起云涌的时代,英国政府又将何去何从? 是顺应时代潮流,实行非殖民化,还是顽固地坚持原先的殖民政策? 如上文所言,既然英国试图利用殖民地来解决本国问题,那么英国政府就不得不选择后者。同样,对不同类型的殖民地,英国采取了不同的政策。

在印度,正当民族主义斗争如火如荼之际,印度与英国的关系也在发生微妙的变化。英国1919年在印度确定了著名的二元统治原则,在省的层面上放权给印度人,英国只控制中央政府的权力。这以后,越来越多的印度人进入政府,行政管理成为政府的庞大支出,同时军事开支也成了印度政府一个无法维持的负担,到1920年,军事与防务开支超过印度政府开支的40%。① 印度人得到更大的政治权力后,他们也更加关心印度的财政计划,不愿意把印度的军队部署到英国各个殖民地而且由印度支付其费用。

长期以来,印度就是兰开郡棉织品的市场,但印度财政开支的加大要求印度广开财源。一战中,印度的轻工业已经有了明显的发展,印度的民族工业要求政府限制外来的竞争(包括英国)。印度政府最终决定实行贸易保护政策,这遭到了兰开郡议员的抗议。但是增加印度的收入与争取印度资产阶级的支持是必需的,首相鲍德温顶住党内外的压力,最终批准了印度政府的贸易保护政策。同时,印度的军事开支已经成为一个越来越无法维持的项目,在印度人的坚持下,英国政府不能再随心所欲地使用印度军队,在印度以外使用印度军队要由英国或当地政府承担费用,英国政府也不得不自己拨款来改善印度军队的装备。②

英国在经济与军事上对印度做出让步的同时,也决定在政治上对印度做出一定的让步。1927年英国派出西蒙调查团(Simon Commission)考察印度的宪政发展,实际上主要是探讨1919年宪法的利弊(在这一考察团中,有未来的首相艾德礼)。调查团1930年得出结论,由于1919年宪法让英国殖民当局独掌联邦政府,那种以各

---

① John Gallagher, *The Decline, Revival and Fall of the British Empire*, Cambridge, 1982, p.102.
② Ibid.

个地区为依托、互不认同的印度民族主义开始集中,地区性的民族主义正在发展为全印度的民族主义,从而削弱英国的统治。西蒙调查团的建议是,使省成为印度政治活动的主要场所,同时也让印度的各派势力参加联邦政府。①

西蒙调查团遭到了国大党的强烈抵制。欧文总督起初希望把印度人排除出西蒙调查团,但最终发现国大党的支持是必不可少的。麦克唐纳出任首相后支持欧文的政策,决定对印度做出政治让步。工党与国民政府对印度让步的政策遭到了以丘吉尔为代表的保守派的严厉批评。对丘吉尔而言,英国的世界地位与英帝国是不可分的,他预测说,如果没有印度,英国的国际地位将受到无法挽回的损失,没有印度的军队,英国也将不再是一个军事强国。② 因此,从1930年开始,他狂热地反对温和的宪政改革。但是丘吉尔的反对最终失败了,抚慰印度的民族主义是巩固英国统治的必要代价,1935年,鲍德温政府最终通过了1935年印度宪法。

这一宪法来之不易,为了通过这一法案,英国举行了1 200次演讲、159个会议。有人把法案的通过称为"自由的胜利"③,可是仔细

---

① Report of the Indian Statutory Commission Recommending the Constitutional and Political Reforms in the Direction of Self-Government, 27 May 1930, in J. H. Wiener, *Great Britain: Foreign Policy and the Span of Empire* 1689—1971, IV, New York, 1972, pp.3033—3037.

② Ronald Hyam, *Britain's Imperial Century, 1815—1914: A Study of Empire and Expansion*, New York, 2002, p.118; S. Gopal, "Churchill and India", in Robert Blake and W. R. Louis, *Churchill*, New York, 1993, p.459; W. R. Louis, *In the Name of God, Go!: Leo Amery and the British Empire in the Age of Churchill*, New York, 1992, p.20.

③ D. A. Low, "Sapru and the first Round Table Conference", in D. A. Low ed., *Sounding in Modern South Asian History*, Berkeley, 1968, p.295.

分析这一宪法后,就会发现它远不是那样的自由。① 1935年宪法授予各省完全的自治,同时也在中央引入了二元统治的原则,并且建设一个联邦制的印度。实际上,这一宪法几乎完全按照西蒙调查团的思路进行:授予省完全的自治权,把印度政治家的注意力从中央吸引到省,同时在中央实行二元统治,印度人包括国大党成员担任政府大臣,从而制造印度已经有自治政府的假象。在联邦一级,国大党、穆斯林和王公都有发言权,由此形成对国大党的制衡,避免国大党向激进的方向发展,而英国仍然控制着印度的国防、外交和金融(主要是货币)这些核心的权力部门。

因而,1935年宪法远不是英帝国解体的第一步,而是英国在新的形势下巩固帝国的高明策略,正如穆尔指出的,"主要是为了保护英国的利益而不是交出控制权","首要的是阻止国大党在中央形成多数"。②

虽然王公不愿意加入中央政府(他们更喜欢在自己的小天地内称王称霸)使这部宪法实际上没有得到完全执行,但印度还是按照这一宪法举行了大选。国大党激进派号召抵制1935年宪法,但国大党成员仍全力参加了1937年的大选。国大党在大选中获得了压倒性的胜利,在11个省区中,国大党获得7个省区的控制权。大选结果是对穆斯林联盟(Muslim League)的沉重打击,在分配给穆斯林的所有议席中,声称代表所有穆斯林利益的穆盟只获得了议席总数的

---

① 关于1935年印度法案,参阅 J. H. Wiener, *Great Britain: Foreign Policy and the span of Empire* 1689—1971, IV, New York, 1972, pp.3045—3074.
② R. J. Moore, "India in the 1940s", in *The Oxford History of the British Empire, IV: the Twentieth Century*, Oxford, 1998, p.233.

1/4,还有 3/4 被穆盟之外的人获得。① 这一结果显示,至少到 1937 年,许多穆斯林仍然认同印度人的身份,大多数穆斯林也认同印度国家,穆斯林和印度教徒的矛盾不是不可调和,印巴分离并非不可避免。正如学者巴特勒所言,二战才是巴基斯坦建国的重要分水岭。②

虽然英国和民族主义者不时发生摩擦,但从总体上看,英国还是牢牢控制着印度,以致尼赫鲁在 30 年代仍然持悲观态度,认为印度摆脱英国的控制仍然遥遥无期。③ 但是第二次世界大战改变了整个局面,大战刚刚爆发,总督林利思戈(Victor Hope, 2nd Marquess of Linlithgow)在没有向印度政府通报的情况下就宣布印度与德国处在战争状态。一切都明白了:自治政府,英国放权,诸如此类都是空话,最后还是英国人说了算,1935 年宪法根本就是一场骗局。虽然甘地、尼赫鲁都同情英国的战争立场,但认为当印度还背负枷锁的时候就不能参加战斗。国大党号召所有的印度人退出印度政府,林利思戈则把国大党的主要领袖都投入监狱。当国大党与英国政府全面对抗的时候,穆斯林同盟却采取了合作的政策,并在二战中迅速发展。

埃及的情况似乎还好。大萧条恶化了埃及的经济,社会不满开始蔓延,一些更加激进的社会思潮与政治组织开始出现,英国开始感受到威胁。如何适时而变、调整政策,已成为当务之急。

---

① 根据殖民政府的宪法,印度的选举是以族群为基础的,印度教徒、穆斯林分别选举自己的候选人。
② L. J. Butler, *Britain and Empire: Adjusting to A Post－Imperial World*, London, 2002, pp.14－15.
③ John Darwin, *Britain and the Decolonization: the Retreat from Empire in the Post－War World*, New York, 1988, p.8.

30年代中期,福阿德国王的健康恶化,不稳定性因素在增加。对华夫脱党而言,新出现的民族主义者正在对他们构成挑战,而对国王的继承人来说,英国的支持也是站稳脚跟的重要基础。于是,英国、华夫脱党、王储之间结成了新的联盟。

1935年意大利侵略埃塞俄比亚为英国提供了绝好的机会。在艾登的外交手腕下,华夫脱党的新领袖纳哈斯(Mostafa El-Nahas)与英国签订英埃1936年条约。1936年协议规定:英国把驻军从开罗撤到苏伊士运河区,同时支持埃及加入国联。与此同时,埃及与英国建立联盟关系,英国在运河区维持1万名军人,在危机时刻,英国可以向埃及无限增派援军;英国保持对埃及的防卫监控权,协约有效期20年。①

1936年条约是英国的杰出之作,它不意味着英国削弱对埃及的控制,相反,这是英国政府在新形势下调整政策从而维护统治的高明手段。条约签订之后福阿德国王去世,其继承人法鲁克(Farouk, King of Egypt)很快替代了他的角色,埃及三角架政治结构没有发生改变,英国的统治看起来仍然非常稳固。1936年条约签订后,兰普森向内阁报告说,"20年之内,埃及对我们的依赖将一如既往。"②但是20年之后呢?1956年的苏伊士运河危机正是对兰普森报告的极大讽刺。

在锡兰、缅甸、巴勒斯坦等地,英国也采取了抚慰当地民族主义

---

① 关于1936年条约的全文,参阅 J. H. Wiener, *Great Britain: Foreign Policy and the Span of Empire* 1689—1971, IV, New York, 1972, pp.3103—3116.

② Lampson to Foreign Office, 28 May 1936, recited in John Darwin, "Imperialism in Decline? Tendencies in British Imperial Policy between the Wars", *Historical Journal*, Vol.23, No.3, (Sep., 1980), p.672.

者的措施。

在锡兰,英国于1921和1924年通过了两部宪法,非官方议员开始在立法会议中成为多数。但是英国人很快发现,锡兰人在立法会议的多数反而使得锡兰的行政管理日益困难,正如锡兰总督所言,锡兰人不但没有学会怎样组织责任制政府,反而学会了"怎样削弱和弄乱行政机构,怎样使得一个良好的政府难以运行,如果不是不可能的话"①。为解决这一问题,英国派出了多诺莫尔勋爵为首的代表团调查锡兰的宪政发展。多诺莫尔调查团的结论是,应该用一个选举产生的国家委员会来取代原先的立法会议,而且这一国家委员会应该被授予立法与行政大权。调查团还建议把锡兰的选举权扩大到21岁以上的男性与30岁以上的女性。② 锡兰国大党反对扩大选举权,认为这可能危及到自己的地位,但没有多少效果。1931年,以多诺莫尔报告为指导的新宪法出台。

在缅甸,在民族主义者的抗议下,英国政府对缅甸的统治方式做了调整,印度的二元统治模式也被引进缅甸。1935年,英国不顾印度政府的反对,将缅甸从印度分离出来,与此同时,英国在缅甸引进责任制政府。英国的让步得到缅甸民族主义保守派的支持。到30年代,受过西方教育的精英集团广泛参与到政府中,保守派的巴莫博士(Dr Ba Maw)在1937年成为第一任首相。但是,激进派反对与英国合作,认为合作政策不能为缅甸争取到独立,只有罢工和各种对抗才是缅甸的出路。他们组织了激进的"德钦"(Thakin)运动,

---

① Clifford to Amery, 20 Nov. 1926, recited in S. R. Ashton, "Ceylon", in *The Oxford History of the British Empire, IV: the Twentieth Century*, Oxford, 1998, p.455.
② S.R. Ashton, "Ceylon", in*The Oxford History of the British Empire, IV: the Twentieth Century*, Oxford, 1998, pp.455—456.

这一组织是一个准军事组织,其激进态度获得更多民众的支持。在1939年的德钦运动中,绝大多数民众都站在他们一边①,其中有两个人特别值得注意,一个叫昂山(Aung San),一个叫吴努(U Nu),他们将成为未来国家的领袖。

在巴勒斯坦,英国开始向阿拉伯人倾斜。1930年,工党试图修改贝尔福宣言,殖民大臣帕斯菲尔德勋爵(Sidney Webb, 1st Baron Passfield)颁布的白皮书开始限制犹太移民和犹太人购买土地。② 工党政策遭到了犹太人和亲犹太的英国人的强烈反对,因而效果不是很大。到30年代中后期,阿拉伯人和犹太人的冲突加剧了。1936年阿拉伯人的大规模暴乱正是阿拉伯民族主义的表现,这一暴乱不仅表现出阿拉伯人反对犹太人的立场,还隐含着对英国人的不满,因为在阿拉伯人眼中,英国人是亲犹的,是他们把犹太人招进来的。英国皇家委员会建议分割巴勒斯坦,这个主张似乎印证了阿拉伯人对英国的疑惧。③ 为此,英国不得不安抚阿拉伯的民族主义者。正是在这一背景下,出现了1939年的白皮书。白皮书主要谈及三点:首先,重申了英国政府在巴勒斯坦的目标是建立一个独立的巴勒斯坦国,但这个国家既不是犹太国家,也不是阿拉伯国家,而是两个民族共存的国家;第二,严格限制犹太人购买土地;第三,严格限制犹太人移民,未来5年的限额为7.5万人,5年过后,犹太移民必须得

---

① John F. Cady, *A History of Modern Burma*, New York, 1958, pp.373—383.
② 1930年白皮书, http://www.Jewishvirtuallibrary.org/Jsource/History/passfield.html.
③ 关于皮尔调查团报告的全文,参阅 J. H. Wiener, *Great Britain: Foreign Policy and the Span of Empire* 1689—1971, IV, New York, 1972, pp.3116—3117.

到阿拉伯人的同意。① 白皮书充分显示出英国的战略考虑,正如张伯伦所言:"我们将被迫从国际形势的视角来考虑巴勒斯坦的问题,如果必须要得罪一边,让我们得罪犹太人而不是阿拉伯人吧。"②实际上对张伯伦而言,在即将进行的对德战争中,犹太人除了站在英国一边外别无选择。犹太人把这一白皮书看作是英国对犹太人的背叛和对阿拉伯人的绥靖,激进的领导人本·古里安(David Ben-Gurion)发表了著名的宣言:"我们会帮助英国与德国战斗,就像没有白皮书一样;我们将反对白皮书,就像没有战争一样。"③

整个 30 年代,英国政府顺应印度、埃及等地的现实要求,对民族主义者做出了不同程度的妥协。但是,英国这一政策的本质是在新的条件下更好地维护英国的统治权与影响力。在战争阴云笼罩的时代,对民族主义者让步是期待他们站在英国一边,正如英帝国史专家达尔文所言:二战之前,没有任何迹象说明英国在推行非殖民化政策。④

对以西印度、非洲为代表的殖民地,英国认为主要的威胁并不是民族主义者的独立要求,而是殖民地的经济与社会问题。从现在的角度来看,间接统治不过是殖民者维护自己统治的堂皇借口;但是,放到卢加德的时代,这一制度却是对之前米尔纳(Alfred Milner,

---

① 关于这一文件的全文,J. H. Wiener, *Great Britain: Foreign Policy and the Span of Empire* 1689—1971, IV, New York, 1972, pp. 3118—3227.
② Bat Ye'or, *Islam and Dhimmitude: Where Civilizations Collide*, Cranberry, 2002, p. 355.
③ David Ben-Gurion, *The Jews in their Land*, London, 1966, p. 237; J. Bowyer Bell, *Terror out of Zion*, New York, 1977, p. 104.
④ John Darwin, "Imperialism in Decline? Tendencies in British Imperial Policy between the Wars", *Historical Journal*, Vol. 23, No. 3, (Sept. 1980), pp. 657—679.

1st Viscount Milner)种族帝国主义的突破。卢加德抛弃了对热带殖民地的歧视态度,坚持英国应该重视这些落后的殖民地,殖民统治应该与促进当地经济与社会发展相联系。卢加德的思想一度使帝国的批评者沉默不语,但是批评者很快就找到了突破口,他们的矛头不再对准这一理论本身,而是它的实践效果。这一点恰恰是卢加德理论的根本缺陷——殖民政府怎么才能做到不触动殖民地的政治结构而促进经济与社会的发展呢?实际上,间接统治的广泛推行正在于其代价低廉,为了避免麻烦,英国一方面尽量维持殖民地传统统治者的权威,另一方面又很少出资帮助殖民地的经济与社会发展。

非洲与西印度的长期落后与贫穷证明了英国的托管不值得信任,而卢加德发展殖民地的政策不过是一种虔诚的希望而已。① 大萧条使得西印度与非洲殖民地的状况更加恶化,社会动乱成为30年代的常态,此起彼伏,蔚为大观。

非洲和西印度的落后与骚动引起了英国进步人士的注意。早在1933年,柯里报告(Currie Report)就认为英国应该支持非洲的发展。② 1936年,著名历史学家麦克米伦(W. M. Macmillan)在《西印度的警告》中指出,由于贫穷、疾病、营养不良与无知,西印度已经变成了帝国的贫民窟。他的批评揭露出间接统治绝不像卢加德所言——可以促进殖民地经济与社会的发展,恰恰相反,它使得殖民

---

① Bernard Porter, *The Lion's Share: A Short History of British Imperialism* 1850—1983, London and New York, 1984, p.282.
② L. J. Butler, *Britain and Empire: Adjusting to a Post－imperial World*, London, 2002, p.23; D. Meredith, "The British Government and Colonial *Economic Policy* 1919—1939", *Economic History Review*, 2nd Ser. Vol.28, No.3, (1975), pp.484—499.

地长期贫穷与落后。麦克米伦的建议是,英国应该把西印度的问题当作自己的问题来加以解决,不仅要援助西印度的农业,而且应该改善西印度的卫生和教育事业。他的建议在当时并没有得到殖民部的支持。但是随着殖民地的问题被更多地发掘出来,英国进步人士的批评日益激烈,间接统治的不足终于完全暴露。

使间接统治制度寿终正寝的是黑利爵士(Malcolm Hailey, 1st Baron Hailey)。黑利长期担任印度的公务员,并最终出任印度中央邦的省长,但其名声却主要跟非洲联系在一起,对非洲的态度使他获得"英国良心"的称号。1929 年史末资将军应邀到牛津大学演讲,在演讲的结尾他号召牛津的学者为发展非洲做出贡献:"如果牛津大学……把注意力从希腊转移到黑人身上,这一贡献将无与伦比。"[①]在史末资将军的号召下,皇家国际事务学院做了大量工作,最终卡内基基金会决定支持非洲研究计划。皇家国际事务学院于是着手选择研究者,历史学家麦克米伦无疑是一位合适的人选,可是圆桌会议派的领袖柯蒂斯反对任命麦克米伦,皇家国际事务学院最终选择了刚从印度退休的黑利爵士。经过四年的努力,黑利团队的研究成果《非洲一览》于 1938 年出版,这一巨著厚达 1837 页。为了庆祝其出版,皇家非洲学会也出版了长达 70 页的《非洲一览概观》,这一概观由卢加德勋爵作序。

黑利的矛头直指财政上对殖民地放任不管的政策和政治上间接统治的制度。黑利认为英国必须放弃自由放任的政策,支持殖民地的发展,但是,在此之前,需要对非洲作更多的了解,他提议设立

---

① Anthony Kirk－Greene, "A British Africanist Community", in Douglas Rimmer and Anthony Kirk－Greene eds., *The British Intellectual Engagement with Africa in the Twentieth Century*, London, 2000.

一个基金会以支持对非洲的研究。① 同时,黑利指出,如果英国统治的目的是引导殖民地走向自治,那么,间接统治的原则实际上与这一理想无关,"按照间接统治的原则,应该彻底修改基层政权以适应议会选举的要求,但是,这一想法与通过代议制实现自治的要求不相容,而且相差太远"②。

虽然黑利并不认为议会式的威斯敏斯特模式就是殖民地未来发展的目标,但他认同英国应该推动殖民地的政治发展,而政治的发展需要建立在经济与社会发展的基础上,"除非政治发展建立在经济与社会发展的坚实基础上,否则它将是一个幻影,甚至可能是危险的"③。

在《非洲一览》出版的这一年,马尔科姆·麦克唐纳(Malcolm MacDonald)出任殖民大臣。麦克唐纳是前首相拉姆齐·麦克唐纳的儿子,牛津大学历史系毕业,1929年成为工党议员,1931年在其父亲为首的政府中担任自治领部的一位低级官员,1935年短暂地负责过殖民部。1938年,张伯伦任命他为殖民大臣,这一年他正好38岁。精力充沛的麦克唐纳成为英帝国末期处理殖民事务的一位重要政治家,在关于西印度的备忘录中,他提出西印度的状况"至少落后于时代五十年",为了树立英帝国的良好名声,他认为英国必须在

---

① Lord Hailey, *An African Survey: A study of Problems Arising in Africa South of the Sahara*, London, 1938, p.1662; S.R. Ashton and A.J. Stockwell, IPCP, Vol. I, p.lxvii.
② J.D. Hargreaves, "Approaches to Decolonization", in Douglas Rimmer and Anthony Kirk-Greene eds., *The British Intellectual Engagement with Africa in the Twentieth Century*, London, 2000, p.94.
③ Alex May, "EmpireLoyalists and Commonwealth Man", in Stuart Ward ed., *British Culture and the End of Empire*, Manchester, 2001, p.45; Lord Hailey, *World Thought on the Colonial Question*, Johannesburg, 1946, p.8.

殖民地投入更多的资金来发展殖民地。① 这一年末,他决定在殖民部设立一个社会服务局;二战刚刚爆发的时候,他又敦促殖民部拿出一个发展殖民地的清晰原则。在他的督促下,殖民部逐渐变得活跃起来。1940 年,由殖民部提出的"殖民地发展与福利法案"(Colonial Development and Welfare Act)在议会获得通过。他也力促英国政府不因为战争需要而放弃殖民地的发展计划。②

麦克唐纳的目标是建立一个紧密的英联邦,通过这一政治共同体维持英国的世界影响力。同时,麦克唐纳是一位向前看的政治家,认为英国为了赢得殖民地的支持,应该引导殖民地向自治的方向发展。1938 年 6 月 27 日,在牛津大学为殖民政府举办的暑期培训演讲中,他指出帝国的发展方向:"什么是帝国的目标呢? 我认为就是在帝国的子民中传播自由,不管他们生活在哪里……即使在非洲最落后的种族,我们也会致力于教会人民依靠自己更加安全地站起来……趋势是最终建立一个自足与自立的、自由人民与国家的伟大联邦。"③

虽然麦克唐纳主张推动殖民地的政治发展,但他认为英国应该马上让殖民地独立。为了更好地制定非洲政策,他认为有必要更深刻地研究非洲殖民地。他很快看中声名鹊起的黑利爵士,两个人也发展出亲密的友谊。1939 年,麦克唐纳决定派黑利到非洲做详细的调查并提出政策建议,他特别要求黑利认真考察怎样使当地政体与

---

① Ronald Hyam, *Britain's Declining Empire: the Road to Decolonization* 1918—1968, Cambridge, 2006, pp.85—86.
② A.N. Porter and A. J. Stockwell eds., *British Imperial Policy and Decolonization*, 1938—64 (BIPD), Vol.I, London, 1987, p.19.
③ John Flint, "Planned Decolonization and its Failure in British Africa", *African Affairs*, Vol.82, No.328, (July 1983), p.398.

议会模式相协调。在麦克唐纳的支持下,黑利于1940年再次到非洲调研。一年之后,他完成了自己的报告并提交给殖民部。

黑利认为,经济与社会的发展才是核心,它应该成为政治发展的基础,并优先于政治的发展,政治的发展必须与之相适应。同时,地方政府可以作为走向自治的摇篮,殖民地人民需要通过这一阶段的演习并最终走向自治。① 黑利很快成为这一时期殖民部的核心智囊,对殖民政策有重大影响力,直到1947年科恩(Andrew Cohen)主导殖民政策为止。在卢加德离职后,黑利开始担任国联托管委员会的主席。1941年,黑利成为英国殖民地战后重建委员会(Colonial Office Committee on Postwar Reconstruction)的主席,由于他的影响力,这一委员会又被称为黑利委员会。

正是在黑利与麦克唐纳极有默契的配合下,英国的殖民政策开始出现重大转变,发展殖民地的思想取代了消极的放任政策,"福利殖民主义"时代眼见来临。② 但是由于战争爆发,麦克唐纳的计划还是大打折扣,同时,发展殖民地的计划在非洲导致了另外一个问题:白人定居者由于对战争的贡献而获得了更大的影响力,英国在战后处理这些问题也将更为艰难。

四、二战期间帝国的中兴

二战给英帝国的巩固提供了条件。著名学者汉考克(W. K.

---

① John Flint, "Planned Decolonization and its Failure in British Africa", *African Affairs*, Vol. 82, No. 328, (July 1983), pp. 389—411.
② D. K. Fieldhouse, *Colonialism* 1870—1945: *An Introduction*, London, 1981, p. 121.

Hancock)说,两战之间的殖民部极其保守,在经济和社会发展方面消极过时,缺乏想象力,因而乏善可陈。① 汉考克的看法得到了殖民部官员弗斯(Sir Ralph Furse)的证实:"在那段时间里,在面对困难的时候,我们没有显示出大胆与高瞻远瞩,这本来应该是一个伟大帝国的特色。"② 可是二战改变了这一局面,正如著名历史学家麦克米伦所言:"由于战争,连同一个加强的种族联系(这本来是流行舆论所担心与害怕的),改变以地震式的规模被加速了。"二战爆发的时候,自治领与大部分的殖民地都决定站在英国一边参加战争。实际上,正如许多学者指出的那样,伴随着二战的爆发,英帝国在某种程度上出现了复兴的局面,这表现在以下四个方面。

(一) 二战使英国政治家就维持英帝国达成了共识

首先,二战为英国巩固帝国提供了有利的舆论氛围。法国沦陷后,英国不得不独自与法西斯势力作战,"不自由勿宁死"的自由精神是支持英国人民继续作战的一个重要因素。在茫茫的黑暗世界,英国成为对抗暴政与侵略的自由的象征。这种特定的氛围被丘吉尔充分地渲染和利用,升任首相后丘吉尔在下院发表演讲,其核心就是英国作为自由的象征正在对抗侵略与暴政。③ 但是丘吉尔偷梁换柱,把英国是自由的象征变成了英帝国是自由的象征。

这种自由的使命感与19世纪辉格史学宣传的"英帝国就是不断进步"的历史观一脉相承。汉考克再次对接了英帝国和自由,对他

---

① W. K. Hancock, *Argument of Empire*, Harmondsworth, 1943, pp. 134—135.
② Sir Ralph Furse, *Aucuparius: Recollections of a Recruiting Officer*, London, 1962, p. 302.
③ Parliamentary Debate (Commons), 13 May 1940, col. 1502.

而言,英帝国就是自由的保护神,"自由是团结着人们的东西。在我们的历史上,它已经团结了英格兰、苏格兰和威尔士,法属加拿大和英属加拿大,南非的荷兰人和南非的英国人,新西兰的白人和毛利人"①。需要指出的是,汉考克是澳大利亚人。正是在自由的旗帜之下,加拿大、澳大利亚、新西兰、南非等自治领和包括印度在内的殖民地都站在一起对抗法西斯势力。② 正如加拿大历史学家桑顿所言,二战创造的环境使得"帝国观念在信心和气氛上都加强了"。③这样的结果令希特勒非常失望,因为他本以为战争会使英帝国解体。

其次,二战使许多铁杆帝国主义者走到了政治前台,并推行维护英帝国的政策。

30年代对丘吉尔来说是灰暗的,长期的在野似乎使得丘吉尔的政治生命走到了尽头。可是战争改变了丘吉尔的命运,他很快升任首相。丘吉尔对帝国怀有深厚的感情并决定维持英帝国的完整。1942年,在取得阿拉曼战役的胜利后,丘吉尔傲慢地表达了对帝国的态度:"为了避免任何误解,让我来澄清一点,我们维护我们的东西,我做首相,不是来主持英帝国的瓦解。"④加拿大总理曾经讽刺丘吉尔说,"当他谈到共产主义……对某些人是一种宗教的时

---

① W.K. Hancock, *Argument of Empire*, Harmondsworth, 1943, p.137.
② 加拿大、澳大利亚、新西兰、南非等自治领纷纷表达了自由是自己加入战争的重要原因。印度民族主义者虽然反对印度总督单方面宣布战争的方式,但也表达了支持英国自由的声音。Frederick Madden and John Darwin eds., *Select Documents on the Constitutional History of the British Empire and Commonwealth*, VI, Westport, 1993, pp.146,148,150,151—153,156—157.
③ A.P. Thornton, *The Imperial Idea and Its Enemies*, New York, 1959, p.316.
④ Robert Rhodes James ed., *Winston S. Churchill: His Complete Speeches*, VI, New York, 1974, p.6695.

候,英帝国和英联邦就是他的宗教。"①

在英国,除了首相,与帝国和联邦事务有关的主要大臣是印度事务大臣、殖民大臣、自治领大臣。这些职位在战时又是由谁把持呢?

艾默里是印度和缅甸事务大臣。美国国务卿赫尔(Cordell Hull)认为英国的帝国特惠制是世界大战的重要原因,也是未来世界和平的主要威胁,因而帝国特惠制应该废除,取而代之的应是自由贸易和门户开放政策。艾默里清醒地认识到自由贸易会对英帝国经济体造成毁灭性影响,因而他宁愿要希特勒的新秩序也不要赫尔的自由贸易。②对艾默里来说,战争的目的是再清楚不过的:"粉碎希特勒仅仅是保存英帝国和它所代表的东西的一个手段而已。"③这一立场使得路易斯(W. R. Louis)教授认为他是最为顽固的帝国主义者。④

克兰伯恩子爵(Viscount Cranborne)在战争期间先后担任自治领大臣、殖民大臣和自治领大臣(第二次)⑤,其祖父是第三代索尔兹伯里侯爵(3rd Marquis of Salisbury,瓜分非洲大陆的主要设计

---

① J. W. Pickersgill, *The Mackinzie King Record*, Toronto, 1960, p. 679.
② W. R. Louis, "American Anti-Colonialism and the Dissolution of the British Empire", *International Affairs*, Vol. 61, No. 3, (Summer 1985), pp. 395—420.
③ Amery to Cranborne, 26 Aug. 1942, recited in W. R. Louis, *Imperialism at Bay: the United States and the Decolonization of the British Empire*, 1941—1945, New York, 1978, p. 33.
④ W. R. Louis, *Imperialism at Bay: the United States and the Decolonization of the British Empire*, 1941—1945, New York, 1978, p. 126.
⑤ 英国 1924 年设立自治领大臣,这一职务许多时候与殖民大臣职能重叠,而且两个部的大臣经常是同一个人。见 Anne Thurston, *Records of the Colonial Office, Dominions Office, Commonwealth Relations Office and Commonwealth Office*, London, 1995, p. 6.

者),他继承了祖父的贵族气质,对英帝国有深厚的感情。对他而言,英帝国从来就是充满光荣的历史,"我们的纪录并不差。相反,在很长的时间内,我们建立了和平和繁荣的统治。我们在一些至今了解不多的地区控制着局面。我们创造了香港和新加坡,我们把马来亚的橡胶和锡工业发展了起来"①;因此,英帝国"没有灭亡,也不是走向灭亡,它甚至不会走向衰落"②。

斯坦利(Oliver F. G. Stanley)是新任殖民大臣,也是德比伯爵(Edward Stanley,17th Earl of Derby)的第二个儿子。对斯坦利而言,没有英国的保护,殖民地的发展简直不可想象,美国的国际托管计划只会使这些殖民地落到美国资本主义的魔爪之中。因而他反对外交部对美国采取的绥靖政策,认为保护殖民地的利益应该高于绥靖美国。③ 斯坦利在帝国问题上的僵硬立场使美国副国务卿韦尔斯(Sumner Welles)总认为斯坦利是自己官宦生涯中遇到的"最狭隘、固执与反动的托利党人"。④

另外应该提到的是比弗布鲁克和黑利。比弗布鲁克是丘吉尔的密友,战时曾任飞机生产大臣和军需大臣,更重要的是,他是英国两大报业巨头之一。同时,比弗布鲁克也是一位坚定的帝国主义

---

① Cranborne to Eden, 18 Aug. 1942, recited in W. R. Louis, *Imperialism at Bay: the United States and the Decolonization of the British Empire*, 1941—1945, New York, 1978, p.35.

② Parliamentary Debates (Lords), 21 July 1942, col.970.

③ Minute by Stanley, 8 Aug. 1944, recited in W. R. Louis, *Imperialism at Bay: the United States and the Decolonization of the British Empire*, 1941—1945, New York, 1978, p.36.

④ Minute by Charles Taussig, recounting a Conversation with Welles, 11November 1942, recited in W.R.Louis, *Imperialism at Bay: the United States and the Decolonization of the British Empire*, 1941—1945, New York, 1978, p.35.

者,他控制的报业集团对巩固英帝国发挥了重要作用。① 黑利由于其对殖民地的态度被认为代表了英国的良心,可是黑利对巩固英帝国的贡献可能一点也不输于比弗布鲁克,正是他影响了美国政治家对英帝国的态度。威尔基(Wendell Lewis Willkie)是美国 1940 年共和党的总统候选人,1942 年他作了一次周游世界的旅行,回国之后出版了《一个世界》,这本书实际上是一本反帝国主义的宣言书。黑利爵士在评价这本书对英帝国的影响时说,"自从威尔基巡游世界后,美国加速了瓦解帝国的要求。这是殖民政治上的转折点。"②但是在和黑利爵士吃过一顿饭之后,威尔基的态度发生了戏剧性的变化。他感谢黑利帮助自己深刻理解了殖民地问题的复杂性,"你是如此耐心、宽容和善于帮助,我将永远也不会忘记"③。在这些显赫的政治明星下面,是同样抱有维持英帝国决心的众多殖民部官员。

第三,值得注意的是,伴随着帝国主义者维护帝国的努力,英国一些传统的反帝国主义者,特别是工党的态度也发生了重要变化。

工党在殖民问题上的主要智囊是费边殖民局(Fabian Colonial Bureau),其书记描述了战时工党对英帝国的一种特殊态度:"在当时我是一个极端的反帝国主义者,但是你不能忽视一个事实,那就是,有一种同情、一种看不见的东西把英帝国和英联邦维持在一起,而

---

① Dane Kennedy, *Britain and Empire* 1880—1945, London, 2002, p.61.
② Lord Hailey, "A Turning Point in Colonial Rule", International Affairs(Royal Institute of International Affairs 1944—), Vol.28, No.2, (Apr.1952), pp.177—183.
③ Willkie to Hailey, 20 Jan.1943, Hailey Papers, recited in W.R.Louis, *Imperialism at Bay: the United States and the Decolonization of the British Empire*, 1941—1945, New York, 1978, p.14.

这种东西你不能完全根据物质利益进行解释。"① 莫里森（Herbert Morrison）是战时内政大臣，也是工党的政治明星，他对授予殖民地独立的看法也持批判态度，"谈论在不远的未来授予殖民地以完全的自治是纯粹的无知是危险的胡说八道，就好像给一个10岁的孩子一枚大门钥匙、一个银行账户和一把手枪一样"②。克里奇·琼斯（Arthur Creech Jones）是费边殖民局的主要创立者之一，同莫里森一样，他也不赞成授予殖民地独立，他对美国的反殖民主义态度深为反感，他的激烈程度甚至引起了英国新闻部官员马克达格（D. M. MacDougall）的惊奇，以致因为没有别人来见证克里奇·琼斯的态度而感到非常遗憾。③ 贝文（Ernest Bevin）是接替艾登的新任外交大臣，他是一位对帝国责任有清醒认识的工党大臣，保守党对贝文出任外交大臣大为放心，批评者则认为贝文担任外交大臣表明英国的帝国主义态度不会有什么改变。贝文的政策证明了保守党的放心是有理由的，因为他说："虽然英国承担着不必要的负担，但是它看起来似乎是不可避免的。维持我们在中东的地位是英国外交政策的中心特色，因此我们必须准备承担义务和经费来维持我们的地

---

① Hampstead and Highgate Express, 5 May 1944, clipping in the Fabian Colonial Bureau Papers, recited in W. R. Louis, *Imperialism at Bay: the United States and the Decolonization of the British Empire*, 1941－1945, New York, 1978, p.16.
② "Empire or Commonwealth?" 25 Jan. 1943, http://www. time. com/time/magazine/article/0,9171,850240,00. html.
③ D. M. MacDougall to Noel Sabine, 22 Dec.1942, recited in W. R. Louis, *Imperialism at Bay: the United States and the Decolonization of the British Empire*, 1941－1945, New York, 1978, p.15.

位。"①许多人把艾德礼看作反帝国主义的主要代表,因为他支持美国的国际托管计划,也发表过大量批评帝国主义政策的讲话。但是有必要深刻理解艾德礼的真实面貌:艾德礼支持美国的国际托管计划,一方面表达了工党对帝国不感兴趣的一面;另一方面,艾德礼的帝国观点与实践反映了一位现实主义者的立场,正如他自己所言,他"并不是失败主义者而是一位现实主义者"。② 升任首相后,他并没有打算放弃非洲的殖民地,对贝文在中东维持帝国的努力也予以默认。

(二) 战时英联邦与英帝国大力支持英国

30 年代英国政府最担心的就是一旦爆发战争,英帝国就会被撕得粉碎。但是战争爆发之际,英国却发现自己的担心是多余的,战争不但没有把英帝国撕得粉碎,反而使英联邦与英帝国都站在英国一边参战。丘吉尔动情地说:"虽然联系我们的那根纽带柔软而有弹性,但事实证明它比钢铁更加强壮……在那个黑暗的、可怕的然而也是光荣的时刻,不管它们的面积大小,不管它们的实力强弱,英帝国与自治领做出了与我们同甘共苦的承诺。"③1941 年 12 月,丘吉尔在对美国国会的演讲中夸耀说:"在 18 个月前被认为可能土崩瓦

---

① Memorandum by Bevin and Hall, 25 Aug. 1945, recited in W. R. Louis, *Imperialism at Bay: the United States and the Decolonization of the British Empire*, 1941—1945, New York, 1978, p.556.
② Attlee to Bevin, 2 January 1947, in Nicholas Mansergh ed., *The Transfer of Power in India*, 1942—47, Vol. IX, pp.445—446.
③ Nicholas Mansergh, *The Commonwealth Experience*, New York, 1969, p.186.

解的英帝国正变得无比强壮,而且(这种强壮)与日俱增。"①而希特勒对这一结局大失所望。

帝国与自治领为战争做出了直接的贡献,这主要表现在如下几个方面。

首先,作为巨大的军人储备库,英帝国与英联邦为战争提供了大量人力。在二战中,自治领为战争贡献了约200万军人,其中澳大利亚93.8万人,加拿大72.4万人,新西兰20.5万人,南非20万人,他们不仅有陆军,还包括大量的空军与海军,而且自治领为军队自筹经费。印度提供的军队数目更为惊人,超越了自治领军队的总和,达250万人。非洲殖民地则为战争贡献了50万士兵,西印度与亚太群岛殖民地则为战争提供了不少军人与非作战人员(虽然像一战一样,他们大部分服役于非战斗领域,主要负责战争的后勤工作)。② 同时,自治领为战争培养了大量的军事人才。1942年,英联邦空军训练计划正式启动,飞行学院在加拿大、澳大利亚、新西兰、南非以及南罗得西亚等地设立,为战争培养了16.9万名专业人才,其中飞行员7.5万人。③ 而英国的一些殖民地由于其重要战略位置,也为战争做出了重要贡献,例如直布罗陀、马耳他、中东国家、亚丁、锡兰等等。特别是埃及,根据1936年条约,英国重新进入埃及,埃及成为英军中东司令部所在地,为北非战场做出了重大贡献。

其次,英帝国与英联邦为英国提供了大量的经济资源。自治领

---

① Keith Jeffery, "The Second World War", in *The Oxford History of the British Empire, IV: the Twentieth Century*, Oxford, 1998, p.307.
② Dane Kennedy, *Britain and Empire* 1880—1945, London, 2002, pp.79—80.
③ Keith Jeffery, *The British Army and the Crisis of Empire* 1918—1939, Manchester, 1984, p.310.

为战争提供了大量的工农业产品。印度也做出巨大贡献,到 1943 年,印度为战争贡献的产品超越了澳大利亚、新西兰和南非的总和。① 在战争初期,东南亚等殖民地为英国提供原料,马来亚是英国锡与橡胶最主要的供应地,缅甸与锡兰等也为战争提供了重要的战略物资。日本攻陷东亚后,非洲取代东亚成为帝国初级产品的供应地,英国由此加大了对非洲殖民地的开发。1940 年的"殖民地发展与福利法案"决定,每年提供 500 万英镑来促进殖民地的经济与社会发展,实际上,基于战争的优先地位题,英国有限的资金主要用于开发那些与战争有直接联系的战略物资。正是在英国的规划下,非洲殖民地提供的矿产、油料、纤维和食物等数量达到了史无前例的程度。

再次,英帝国与英联邦为英国金融做出的贡献也不容忽视。大萧条后,英国形成了以英帝国为中心的英镑区。二战期间,英国政府鼓励殖民地更多地出口产品而尽可能少地进口产品,帝国的英镑储备大大增加。同时,英国对英镑储备实行管制政策,禁止各自治领与殖民地用英镑自由兑换美元。到 1945 年,印度的外汇储备已经达到 13 亿英镑②,一些非洲殖民地(特别是西非殖民地)也积累了可观的英镑储备。英国的管制政策支撑了英镑作为世界货币的地位,为英国的战争做出了重大贡献。虽然丘吉尔抱怨说为了人类的共同事业而花费的代价都由英国来承担是不公平的,可是,各殖民地在战争中甚至在战后很长的时间内仍然不能动用这些外汇储备,那

---

① John Gallagher, *The Decline, Revival and Fall of the British Empire*, Cambridge, 1982, p.141.
② B.R. Tomlinson, *The Political Economy of the Raj 1914—1947: the Economics of Decolonization in India*, London, 1979, p.140.

这笔钱其实就成了英国的钱。战争使英国的财政赤字数目惊人,可是英帝国的英镑结余相当于这一赤字的一半左右,这帮助英国大大减轻了其对美国的依赖。正如学者克罗泽斯基所言,英镑区为战时英国提供的资金支持是不可缺少的。①

(三) 英国政府顶住了来自国际社会的压力

在战时,对英帝国的批评不仅来自于法西斯国家,也来自于盟国。对英国来说,最大的冲击来自美国,因为美国的支持是取得战争胜利的必要条件,即便英国可以不考虑其他势力的声音,也难以对美国的批评置之不理。但不管怎样,英国还是顶住了来自美国的压力,维持了英帝国的完整。

大西洋宪章(the Atlantic Charter)包含的民族自决条款被认为对英帝国解体有重要影响。任何条款的关键都在于解释,那英国政府是如何解释这些条款的呢?丘吉尔当时勉强承认了该条款,可是严格限定其适用范围是"现在纳粹控制下的欧洲国家",同时警告说不要把它联想到别的地区特别是英帝国。② 罗斯福后来劝丘吉尔扩大其适用范围,丘吉尔回复说,"没有一个成熟的考虑,我不能给它一个比我们当时同意的更广泛的适用范围。"③对艾默里来说,大西洋宪章的适用范围亦是如此。在大西洋宪章发表的当天,缅甸总督打电报询问民族自决条款如何在缅甸应用,艾默里解释说自治条款涉及的国家是"最近几年被侵略国征服的地区","考虑缅甸或者任

---

① G. Krozewski, "Sterling, the Minor Territories, and the End of Formal Empire, 1939—1958", Economic History Review, Vol.46, No.2, (May 1993), pp.239—265.
② Parliamentary Debates (Commons), 9 Sept.1941, cols.68—69.
③ Winston S.Churchill, *The Hinge of Fate*, Boston, 1950, p.890.

何英联邦其他国家的想法是荒唐的"。①对殖民部来说，英帝国向自治方向的政治发展都是危险的。为了消解民族自决条款造成的误解，艾默里建议印度事务部与殖民部发表联合备忘录加以澄清，同时指出英帝国的发展目标是自治政府。当时的殖民大臣莫因爵士（Walter Guinness, 1st Baron Moyne）拒绝了艾默里的建议，因为他不同意帝国追求自治的提法，他认为自治在许多地区可能被解释为排除帝国权力，有些殖民地是如此之小，或者战略地位如此重要，因而完全的自治几乎是不可能的，例如，他无法想象在任何条件下授予亚丁、直布罗陀、冈比亚或者英属洪都拉斯以自治领的地位。② 随后升任殖民大臣的斯坦利在回答下院的质询时，表达了其对丘吉尔关于大西洋宪章适用范围观点的赞同。③

英国的僵硬立场还表现在反对美国的国际托管计划上。在雅尔塔会议上，美国国务卿斯特蒂纽斯（Edward R. Stettinius）提出以国际组织来处理托管区和殖民地的建议，丘吉尔愤怒地说，英国一个字都不同意，只要他是首相，他就不会放弃英国任何一点遗产，在任何情况下，他都不同意"40或者50个国家把干涉的手指伸到英帝国存续的问题上"。④对艾默里来说，美国的联合托管计划是虚伪的，是反对英帝国的武器，因而他针锋相对地提出反建议："至于联合托管，我们应该考虑美国什么时候准备让我们联合托管巴拿马运

---

① D. J. Morgan, *The Official History of Colonial Development*, V, New Jersey, 1980, p.1.
② Ibid., pp.2—3.
③ Parliamentary Debates (Commons), 25 November 1942, col.743.
④ *Foreign Relations of the United States: the Conferences at Malta and Yalta*, Washington, 1955, p.844.

河和邻近的中美洲国家。"① 殖民部也反对国际托管的建议,面对英国外交部对美国让步,殖民部助理次官根特(Gerald Gent)称外交部的对美政策为新的绥靖政策和失败主义,而在绥靖后面隐藏的是"对我们在殖民地的地位缺乏信心"。②

因而,美国的批评实际上刺激了英国维持帝国完整的信念。面对美国提出归还香港的问题,丘吉尔对美国驻华大使说:"我们不会放弃英国国旗下的任何一寸土地。"③ 英国的僵硬立场使罗斯福讽刺说:"英国将控制世界上的任何土地,即使它只是岩石或者沙地。"④ 随着战争的进行,美国的巨大实力在全球布展,美国也改变了批评帝国的态度,甚至加入了帝国俱乐部;当美国也加入帝国俱乐部的时候,美国对英帝国的批评就不再可能有太大杀伤力了。

(四)英国无情地镇压了殖民地的反抗斗争

二战爆发后,印度总督林利思戈避开国大党,单方面宣布印度与德国处于战争状态。这一行动使国大党极为愤怒,甘地虽然温和地表达了自己同情英国的立场,但并不支持英国的做法。尼赫鲁也

---

① Amery to Cranborne, 26 Aug. 1942, recited in W. R. Louis, *Imperialism at Bay: the United States and the Decolonization of the British Empire*, 1941-1945, New York, 1978, p.32.
② "Post-war policy in the Far East": Minute by G. E. J. Gent on Dutch views and "defeatism" in the FO Far Eastern outlook, 17 June 1942, CO 825/35/4, inS. R. Ashton and A. J. Stockwell, IPCP, Vol. I, p.175.
③ Note by Churchill, 11 Apr. 1945, recited in W. R. Louis, *Imperialism at Bay: the United States and the Decolonization of the British Empire*, 1941-1945, New York, 1978, p.7.
④ Edward R. Stettinius, Jr, *Roosevelt and the Russians: the Yalta Conference*, New York, 1949, p.237.

一样同情英国的自由事业憎恨希特勒的法西斯主义,但认为印度不可能在自身戴着枷锁的时为人类的自由做贡献。国大党主席鲍斯(Subhas Chandra Bose)甚至加入日本一边对英国作战。

问题在于,在国大党拒绝合作的时候,英国却仍然能够动员大量的印度军队,这一结果如何可能？正如加拉格尔与罗宾逊教授所指出的,英帝国的存在主要在于当地人的合作。菲尔德豪斯的研究证明了加拉格尔与罗宾逊的理论是正确的,他考察了印度军队的演变,认为1857年印度大起义后,英国对印度军队做出了重大调整,士兵主要从西北与南部这些保守地区征召,而且英国也尽力使他们绝缘于印度的政治①,这一军队的保守倾向正是英国得以动员印度军队的主要原因。

但在日本一个接一个攻陷英国的远东殖民地而接近印度大门的时候,获得印度全心全意的支持重新成为战时英国内阁的主要议题。在艾德礼的敦促下,丘吉尔不情愿地派出了克里普斯使团(Cripps Mission)去解决印度问题。克里普斯到达印度后,提出在战后授予印度独立的建议,希望能获得国大党的支持,可是国大党并不愿接受。甘地对这一许诺不感兴趣,认为英国开的不过是空头支票。有人问甘地,如果继续不合作可能导致印度陷入混乱甚至落入日本之手时该如何,甘地说:把这一局面交给上帝来处理吧。克里普斯虽然同情国大党的要求,但是开出的筹码有限,而丘吉尔拒绝了国大党马上独立的要求。克里普斯使团最后无功而返。在克里普斯使团失败后,国大党掀起了大规模的"退出印度"(Quit India)的

---

① D.K. Fiedhouse, *The Colonial Empires: A Comparative Survey from the Eighteenth Century*, Second edition, London, 1982, pp.277—278.

抗议活动。

接下来，局面就要由印度总督林利思戈来处理了。林利思戈是一个典型的老派贵族，艾德礼曾经深刻地指责他是一个失败主义者，缺乏变通的头脑。林利思戈从一开始就不支持克里普斯的建议，而克里普斯的失败证明了林利思戈的结论：国大党是一个长不大的孩子，必须教训他们一下。他坚信自己正站在历史的风口浪尖上，他将为人类做出重大贡献，"整个世界的危局现在要由我来处理了"。在他雷厉风行的命令中，"退出印度"的运动在很短时间内被镇压下去。

但印度的合作是必需的，英国必须找到新的合作者。实际上，从战争开始，鉴于国大党的反对，英国的主要依靠力量转变为穆斯林联盟，此外，林利思戈在镇压国大党的抗议活动后，更是加大了对穆斯林联盟的依赖。1943年林利思戈卸任后，这一政策也没有太大的改变，继任的韦维尔（Lord Wavell, or Archibald Wavell）总督也更为亲近穆斯林联盟。英国与穆斯林联盟的合作使穆盟的势力大增，战后的穆盟已远非战前的吴下阿蒙，印巴的分裂已初现端倪。历史学家布朗（Judith M. Brown）宣称国大党的不合作塑造了印度的国家概念，但穆盟的行为证明了相反的方向：穆盟的合作塑造了巴基斯坦。甘地把克里普斯的许诺称为过期支票，但是因为国大党拒绝了这一过期支票，穆盟却由此迅速地发展起来。如果没有二战，巴基斯坦的出现将非常艰难，毕竟，甚至在1937年的选举中，穆盟的号召力还非常有限。

在林利思戈镇压印度国大党的同时，英国驻埃及大使兰普森也采取了同样强硬的政策。第二次世界大战爆发时，埃及由独立派人士与从华夫脱党中脱离出来的萨亚德人党（Saadist Institutional

Party)联合执政,首相是自 1935 年以来任宫廷大臣的阿里·马赫尔(Ali Maher)。马赫尔在战争爆发后虽然宣布与纳粹德国断交,但宣布埃及保持中立。法国投降后,意大利在北非的扩张获得重大进展,意大利军队出现在埃及西面的利比亚、南面的埃塞俄比亚与索马里,埃及的安全岌岌可危。但是正如俾斯麦所言:"意大利的胃口很大,但却是一口烂牙。"①墨索里尼的野心与其军队的战斗力恰成反比。在韦维尔将军(后来任印度总督)的指挥下,意大利大败,英军在非洲重占优势。墨索里尼虽然挂不住面子,还是无奈地向希特勒求援。希特勒随即向地中海和北非方向行动。在希特勒向希腊进军中,英国感受到了威胁,丘吉尔很快派兵到克里特阻挡希特勒进军,但就像一战中达达尼尔战役一样,英国惨败。对英国更为致命的是,希特勒很快派出隆美尔到北非大陆支持墨索里尼的战争。隆美尔在非洲的战斗表明他不愧为"沙漠之狐",依靠他大胆的战略,德军直逼阿拉曼,埃及的安全再次引起英国政府的担忧。隆美尔的高歌猛进使埃及政局产生了微妙的变化,法鲁克国王觉得德国将会取胜,在他支持的政府中,亲德、亲意的人掌握着埃及的关键权力。首相马赫尔公然宣称不会采取任何措施惩戒开罗的亲德势力,军队总参谋长则试图站到纳粹一边。在下层,欢迎隆美尔的声音在开罗各处都可以听见。

由于中东在英国战略中的重要地位,英国自然难以容忍埃及的亲纳粹倾向,特别是在情况危急的时候。兰普森向法鲁克国王施加

---

① Richard J. Samuels, *Machiavelli's Children: Leaders and their Legacies in Italy and Japan*, Ithaca, 2005, p.23;[美]约翰·米尔斯海默著,王义桅、唐小松译:《大国政治的悲剧》,上海人民出版社 2003 年版,第 277 页。

压力,要求国王解散政府,驱逐亲德、亲意的公职人员,并任命亲英的华夫脱党组织新政府。法鲁克不明智地拒绝了英国的要求,兰普森决定采取行动。兰普森转告国王说,自己将于晚上拜会国王。在预定的时间,兰普森果然来了,同时还带着英国的坦克与其他装甲部队。兰普森向国王宣读了一份声明:

> 陛下已拒绝将政府委任给一个拥有贵国大众之普遍支持因而也是唯一有能力确保条约之继续履行的政党之领袖……此种轻率鲁莽及不负责任之举……表明陛下已不再胜任国王之责。①

随后,由曾经操办过英王爱德华八世退位事宜的蒙克顿(Sir Walter Monckton)起草退位文书让法鲁克签字。当法鲁克似乎准备签字时,他的首席宫廷顾问用阿拉伯语跟他讲了几句话。随后,正如兰普森在日记中所写的,"已经彻底被吓坏了的法鲁克抬起头来,几乎用哀求的口气问我能否再给他一次机会"②。不久,法鲁克宣布由纳哈斯组成新政府。此后,纳哈斯虽然也有过与隆美尔的秘密接触,但是基本上维持了亲英的政治立场。③ 英国在埃及的地位稳固了。

在其他殖民地,英国也加大了对闹事的民族主义者的镇压力度,例如巴勒斯坦的极端分子。同时,英国也对那些肯合作的殖民

---

① 布莱恩·拉平:《帝国斜阳》,上海人民出版社1996年版,第289页。
② 同上书,第290页。
③ 虽然拉平说纳哈斯自始至终保持了坚定的亲英立场,但这并非真实,纳哈斯也有过背叛英国的举动。布莱恩·拉平:《帝国斜阳》,上海人民出版社1996年版,第290—291页;雷钰、苏瑞林:《中东国家通史——埃及卷》,商务印书馆2003年版,第272—273页。

地与统治者提供犒劳,例如约旦国王。

在法西斯国家的侵略面前,英帝国与英联邦紧密团结在英国的周围,同舟共济,共度时艰,最终赢得了战争的胜利。战争结束时,英国收复了失去的殖民地,英帝国完好无损。同时,英国作为战胜国和美、苏一起占领了德国、意大利及其海外殖民地;在远东,英国还同时占领着法国、荷兰等的殖民地,作为托管国,英国还必须在巴勒斯坦等中东地区维持秩序。与此同时,英国的帝国使命感被维持下来。战后的艾德礼政府认为英国有义务引导那些不成熟的殖民地向自治方向发展,也有义务帮助殖民地发展经济与社会,提高殖民地的福祉。1945年,英国制订了新的殖民地发展法案,表示要大力援助殖民地的经济与社会发展。在艾德礼的计划中,非洲殖民地的独立仍然是一件遥远的事,而艾德礼还算是一位比较开明的政治家,在他的背后,是继续坚持英帝国的冰冷的墙。总之,大战之后,英帝国又回来了。英国不仅恢复了自己的殖民地,而且占领了更多的殖民地,英帝国在一定程度上出现了复兴的局面。

结语:巩固与离心

从1897年到1939年,英帝国在获得空前巩固的同时,其内部的离心倾向也暴露无遗,因此出现了巩固与离心这两股相悖趋势平行相伴的奇怪现象。纵观这一段帝国发展历史,我们可以发现以下几个问题。

1.英国巩固帝国的政策更多的是一种权宜之计,它在各种因素的制约下迅速拼凑了一个多轨制帝国体系,虽然可以在短期内使帝国达到巩固的顶峰,却既不牢固又不持久。

英布战争使英国的大规模扩张戛然而止,巩固帝国成了当务之急,英国不得不面对统治庞大帝国的艰巨任务。我们前面提到,有三个因素制约着英国政治家们巩固帝国的决策:英国实力的下降和在国际上遭到的挑战使英国人不可能把更多的精力耗费在帝国事务上;英帝国统治的传统不容忽视;各殖民地的具体情况又要求英国必须因地制宜地采取不同政策。在上述情况下,仓促上阵的英国政治家几乎不可能采取任何积极政策,他们立即捡起现成的自由主义思想,根据当时出现的新情况稍加解释就把它重新奉为巩固帝国的金科玉律,本来已成强弩之末的自由主义再度盛极一时。文化相对主义者虽然对种族主义作了修正,社会主义者虽对帝国政策大加抨击,却只是针对帝国政策的局部问题,远远不能对全局产生影响。

于是,英国各界洋溢着一种乐观的守成主义情绪,把巩固帝国的工作在实质上变成了一种捍卫19世纪中期以来帝国统治理论的行动,正如曾任殖民次长的奥姆斯比-戈尔指出,英国人宣称拥有"经验主义的天才",并且"不愿意考虑或多或少地规定任何目标和最终结果"。① 例外的只有帝国改革派,他们是当时英国各界中唯一深刻地看到传统方法不能解决当代问题的人,并且提出了具体的改革方案,但是他们毕竟势单力薄,与英国各界的守成思想一经交锋便败下阵来,其主张几乎没有起到任何实际效果。

在这样的指导思想下实行的巩固政策,必然是一种权宜之计,很难具有前瞻性。在白人自治地区,19世纪中期创立的自治制度继续得到发扬光大,不仅是因为它具有不可否定的优越性,也因为当时不实行自治制度就难以维系自治地区。尤其是南非,它几乎证明了只有自治才能平息布尔人的不满。在印度,1857年以来的专制制度照样高效运行,所谓的宪政改革只不过是承认在专制框架中可以有所变动。帝国史专家约翰·达尔文(John Darwin)指出:"爱德华时代在印度和南非所做的宪政实验以及1907年、1909年和1911年的帝国磋商,并没有改变维多利亚时代帝国体系的本质特征,直到第一次世界大战,它们都仍然存在。"②附属领地的间接统治表面上看是一种创新,实质上正如影响它产生的理论——文化相对主义一样,只不过是对传统统治方式的修正而已。尽管英国人一再强调他们巩固帝国政策的优越性,但是实际上连他们自己都知道无论是自治制度的扩大,还是间接统治制度的推广,都隐含着一种无可奈

---

① E. A. Brett, op. cit, p. 36.
② Judith M. Brown & Wm, Roger Louis, op. cit, p. 66.

何——只不过是想尽量延长现状罢了。不管是哪一种制度,英国人都明白其最终目的是使殖民地获得自己管理自己的能力和权利,只不过英国人也同时认为所有殖民地获得完全自治的那一天尚未在地平线上出现而已,现存制度仍旧能维持现存体系。帝国改革派虽也曾试图改革,但几乎都难以推翻已成定局的传统统治体制。此时此地,英国已经很难实行真正具有创新性、能够真正解决英帝国长治久安问题的策略了,只有得过且过以求应付眼前的困境而已。

上述措施在短时期内确实起到了它应该起的作用:自治制度使白人移民地区心满意足,改革后的专制体制缓和了印度的民族主义情绪,间接统治则近乎完美地解决了统治非洲的问题。第一次世界大战骤然爆发,各殖民地在一番忠诚的表白后奋勇走上战场,英国终于藉殖民地的效忠渡过难关,英国各界一片欢呼:帝国毕竟得到了巩固。然而,英国的巩固政策终究只是权宜之计,整个帝国体系几乎都是建立在一种旧有的理论之上,它所适用的仍然只是20世纪早期的帝国状况。如果这种状态可以永远持续下去,也许帝国真的能够长存。然而,变化总会出现,殖民地不可能永远只是一战前的状况,而寄希望于变化出现在遥远的将来的幻想也毕竟不切实际。一旦形势变动,建立在权宜之计基础上的帝国体系当然再难稳固,也再难持久。

2. 英国的巩固帝国措施,充满了不可避免的矛盾性,它既包含着利己性,又包含着利他性,它也总是在维持英国的最高权利和维护殖民地权益之间徘徊,这样做的结果必然会使权利的天平向殖民地一方倾斜。

英国巩固帝国的政策更多的是一种权宜之计,因而它也很难具备严密的内在逻辑。事实上,英国对于多轨制英帝国体系每一个层面的巩固政策都充满了不可调和的矛盾性。

就自治制度而言,它所强调的是白人移民地区的权利和帝国权威之间的力量平衡,换言之,通过在一定程度上承认白人移民地区的利益,来维系他们对英国的忠诚从而维持帝国内部的统一。这种制度的目的在于避免英国和移民地区的冲突,防止美国独立战争的重演,但是,它却一再强调自治的优越性,而没有指出如果白人自治地区和英国发生冲突,将如何协调双方的利益。英国人似乎认为,自治制度是一剂万灵药,有了它就不会有冲突。所以,当20世纪早期,英国与自治领双方真的发生冲突之时,英国束手无策,除了高呼维持自治之外什么有效的措施都不能采取。米尔纳的南非计划被否决,因为布尔人觉得它违背了自治原则;张伯伦的统一帝国计划被搁浅,因为自治地区反对削弱它们已经取得的权利,英国对此完全无能为力。凡此种种,充分说明了一旦变动发生,自治制度并不能长久维系权利的平衡。一战之后,英国人最不愿意看到的问题出现了:自治地区开始要求完全的国家地位。自治制度所包含的利他性一面已经得到充足发展,以至于利己性一面也难以维持,因为一旦自治领成为完全主权国家,帝国的权威就不复存在了。至此,自治制度走到极致,权利的平衡完全被打破。然而,英国除了紧跟已经采取的方法外,还能有什么办法呢?英国坚持自治制度的结果,就是使各自治领以一种和平的方式走完了离心的过程。

就印度的专制统治而言,它也包含着两个方面:一方面是坚持英国对印度的绝对统治,另一方面是强调英国的统治必须给印度带来福利。后一种特性是专制制度的合法性所在,没有它,英国对印度采取一种完全不同于白人国家民主制度的专制统治就难以站得住脚。所以,英国人把这种具有双重性的统治称为"仁慈专制",没有仁慈，专制就没有存在的理由；而没有专制，仁慈也难以实行。于是，英国在印度也陷入了一种两难境地。为了体现仁慈，英国人修桥铺路、发展卫生、普及教育，这在无意之间造就了现代印度民族。同样为了体现仁慈，英国人一手缔造了让印度人发泄怨气的国大党，进行了一次又一次的宪政改革，把越来越多的印度知识分子引进英国式代议机构，直至许诺印度将来可以获得自治地位。结果，分裂的印度统一了起来，国大党成为民族主义的代言人，印度人开始要求"自治"。仁慈的结果导致了专制统治的动摇：如果英国再进一步让步，英国对印度的专制统治就要终结。在这种情况下，英国又转向坚持专制的一面，死守专制阵地绝不退让。阿姆利则惨案、"二元制"改革、西蒙调查团、圆桌会议，无不是专制统治的缩影。在专制的政策下，印度民族主义变成了大众民族主义。而当英国人绝不在带有专制残余的自治领地位上让步时，愤怒的印度人干脆提出了"独立"要求；既然你不能"仁慈"到底，我就不允许你的"专制"存在。

间接统治和托管原则则更为清楚地表明了英国政策的矛盾性。这种制度一再声称，殖民地发展的目的一方面是为了全世界的利益，另一方面也是为了当地人民的利益，两者缺一不可。它同样没有说明，如果双方发生冲突，权利的天平将向哪一方倾斜。英国人认为附属领地的发展远远不如自治地区和印度，这个问题还远未提上议事日程，因此土著的传统机制得到更多强调，而殖民地社会的变动却被忽视了。结果，冲突还是产生了，西非知识分子开始效仿印度人组建政治组织，要求"自治"，为此英国不得不进行有限的宪政改革。肯尼亚的白人与黑人发生了真刀实枪的种族冲突，面对压力，英国不得不承认土著种族的最高权利。锡兰走向成熟了，英国只能把权利的天平向附属地区倾斜,给了它半自治政府。英国国内,种族隔离思想受到批判,多种族联邦思想应运而生。权力平衡同样被打破,所有的一切都只能表明,一旦发生冲突,英国只有选择让步。

英国的巩固帝国政策中的矛盾性在于,它只针对静止的帝国状态,而对帝国内可能发生的变动估计不足;它兼具利他性和利己性,但却不具备任何有效的调节功能,如果权力天平向殖民地倾斜时,它几乎没有起实际作用的解决方法。在这样一种矛盾的帝国体系中,殖民地的离心可以说是必然的。

3. 英帝国内的殖民地离心的总体趋势是向民族国家演进。至这一时期结束,自治领已经完成了这一过程,印度正在为这一最终目标而奋斗,绝大多数附属领地则刚刚处于走向民族国家的萌芽阶段。而这一总体趋势又都是在英帝国框架内形成的。

众所周知,帝国是一个主权国家和一群附属地区的特殊组合体;而民族国家强调的则是每一个民族在其特定的领土范围内享有最高的主权,在国家之上不存在任何更高的权威。因此,如果一个帝国内部出现民族国家的话,则必然意味着帝国关系的解体。此30年间,英帝国内各殖民地的离心恰恰是走向民族国家的,而这种走向又与帝国体系密不可分。

自治制度本身就包含着民族国家的萌芽,正如帝国史专家达尔文指出的,自治领身份是国家地位和帝国特征的富有特色的混合。①自治制度承认的是白人移民在逻辑上并未失去的英国公民权,因此19世纪中期建立起来的自治制度具备了一个独立国家的内在因素:

---

① Judith M. Brown & Wm, Roger Louis, op. cit, p. 71.

一块确定的土地、完备的英国式政治机构与对内部事务的完全控制权。它们与主权国家的区别仅仅在于，它们对外交和防御没有控制权，同时在心理和文化上从属于英国。可以这么说，自治制度的产生，本身就在帝国内部形成了一个必将导致帝国解体的异体。此后，由于英国一直坚持实行自治政策，使白人移民地区可以在与帝国发生冲突时选择自身利益，由此自治领地区逐渐形成自己的文化特征，也选择了经济民族主义。同时，因英国的宽容而产生的自治领的忠诚行为，也成了自治地区对民族特性认同的重大契机。在自治的框架中，自治领的民族主义得以成熟，而这一切又都得益于自治制度的包容性。随着时间的推移，自治制度在不断扩大，最终突破了自治框架。第二帝国内，第一批民族国家产生了。

自治领的演进具有先导作用，印度很快就随自治领的脚步而逐渐发展成熟。印度的民族和民族主义的发展也是在帝国框架内完成的，这得益于英国对印度统治的双重性。印度民族主义者使用英国式的宪政手段来争取自身目标，通过对英国人一手建立起来的一整套专制统治框架的渗透来达到控制国家政权的目的，至于他们的总体目标，则是效法自治地区，获得英帝国内的"自治领"地位。因而也可以说，英国对印度的专制统治的框架中也蕴含着一个必将否定帝国存在的民族国家的异体。印度与自治领所不同的是，它的民族主义的成熟以及对"独立"国家地位的追求，是在与坚持专制制度不放的英国的激烈冲突中形成的。至于广大附属领地，虽然它们的离心只呈潜在之势，但实际上，在这一时期内，它们更为集中地体现了殖民地在帝国框架内走向民族国家之势。为了实行有效统治，英国殖民当局划分了殖民地疆界，推行经济发展政策，实行西方教育。结果，附属殖民地形成了统一的地域、管理和对统一的心理认同，民族国家的基础具备了。在一些发展较为迅速的地区,教育的结果甚至导致在一些知识分子当中形成民族主义情绪,他们也提出了获得"自治政府"的要求。发展最快的锡兰,则明确地显示了附属领地宪政演进的最终趋势。而英国的多种族联邦观念,则等于在实际上承认了附属领地能够获得与自治领、印度一样的英联邦内的平等国家地位。

必须指出的是,由于英帝国体制的特殊性,英属殖民地的离心主要在帝国内部进行,而且在大多数情况下不是通过暴力冲突完成。影响极大的一战,只不过加剧了帝国内部固有的矛盾。尽管一战是很多殖民地民族主义发展的分水岭,但是可以说,如果没有帝国内部本身存在的矛盾性,一战之后可能根本不会出现帝国离心倾向暴露无遗的局面。

还必须指出的是,多轨制帝国内部具有互相影响的作用。比如,自治地区的存在是英帝国不同于其他欧洲殖民帝国的突出特征之一。不但自治地区本身必定要求独立,而且它们也必然会对帝国的其他地区形成影响和冲击。果然,印度效法自治地区,先要求自治后要求独立。至于附属领地,则紧跟印度。可以说,离心具有连锁反应,不可能一部分拥有自治权利而其他地区仍心甘情愿地处在英国的严密控制之下,也不可能一部分地区获得独立而其他部分却仍只能自治。帝国充满矛盾性的体制导致殖民地一个一个地走上了离心之路。

因而,帝国体系是殖民地离心的根源所在。

综上所述,我们可以得出结论。在 20 世纪上半叶,正是英国充满矛盾性的巩固政策导致了英帝国内殖民地的离心。两次世界大战似乎证明了殖民地的忠诚,但这样的假象在战争结束后很快就被暴露了。

附　录

一、地图*

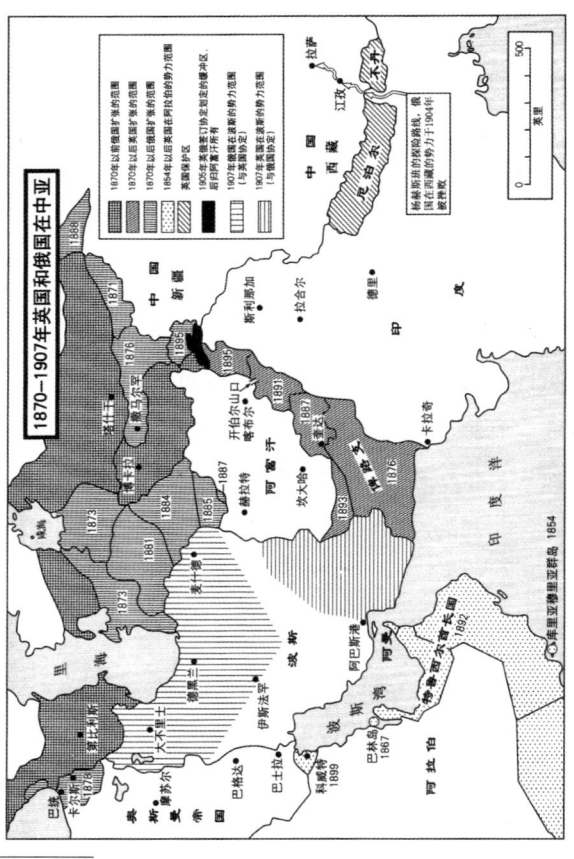

* 本书地图引自[英]马丁·吉尔伯特著《英国历史地图》(第三版),王玉菡译,中国青年出版社,2009年。

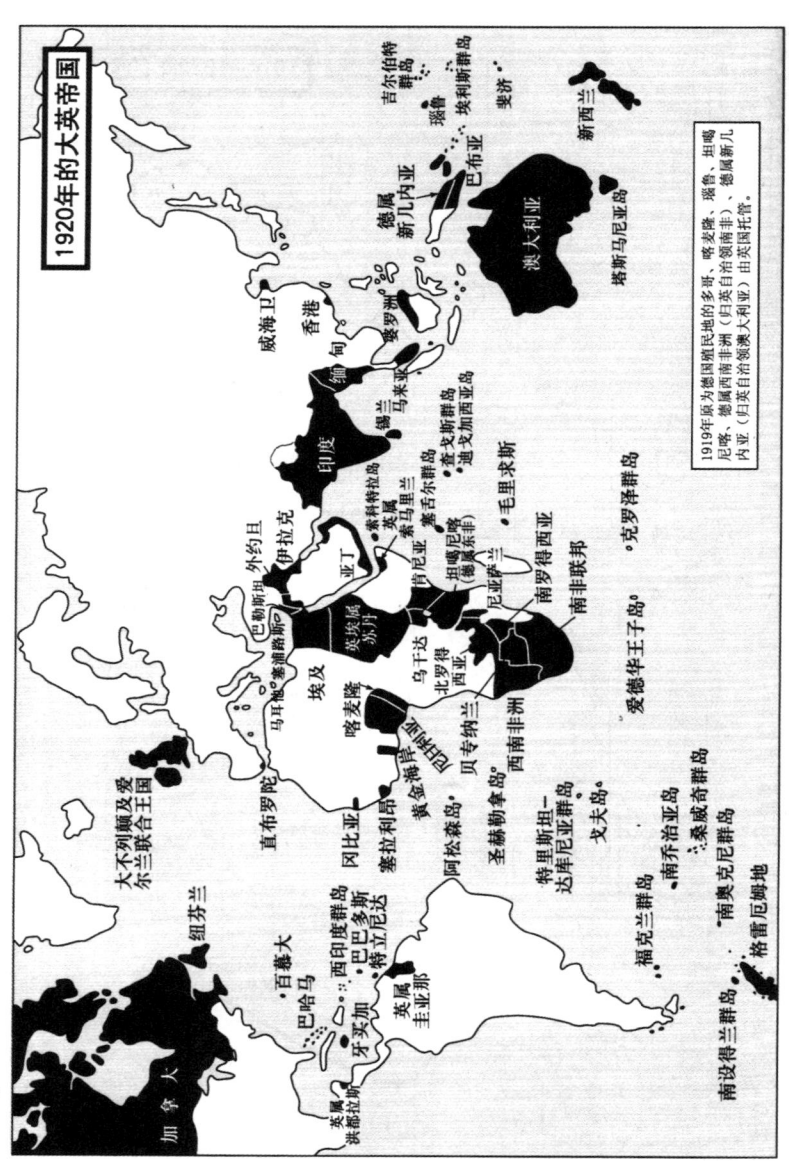

二、大事年表

1900 年	澳大利亚自治领建立
1901 年	《弗里尼欣和约》缔结
1902 年	霍布森发表《帝国主义研究》,对现代帝国主义进行研究
1903 年	张伯伦发起关税改革运动
1906 年	缅甸青年佛教协会成立
1907 年	新西兰自治领建立
	德兰士瓦和奥兰治自由邦先后获得了自治权利,并建立了以布尔人为主的政府
	"自治领"取代"殖民地"成为官方称谓,殖民地会议易名为"帝国会议"
1910 年	南非联邦建立;哈丁接任印度总督
1911 年	孟加拉重新统一
1913 年	泰戈尔获诺贝尔文学奖
1914 年	第一次世界大战爆发
1916 年	爱尔兰复活节起义
1917 年	米尔纳组建了帝国资源发展委员会
	"蒙塔古宣言"出台
	《贝尔福宣言,1917》发表,犹太人大量移居巴勒斯坦
1918 年	第一次世界大战结束
	西德尼·韦伯建立"帝国问题咨询委员会"
1919 年	英印政府出台"罗拉特法案",印度发生"阿姆利则惨案"
	锡兰国大党成立
1920 年	爱尔兰自治法案通过
	甘地领导的国大党在那格浦尔年会上通过了实行"不合作运动"的决议
1921 年	英国及各自治领建立托管统治,英帝国领土范围达到其历史的最高峰
	《英爱条约》签订
1922 年	曹里曹拉事件爆发
	甘地宣布终止"不合作运动"
	英国宣布终止埃及的保护国地位,埃及有限独立
1923 年	《德文希尔公爵宣言》发表

1925 年	英、法、德、比等国在瑞士洛迦诺召开关于欧洲集体安全的会议,并签订《洛迦诺公约》
	英国把原属殖民部的自治领司从该部分离出来,组建为自治领部
	"帝国内部关系委员会"成立
1926 年	《贝尔福宣言,1926》发表,正式承认各自治领与英国享有平等的权利
1925 年	甘地重整国大党;西非学生联合会在伦敦成立
1927 年	西蒙调查团访问印度
1928 年	穆斯林兄弟会成立
1929 年	英国议会通过《殖民地发展法案》
	《欧文宣言》发表
	资本主义世界出现经济"大萧条"
1930 年	甘地发起"食盐进军",拉开第二次非暴力不合作运动的序幕
	首次印度圆桌会议召开
	缅甸爆发千年王国运动
	英国把威海卫归还中国
	英国颁布限制犹太人的巴勒斯坦白皮书
1931 年	《威斯敏斯特法案》通过,英国承认自治领的完全国家地位
	第二次印度圆桌会议召开
	锡兰获得半责任政府制度
	麦克唐纳政府放弃金本位制
1932 年	渥太华会议召开,英国政府同自治领与殖民地建立排他性的帝国特惠制
1933 年	青年埃及协会成立
1935 年	英国推出印度宪法,印度省级政府完全自治,中央政府实行二元统治
	缅甸从印度分离
1936 年	英埃签订条约,埃及的三脚架权力结构继续维系
1938 年	黑利勋爵的《非洲一览》正式出版
	新加坡海军基地正式投入使用
1939 年	第二次世界大战爆发,英帝国遭受战争考验
	英国发布在巴勒斯坦限制犹太人的白皮书升级版
1940 年	由殖民部提出的"殖民地发展与福利法案"在议会获得通过
1941 年	英美发表《大西洋宪章》,民族自决是其中重要条款
	日本占据香港
1942 年	日本占领缅甸、新加坡、马来西亚;
	克里普斯使团出使印度,寻求国大党支持参战;国大党发动"退出印度"运动
1945 年	第二次世界大战结束,英国准备重返殖民地

三、参考书目

(一) 英文史料集

Barnes, John & Nicholson, David (ed.), *The Empire at Bay The Leo Amery Diaries 1929—1945*, Hutchinson, 1988.

Bennett, George (ed.), *The Concept of Empire; Burke to Attlee 1774—1947*, Adam & Charles Black, London, 1963, (a selection of the imperial documents)

Betty, J. H. (ed.), *English Historical Documents 1906—1939*, Routledge and Kegan Paul LTD, 1983.

Bourne, Kenneth & Watt, D. Cameron (ed.), *British Documents on Foreign Affairs*, Part II Series I The Paris Peace Conference of 1919, University Publication of America, 1989.

Boyce, D. George (ed.), *The Crisis of British Power The Imperial and Naval Papers of the Second Earl of Selborne 1895—1910*, The Historians Press, 1990.

Bryce, James, *The Ancient Roman Empire and the British Empire in India The Diffusion of Roman and English Law throughout the World Two*, Historical Studies, Oxford, 1913.

Cofe, Margaret (ed.), *Beatrice Webb's Diaries 1924—1932*, Longmans, Green and Co LTD, 1952.

Colling Robert O. (ed.), *Western Africa History*, vol. I of African History: Text and Readings, Markus Wiener Publishing, New York, 1994.

Cook, Ramsay (ed.), *Freneh-Canadian Nationalism*, Toronto, 1969, (a selection of the speeches)

Gunn, Huge (ed.), *The British Empire A Survey* in 12 Volume vol. VI The Press and Communications of Empire, London, 1924.

Gwyer, Sir Maurice & Appadorai, A, (ed.), *Speeches and Documents on the Indian Constitution 1921—1947*, Oxford, 1957.

Hancock, W. K. & Poel, Jean Van Da (ed.), *Selections from the Smuts Papers* vol. II June 1902—May 1910, Cambridge, 1966.

Handcock, W. D. (ed.), *English Historical Documents* XII(2) 1874—1914, London, 1977.

Hewins, W. A. S., *An Apologia of an Imperialist Forty Years of Empire*

Policy vol. I London, 1929.

Kay, G. B, (ed.), *The Political Economy of Colonialism in Ghana Documents and Statistics 1900—1960* Gregg Revivals, 1992.

Keith, A. B, (ed.), *Speeches and Documents on India Policy 1750—1921*, vol. II, Humphrey Milford, Oxford University Press, 1922.

Keith, A. B, (ed.), *Speeches and Documents on the British Dominions 1918—1931 from Self-government to National Sovereignty*, Oxford University Press, 1938.

Locke, George H, (ed.), *Builders of the Canada Commonwealth*, Freeport, 1967. (a selection of the speeches)

Mansergh, Nicholas (ed.), *Documents and Speeches on British Commonwealth Affairs 1931—1952*, Oxford, 1953.

McIntyre, W. David & Gardner, W. J. (ed.), *Speeches and Documents on New Zealand History*, Oxford, 1971.

Metcaffe, G. E. & Saffocks Bungay (ed.), *Great Britain and Ghana Documents of Ghana History 1807—1957*, Richard Clay and Company, Ltd., 1964.

Mitchell, A & Snodeigh, O, (ed.), *Irish Political Document 1869—1916*, Dublin, 1989.

Newbury, C, W. (ed.), *British Policy towards West Africa Select Documents 1875—1914*, with Statistical Appendices 1800—1914. Oxford, 1971.

Pandey, B. N. (ed.), *The India Nationalist Movement 1885—1947 Select Documents*, Macmillan, 1984.

Read, Daphne (ed.), *The Great War and Canadian Society: An Oral History*, Toronto, 1969. (a selection of the oral materials)

Wright, T. Y., *Ceylon in my Time 1899—1949*, The Colombo A Pothecarifs' Co, LTD, 1951.

(二) 英文专著

Adams, William Scovell, Edwardian Heritage, *A Study in British History 1901—1906*, Ferderick Mullter, 1971.

Alfred, John, *Great Britain: Empire and Commonwealth 1386—1935*, London, Cassell & Co., 1936.

Baker, Ernest, *The Ideas and Ideals of the British Empires*, Cambridge, 1941.

Balfour, Michael, *Britain and Joseph Chamberlain*, London, George Allen & Unwin, 1985.

Baumgart, Winfried, *Imperialism: The Ideas and Realities of British and French Colonial Expansion 1880—1914*, London, 1982.

Beloff, Max, *The Britain's Liberal Empire 1897—1921* vol. I of Imperial Sunset, Macmillan, 1987.

Beloff, Max, *Dreams of Commonwealth 1921—1942* vol. II of Imperial Sunset, Macmillan, 1989.

Banians, E. A., Sir Butler James &. Carrington, C. E. (ed.), *The Cambridge History of the British Empire* vol. III The Empire-Commonwealth 1870—1914, Cambridge, 1959.

Boahen, Adu, *Ghana: Evolution and Change in the Nineteenth and Twentieth Centuries*, Longman, 1975.

Brett, E. A., *Colonialism and Underdevelopment in East Africa The Polities of Economic Change, 1919—1939*, Gregg Revivals, 1992.

Brown, George W., *Canada in the Making*, Greenwood Pr., 1953.

Brown, Judith M. &. Louis, Wm, Roger (ed.), *The Oxford History of the British Empire* Vol. 4 The Twentieth Century Oxford, 1999.

Burke, S. M. &. Quraishi, *Salim AI-Din, The British Raj in India a Historical Review*, Oxford, 1995.

Cain, R. J. &. Hopkins, A, G., *British Imperialism: Innovation and Expansion 1688—1914*, Longman, 1993.

Cain, R. J. &. Hopkins, A. G., *British Imperialism: Crisis and Deconstruction 1914—1990*, Longman, 1993.

Careless, J. M. S., *Canada: A Story of Challenge*, Macmillan, 1972.

Carland, John M, *The Colonial Office and Nigeria 1898—1914*, Macmillan, 1985.

Cell, John W., *Hailey: a Study in British Imperialism, 1872—1914*, Longman, 1993.

Constantine, Stephen, *The Making of British Development Policy 1914—1940*, Frank Cass, 1984.

Crane, Robert I. &. Barrier, N. Gerald, *British Imperial Policy in India and Sri Lanka 1858—1912—a Reassessment*, Heritage Publishers, New Delhi, 1981.

Crimal, Henri, *Decolonization the British French Dutch and Belgian Empires 1919—1963*, Westview Press, 1978.

Crowder, Michael, *Colonial West Africa*, Frank Cass, 1978.

Crowley, Frank (ed.), *A New History of Australia*, Heinemann, 1974.

Currey, C. H., *British Colonial Policy* Oxford, 1924.

Davenport, T. R. H., *South Africa: A Modern History* Macmillan, 1997.

Davidson, Basil, *Africa in Modem History a Search for a New Society* Penguin, 1978.

Davidson, Basil, *Modern Africa a Social Political History* Longman, 1994.

Davis, Lange E., *Mammon and the Pursuit of Empire: The Economists of British Imperialism*, Cambridge, 1988.

Dutt, Palme, *The Crisis of British Empire*, International Publisher, 1953.

Egerton, Hugh Edward, *British Colonial Policy in the XXth Century* Methuen &. Co. LTD, 1922.

Eldridge, C. C, *Victorian Imperialism*, Humanities Pr., 1978.

Elton, Lord, *Imperial Commonwealth* London, 1945.

Engels, Dagmar &. Marks, Shula (ed.), *Contesting Colonial Hegemony State and Society in Africa and India*, British Academic, 1994.

Feuchtwanger, E. J., *Democracy and Empire Britain 1885—1914*, Edward Arnold, 1985.

Fieldhouse, D. K., *The Colonial Empires A Survey from the Eighteenth Century*, Macmillan, 1982.

Fieldhouse, D, K., *Colonialism an Introduction 1870—1945*, Macmillan, 1983.

Francis, R. D. (ed.), *Readings in Canadian History Post-Confederation*, Holt, 1986.

Friedberg, Aaron L., *The Weary Titan Britain and the Experience of Relative Decline 1895—1905*, Princeton University Pr., 1988.

Gallagher, John, *The Decline, Revival and Fall of the British Empire*, Cambridge, 1982.

Grierson, Edward, *The Imperial Dream British Commonwealth and Empire 1775—1969*, Readers Union Limited, 1972.

Hall, Stephen King, *Our Own Time* vol. II Ivor Nicholson and Watson Limited, London, 1935. Gann, L. H. &. Guignan, Peter (ed.), *Colonialism in Africa 1870—1960* vol. I *The History and Politics of Colonialism 1870—1914*, Cambridge, 1982.

Gann, L. It St Guignan, Peter (ed.), *Colonialism in Africa 1870—1960* vol. II *The History and Politics of Colonialism 1914—1960* Cambridge, 1982.

Hancock, W. K., *Survey of British Commonwealth Affairs* vol II *Problem of Economic Policy 1918—1939*, Oxford, 1940.

Harriden, Michael &. Meredith, David, *Colonialism and. Development Britain and its Tropical Colonies 1850—1960*, London and New York, 1993.

Havighurst, A. E, *Britain in Transition*, Chicago University, 1979.

Heeks, Peter, *India's Freedom Struggle 1857—1947 a Short History*, Oxford, 1988.

Hennessy, H. E., *Administrative History of British India 1757—1925*, Neeraj Publishing House, 1983.

Hudson, W. J. & Sharp, M. P., *Australian Independence Colony to Reluctant Kingdom*, Melbourne University Press. 1988.

Hussey, W. D., *The British Empire and Commonwealth 1500 to 1961* Cambridge, 1963.

Hyam, Ronald, *Britain's Imperial Century 1815—1914 a Study of Empire and Expansion*, Macmillan, 1983.

Jay, Richard, *Joseph Chamberlain*, Clarendon Pr., Oxford, 1981.

Johnson, Paul, *Twentieth-Century Britain: Social and Culture Change*, Longman, 1994.

Judd, Denis, *Radical Joe A Life of Joseph Chamberlain*, Hamish Hamilton Ltd., 1977.

Judd, Denis, *Lord Reading Rufus Isaas, First Marquees of Reading, Lord Chief Justice and Viceroy of India 1860—1935*, Weidenfeld and Nicolson, London, 1982.

Judd, Denis, *Empire The British Imperial Experience, from 1765 to the Present*, Fontana Press, 1997.

Judd, Denis & Slinn, Peter, *The Evolution of the Modern Commonwealth 1902—1980*, Macmillan, 1982.

Keiths A. B. *The Constitution, Administration and Laws of the Empire*, London, 1924.

Kennedy, Paul, *The Reality Behind Diplomacy* Fontana Paperbacks, 1981.

Kennedy, Paul, *Strategy and Diplomacy 1870—1945*, Fontana, 1984.

Kennedy, Paul & Nicholl, Anthony, *Nationalist and Racialist Movements in Britain and Germany Before 1914*, St. Antony's College, Oxford, 1981.

Keswani, K, B., *History of Modern India 1800—1984*, Himalaya Publishing House Bombay, Delhi Mahur, 1985.

Kirkwood, Kenneth, *Britain and Africa*, Ghatto & Windus, London, 1965.

Kitch, Martin, *The British Empire and Commonwealth A Short History*, Simon Fraser University, 1994.

Knaphind, Paul, *Britain Commonwealth and Empire 1901—1955*, London, 1956.

Lawrence, James, *The Rise and Fall of the British: Empire*, Little, Brown and Company, 1994.

Layton-Henry, Zig, *The Politics of Race in Britain*, London, 1984,

Lewis, M, D., *The British in India: Imperialism or Trusteeship*, Heath, 1962.

Lloyd, T. O., *The British Empire 1558—1995*, Oxford, 1996.

Long, Roger D., *The Man on the Spot Essay on British Empire History*,

Westport Conn. Greenwood Press, 1995.

Low, D. A., *Eclipse of Empire*, Cambridge, New York, 1991.

Lower, Arthur R. M., *A History of Canada: Colony to Nation*, McClelland and Stewart Limited, 1977.

Mackenzie, John M., *Imperialism and Popular Culture* Manchester University Press, 1986.

Maj, C. H. L, Le, *The Afrikaners*, Blackwell, 1995.

Manserph, Nicholas, *Survey of British Commonwealth Affairs Problem of External Policy 1931—1939*, Oxford, 1952,

Mansetgh, Nicholas, *The Commonwealth Experience* Vol. II *from British Empire to Multiracial Commonwealth* Macmillan, 1982.

Marshall, P. J., *The Cambridge Illustrated History of the British Empire*, Cambridge, 1994.

Martel, Gordon, *Studies in British Imperial History* Macmillan, 1986,

Masselos, Jim, *India Nationalism a History*, Sterling Publishers Private Limited, 1991.

Matthew; H. C. C., *The Liberal imperialists: The Ideas and Politics of a Post-Gladstonian elite*, Oxford, 1973.

Mcnaught, Kenneth, *The Penguin History of Canada*, Penguin, 1989.

Melcalf, Thomas R., *The New Cambridge History of India Ideologies of the Raj*, Cambridge, 1994.

Miller, J. D. B., *The Commonwealth in the World*, Harvard University Press, 1965.

Morgan, D, J., *The Origins of Colonial Development 1924—1945*, Macmillan, 1980.

Morris, James, *Farewell the Trumpets an Imperial Retreat*, Harvest, 1978.

Moyles, R. G. & Owran, Dong, *Imperial Dreams and Colonial Realities — British View of Canada*, 1880—1914, Toronto, 1988.

Oliver, Roland & Atmore, Anthony, *Africa since 1800*, Cambridge, 1994.

Olson, James S., *Historical Dictionary of European Imperialism*, Greenwood Press, 1991.

Page, Melvin E. (ed.), *Africa and the First World War* Macmillan, 1987.

Page, William (ed.), *Commerce and Industry A Historical Review of the Economic Condition of the British Empire from the Peace of Paris in 1815 to the Declaration of War in 1914*, New York, 1968.

Pakenham, Thomas, *The Boer War*, London, Weidenfeld and Nicolson, 1979.

Peacock, H. L., *A History of Modern Britain 1815—1981*, London, 1982.

Pheko, S, E. M., *South Africa: Betrayal of a Colonised People*, Billing and Sons Limited, 1990.

Porter, Bernard, *Britain, Europe and the World 1850—1982: Delusions of Grandeur*, London: George Allen & Unwin, 1983.

Porter, Bernard, *The Lion's Share A Short History of British Imperialism 1850—1983*, Longman, 1984.

Rawlinson, H. G., *The British Achievement in India*, William Hodge & Company, Limited, 1985.

Rice, Geoffrey W. (ed.), *The Oxford History of New Zealand*, Oxford, 1992.

Rich, Paul B., *Race and Empire in British Politics*, Cambricge, 1986.

Roberts, A. D., *The Colonial Movement in Africa Essays on the Movement of Minds and Materials 1900—1940*, Cambridge, 1986.

Roberts, A. D. (ed.), *The Cambridge History of Africa* Vol. 7 *from 1905 to 1940*, Cambridge, 1986.

Rose, J. Holland, Newton, A, P. & Benians, E. A. (ed.), *The Cambridge History of the British Empire* vol. V *The Indian Empire 1858—1918*, Cambridge, 1932.

Rose, J. Holland, Newton, A. P. & Benians, E. A. (ed.), *The Cambridge History of the British Empire* vol VI Canada, Cambridge, 1930.

Rose, J. Holland, Newton, A. P. & Banians, E. A. (ed.), *The Cambridge History of the British Empire* vol VII Part I *Australia*, Cambridge, 1933.

Rose, Kenneth, *King George V*, Macmillan, 1983.

Seaman, L. C. B., *Victorian England Aspects of English ana Imperial History 1837—1901*, Methuen, 1973.

Semmel, Bernard, *The Liberal Ideal and the Demons of Empire Theories of Imperialism from Adam Smith to Lenin*, John Hopkins, 1993.

Shaw, A. G. L., *The Story of Australia*, Faber and Faber Limited, 1972.

Silva, K. M. De, *A History of Sri Lanka*, Oxford, 1981.

Sik, Endre, *The History of Black Africa* Vol. II, Akademini Kiado, Budapest, 1966.

Smith, Iain R., *The Origins of the South Africa War 1899—1902*, Longman, 1996.

Spear, Percival, The Oxford History of Modern India 1740—1975, Oxford, 1978.

Thomson, David, E*ngland in the Twentieth Century*; Pengu n, 1965.

Thornton, A. P., *Imperialism in the Twentieth Century* Macmillan, 1978.

Thornton, A. P., *The Imperial Idea and Its Enemies a Study in British Power*,

2nd edition, Macmillan, 1985.

Townsend, Peter, *The Last Emperor Decline and Fall of the British Empire*, Weidenfeid and Nicolson, 1975.

Trotter, Reginald George, *The British Empire-Commonwealth: a Study in Political Evolution*, N. Y. Holt, 1945.

Underhill, Frank H., *The British Commonwealth An Experiment in Co-operation among Nations*, Duke, 1956.

Walker, Eric A. (ed.), *The Cambridge History of British Empire* vol VIII *South Africa, Rhodesia and the High Commission Territories*, Cambridge 1963.

Ward, Russell, *A Nation for a Continent: the History of Australia 1901—1975*, Heinemann, 1977.

Welsh, William M., *No Country for a Gentlemen British Rule in Egypt, 1883—1907*. Greenwood Press, 1988.

Wesseling, H. L. (ed.), *Expansion and Reaction*, Leiden University Press, 1978.

Wesseling, H. L., *Divide and Rule: the Partition of Africa, 1880—1914*, Praegar, 1996.

Williamson, J. A., *A Short History of British Expansion*, Macmillan, 1927.

Wolpert, Stanley, *A New History of India*, Oxford, 1982.

Woodcock, George, *Who Killed the British Empire an Inquest*, Johnthan Cape, LTD, 1974.

Wriggins, W. Howard, *Ceylon: Dilemmas of a New Nation*, Princeton, 1960.

(三) 中文书目

A. L. 巴沙姆:《印度文化史》,商务印书馆,1997年。

A. 阿杜·博亨:《非洲通史》,第七卷,《殖民统治下的非洲,1880—1935年》,中国对外翻译出版公司,1991年。

伦纳德·霍布豪斯:《自由主义》,商务印书馆,1996年。

唐纳德·克莱顿:《加拿大近百年史》,山东人民出版社,1972年。

布赖恩·拉平:《帝国斜阳》,上海人民出版社,1996年。

骆介子:《澳大利亚建国史》,商务印书馆,1991年。

马里欧特:《现代英国》,商务印书馆,1963年。

约翰·密尔:《论自由》,商务印书馆,1995年。

C. L. 莫瓦特主编:《新编剑桥世界近代史》第十二卷,中国社会科学院出版社,1987年。

钱乘旦:《中国的英国史研究》,载《历史研究》1997年第5期。

钱乘旦等:《二十世纪英国》,商务印书馆,1997年。

休·塞西尔:《保守主义》,商务印书馆,1986年。
雷蒙德·史密斯:《英属圭亚那》,吉林人民出版社,1974年。
亚当·斯密:《国富论》,商务印书馆,1979年。
王振华:《英联邦兴衰》,中国社会科学院,1991年。
F. H. 欣斯利主编:《新编剑桥世界近代史》第十一卷,中国社会科学院出版社,1987年。
路易·约斯:《南非史》,商务印书馆,1973年。
斯塔夫里亚诺斯:《全球分裂——第三世界的历史进程》,商务印书馆,1995年。
张顺洪:《大英帝国的瓦解——英国的非殖民化和香港问题》,社会科学文献出版社,1997年。

四、译名对照表

A

阿里·马赫尔　Ali Maher
阿兰·奥克塔维安·休谟　Allan Octavian Hume
阿姆利则　Amritsar
阿齐克韦　Nnamdi Azikiwe
阿散蒂　Ashanti
爱德华·格雷　Edward Grey
爱德华·格里格爵士　Sir Edward Grigg
爱德华·诺斯爵士　Sir Edward Northey
爱德华七世　Edward VII
爱德华·希尔顿·扬爵士　Sir Edward Hilton Young
爱德蒙·伯克　Edmund Burke
爱尔兰自由邦　Irish Free State
埃及　Egypt
艾里奥特爵士　Sir Charles Eliot
艾伦比　Edmund Allenby
艾米莉·霍布豪斯　Emily Hobhouse

"艾姆登号"　Emden
安东尼·洛　D. A. Low
安妮·贝桑特　Annie Besant
奥德怀尔　Michael O'Dwyer
奥尔德姆　J. H. Oldham
奥兰治自由邦　Orange Free State
奥姆斯比-戈尔　William Ormsby-Gore
奥塔玛　U. Ottama
"澳新军团"　Australian and New Zealand Corps
昂山　Aung San

B

巴顿　Edmund Barton
巴苏陀兰　Basutoland
巴登-鲍威尔　Robert Baden-Powell
巴莫博士　Dr Ba Maw
巴特勒　L. J. Butler
保护领和保护国　Protectorates and Protected States
鲍斯　Subhas Chandra Bose

班希姆·昌德拉·查特吉　Bankim Chandra Chattejee
班科勒-布莱特医生　Dr Herbert Bankole-Bright
俾路支　Balochistan
比阿特丽斯·韦伯　Beatrice Webb
比弗布鲁克　Max Aitken, 1st Baron Beaverbrook
比弗拉　Biafra
博登　Frederick William Borden
博塔　Louis Botha
贝尔菲尔德　Henry Belfield
贝尔福　Arthur Balfour
《贝尔福报告》　Balfour Report
北尼日利亚　Northern Nigeria Protectorate
贝文　Ernest Bevin
本·古里安　David Ben-Gurion
伯肯黑德勋爵　Lord Birkenhead, 即 Frederick Edwin Smith, 1st Earl of Birkenhead
布尔人　Boers
布拉萨　Henri Bourassa
布朗　Judith M. Brown

C

蔡姆斯福德勋爵　Frederic Thesiger, 1st Viscount Chelmsford
曹里曹拉　Chauri Chaura

D

达弗林勋爵　Frederick Hamilton-Temple-Blackwood, 1st Marquess of Dufferin and Ava
达勒姆勋爵　Lord Durham, 即 John Lambton, 1st Earl of Durham
达斯　Chittaranjan Das
大西洋宪章　the Atlantic Charter

"大众民族主义"　the mass nationalism
戴尔　Reginald Dyer
丹凯　J. B. Danquah
丹沙微　Denshawai
德比伯爵　Edward Stanley, 17th Earl of Derby
《德文希尔公爵宣言》　Devonshire Declaration
德钦　Thakin
德拉米尔勋爵　Lord Delamere, 即 Hugh Cholmondeley, 3rd Baron Delamere
德兰士瓦　Transvaal
迪尔克　Charles Dilke
迪格比　William Digby
帝国防御委员会　Committee of Imperial Defence
帝国联邦　the Imperial Federation
帝国日　Empire Day
帝国特惠制　Imperial Preference
帝国问题咨询委员会　the Advisory Committee on Imperial Questions
帝国资源发展委员会　the Empire Resources Development Committee
《定居土著法令》　the Resident Native Ordinance
多诺莫尔勋爵　Earl of Donoughmore, Richard W. J. Hely-Hutchinson
东非保护领　East Africa Protectorate
都特　Ashwini Kumar Dutta

E

E. D. 莫雷尔　E. D. Morel
恩克鲁玛　Kwame Nkrumah

F

法鲁克　Farouk, King of Egypt

非暴力不合作　Nonviolent Resistance
费边殖民局　Fabian Colonial Bureau
斐济　Fiji
菲利普·克尔　Philip Kerr
费萨尔国王　Faisal I of Iraq
非洲国民大会　African National Congress
佛教协会总理事会　General Council of Buddhist Association
弗拉维尔　Joseph Flavelle
弗里尼欣　Vereeniging
福阿德　Ahmad Fuad Pasha
福勒　Henry Fowler
弗斯　Sir Ralph Furse

G

冈比亚　Gambia
格吉斯伯格　Frederick Gordon Guggisberg
戈卡尔　Gopal Gokhale
戈什　Barindra Ghosh
戈斯特　John Eldon Gorst
格拉斯顿　William Gladstone
格雷勋爵　Lord Grey, Henry Grey, 3rd Earl Grey
根特　Gerald Gent
圭亚那　Guyana
国大党　Indian National Congress
国际劳工组织　International Labour Organization
国际联盟　League of Nations

H

哈丁　Charles Hardinge, 1st Baron Hardinge of Penshurst
哈尔丹勋爵　Richard Haldane, 1st Viscount Haldane

哈顿　Edward Hutton
哈考特　Lewis Harcourt
哈克斯利　Julian Huxley
哈里·约翰斯顿爵士　Sir Harry Johnston
哈里·图库　Harry Thuku
哈利法克斯　Edward Wood, 1st Earl of Halifax
哈桑·班纳　Hasan Ahmed Abdel Rahman Muhammed al-Banna
海厄姆　Ronald Hyam
海峡殖民地　the Straits Settlement
汉考克　W. K. Hancock
汉米尔顿　Hubert Hamilton
赫伯特·亨利·阿斯奎思　Herbert Henry Asquith
赫尔佐格　J. B. M. Hertzog
赫尔　Cordell Hull
赫温斯　W. A. S. Hewins
黑利　Malcolm Hailey, 1st Baron Hailey
黑人进步协会　Universal Negro Improvement Association
黑人工会国际联盟　International Trade Union Conference of Negro Workers
华夫脱党　Waft Party
华莱士-约翰逊　I. T. A. Wallace-Johnson
黄金海岸　Gold Coast
亨特委员会　the Hunter Committee
J. A. 霍布森　J. A. Hobson

J

基督教的改革奥格波尼协会　the Christian 'Reformed' Ogboni Society
饥饿进军　Hunger Marches
基尔·哈第　Keir Hardie

基拉法运动　the Khilafat Movement
基库尤族　Kikuyu
基库尤中央联盟　the Kikuyu Central Association
基钦纳　Herbert Kitchener
贾瓦哈拉尔·尼赫鲁　Jawaharial Nehru
加维　Marcus Mosiah Garvey
间接统治　indirect rule

K

卡尔兰　John M. Garland
卡纳克　Karnak
凯末尔　Mustafa Kemal Atatürk
开普　Cape Town
凯沙布·昌德拉·辛　Keshab Chandra Sen
凯斯利·海福德　Casely Hayford
坎贝尔-班纳曼　Campbell-Bannerman
康鲁特公爵　the Duke of Connaught
科恩　Andrew Cohen
克拉克爵士　Sir George Clarke
克兰伯恩子爵　Viscount Cranborne
柯里报告　Currie Report
克里普斯使团　Cripps Mission
克里普斯勋爵　Charles Cripps, 1st Baron Parmoor
克里奇·琼斯　Arthur Creech Jones
克雷孟梭　Georges Clemenceau
克罗默勋爵　Lord Cromer, 即 Evelyn Baring, 1st Earl of Cromer
肯尼亚　Kenya
肯雅塔　Jomo Kenyatta
寇松　George Curzon, 1st Marquess Curzon of Kedleston
昆士兰　Queensland

L

拉宾德拉·纳特·泰戈尔　Rabindra Nath Tagore
拉各斯　Lagos
拉姆齐·麦克唐纳　Ramsay MacDonald
拉伊　Lala Lajpat Rai
莱昂内尔·柯蒂斯　Lionel Curtis
劳合·乔治　David Lloyd George
兰普森　Miles Lampson, 1st Baron Killearn
朗　Walter Long
勒克瑙条约　the Lucknow Pact
雷蒙德·史密斯　Raymond Smith
联邦　the Commonwealth
利奥波德·艾默里　Leopard Amery
里丁勋爵　Rufus Isaacs, 1st Marquess of Reading
李顿勋爵　Robert Bulwer-Lytton, 1st Earl of Lytton
里彭勋爵　George Robinson, 1st Marquess of Ripon
利特尔顿　Alfred Lyttelton
林利思戈　Victor Hope, 2nd Marquess of Linlithgow
罗伯特·博登　Robert Borden
罗得斯　Cecil Rhodes
罗得西亚　Rhodesia
《洛迦诺公约》　Locarno Treaties
罗拉特法案　the Rowlatt Act
罗林森　Henry Rawlinson, 1st Baron Rawlinson
洛桑会议　Conference of Lausanne
罗瑟米尔　Harold Harmsworth, 1st Viscount Rothermere
罗斯伯里　Archibald Primrose, 5th

Earl of Rosebery
路易斯　W. R. Louis
洛里埃　Wilfrid Laurier
伦纳德·霍布豪斯　Leonard Hobhouse
卢加德勋爵　Frederick Lugard, 1st Baron Lugard
绿衫党　Green Shirts

M

马德拉斯　Madras
马迪曼爵士　Sir Alexander Phillips Muddiman
马尔科姆·黑利　Malcolm Hailey
马尔科姆·麦克唐纳　Malcolm MacDonald
马耳他　Malta
马克达格　D. M. MacDougall
马拉维亚　Madan Mohan Malaviya
马来联邦　the Federated Malay States
玛丽·金斯利　Marry Kingsley
马林诺夫斯基　Bronisław Kasper Malinowski
马六甲　Malacca
麦格雷戈·罗斯　McGregor Ross
麦克勒姆　Henry McCallum
麦克唐纳　John A. Macdonald
麦克米伦报告　Macmillan Report
麦克米伦　W. M. Macmillan
麦肯齐·金　Mackenzie King
曼彻斯特经济学派　Manchester School
密尔　John Stuart Mill
米尔纳　Alfred Milner, 1st Viscount Milner
梅委员会　May Committee
"米尔纳幼稚园"　Milner's Kindergarten
米思勋爵　Reginald Brabazon, 12th Earl of Meath
米特拉　Krishna Kumar Mitra
缅甸　Myanmar
明托　Gilbert Elliot-Murray-Kynynmound, 4th Earl of Minto
孟加拉　Bangladesh
蒙克顿　Sir Walter Monckton
蒙塔古　Edwin Samuel Montagu
蒙巴萨　Mombasa
莫斯利　Oswald Mosley
莫汉达斯·卡拉姆昌德·甘地　Mohandas Karamchand Gandhi
莫里森　Herbert Morrison
莫提拉尔·尼赫鲁　Motilal Nehru
莫因爵士　Walter Guinness, 1st Baron Moyne
穆斯林联盟　Muslim League
穆斯林兄弟会　Muslim Brotherhood

N

纳哈斯　Mostafa El-Nahas
纳赛尔　Gamal Abdel Nasser
纳塔尔　Natal
南非联盟　the Union of South Africa
南罗得西亚　Southern Rhodesia
瑙洛吉　Dadabhai Naoroji
内罗毕　Nairobi
尼日利亚　Nigeria
尼日利亚工会　Nigerian Workers' Union
尼亚萨兰　Nyasaland
诺曼·利斯　Norman Leys

O

欧文勋爵　Lord Irwin, 即 Edward Wood, 1st Earl of Halifax

P

帕登　John Paden
《旁遮普人报》　*Punjabee*
庞南巴拉姆　G. G. Ponnambalam
皮埃尔·博顿　Pierre Berton
帕斯菲尔德　Sidney Webb，1st Baron Passfield
帕斯菲尔德勋爵　Lord Passfield，即 Sidney Webb，1st Baron Passfield
帕特尔　Sardar Vallabhbhai Patel
保罗·肯尼迪　Paul Kennedy

Q

奇姆庞德　Samuel Chimponde
千年王国运动　Millenarian Movement
乔治五世　George V
青年埃及协会　Young Egypt Party
青年佛教协会　Young Men's Buddhist Association
丘吉尔　Winston Churchill

S

萨阿德·扎格鲁尔　Saad Zaghloul
萨蒂亚格拉哈　Satyagraha
萨斯特里　Srinivasa Sastri
萨亚德人党　Saadist Institutional Party
塞登　Richard Seddon
塞尔　John Cell
塞拉利昂　Sierra Leone
塞缪尔·霍尔　Samuel Hoare
塞内加尔　Senegal
塞浦路斯　Cyprus
桑给巴尔　Zanzibar
森纳纳亚克　Don Stephen Senanayake
僧加罗人　Sinhalese
沙尔马　S. R. Sharma
沙耶山　Saya San
《煽动性集会法案》　Seditious Meetings Act
社会主义者　Socialist
史密斯　Vincent Smith
史末资　Jan Smuts
双重委任托管制度　the Dual Mandate System
斯韦特汉姆爵士　Sir Frank Swettenham
斯诺登　Philip Snowden
斯内尔　Harry Snell
斯特雷奇　John Strachey
斯坦利　Oliver F. G. Stanley
斯特蒂纽斯　Edward R. Stettinius
"斯瓦拉吉"　Swaraj
"斯瓦迪希"　Swadeshi
索尔兹伯里勋爵　Robert Gascoyne-Cecil, 3rd Marquess of Salisbury
索兰科　Ladipo Solanke
苏丹　Sudan

T

塔斯马尼亚　Tasmania
泰米尔人　Tamil
坦噶尼喀　Tanganyika
坦普尔　Charles Temple
汤加　Tonga
提拉克　Bal Gangadhar Tilak
托管委员会　Mandates Commission
托管　Mandate
"退出印度"　Quit India

W

韦德伯恩　William Wedderburn
维多利亚　Victoria
维多利亚女王　Queen Victoria

威尔基　Wendell Lewis Willkie
威尔逊　Thomas Woodrow Wilson
韦尔斯　Sumner Welles
韦奇伍德·本　Wedgewood Benn
韦维尔　Lord Wavell, or Archibald Wavell
维米战役　the battle of Vimy Ridge
《威斯敏斯特法案》　Statute of Westminster 1931
文莱　Brunei
文化相对主义　the Cultural Relativism
文化相对主义者　Cultural Relativist
沃德爵士　Sir Joseph George Ward
渥太华会议　Ottawa Conference
伍德报告　Wood Report
吴努　U Nu
乌干达　Uganda

X

西澳大利亚　Western Australia
希克斯·比齐　Hicks Beach
锡兰　Ceylon
西德尼·韦伯　Sydney Webb
西德尼·奥利维尔　Sydney Olivier
《西非领航员日报》　*West African Pilot*
西非学生联合会　the West Africa Students' Union
西非青年联盟　West African Youth League
西蒙　John Simon, 1st Viscount Simon
西蒙调查团　Simon Commission
西利　John Robert Seeley
锡兰国大党　Ceylon National Congress
西印度群岛　the West Indies
辛哈　Satyendra Prasanno Sinha
新芬党　Sinn Fein

辛格　G. N. Singh
新加坡　Singapore
《新闻法案》　Press Act
谢尔本勋爵　Lord Selborne, William Palmer, 2nd Earl of Selborne
休·塞西尔　Hugh Cecil
休斯　Billy Hughes

Y

亚当·斯密　Adam Smith
《伊尔伯特法案》　Ilbert Bill
《1909年印度立法委员会法案》　Indian Councils Acts of 1909
1926年《贝尔福宣言》　Balfour Declaration 1926
1917年《贝尔福宣言》　Balfour Declaration 1917
印度　India
《印度报》　*India*
印度立法委员会法令　the Councils Act of 1892
印度领土防御法令　the Defence of India Realms Act
英国殖民地战后重建委员会　Colonial Office Committee on Postwar Reconstruction
英布战争　the Boer War
《英爱条约》　Anglo-Irish Treaty
英属西非国民大会党　the National Congress of British West Africa
圆桌会议派　the Round Table
约翰·达尔文　John Darwin
约翰·哈里斯　John Harris
约翰·莫利　John Morley
约翰斯顿爵士　Sir Henry Hamilton Johnston
约瑟夫·张伯伦　Joseph Chamberlain

Z

扎格鲁尔　Zaghlul Pasha
詹姆森　Leander Starr Jameson
詹姆士·布赖斯　James Bryce
直辖殖民地　Crown Colonies
殖民地法律有效法案　Colonial Laws Validity Act of 1865
殖民地发展法案　the Colonial Development Act, 1929
殖民地发展与福利法案　Colonial Development and Welfare Act, 1940
《自治报》　*Hind Swarajya*
自治运动　Home Rule Movement

后　记

本卷第 1—5 章由洪霞撰写,第 6 章由刘明周撰写,钱乘旦统稿并修改定稿。